Despierta toda tu creatividad

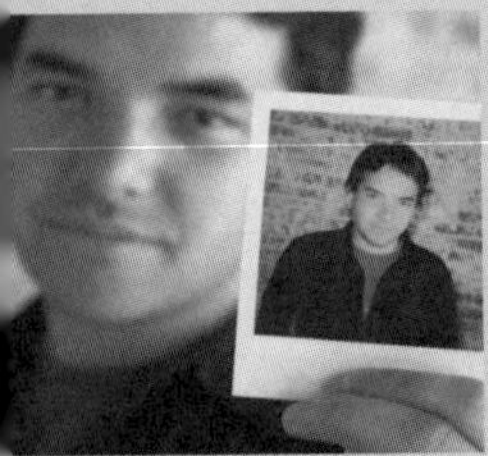
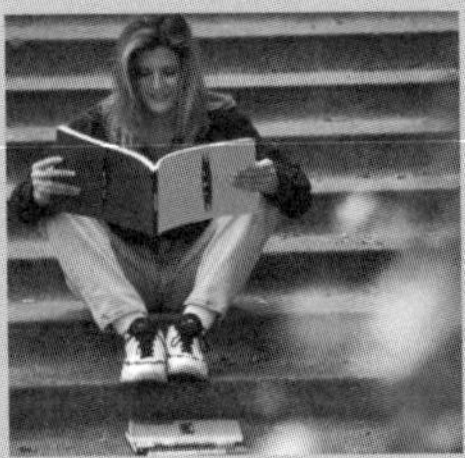
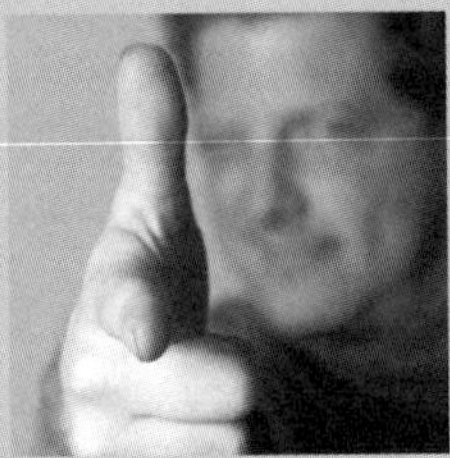
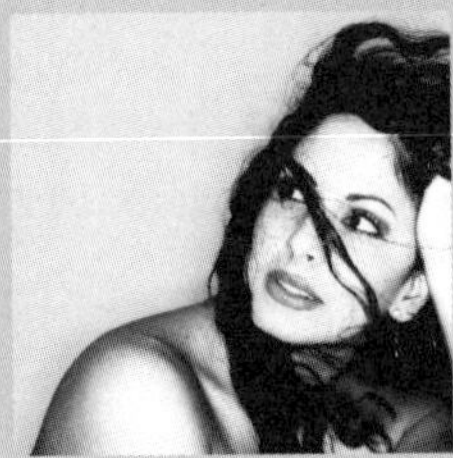
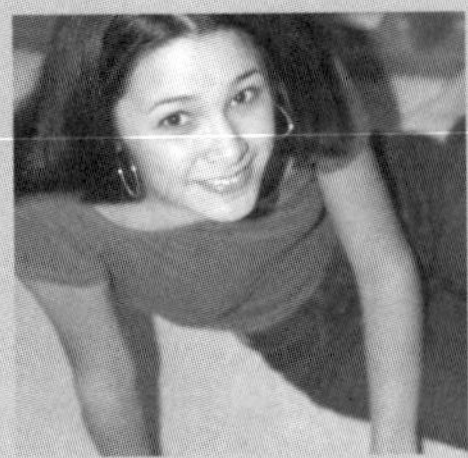

52 ideas brillantes
una buena idea puede cambiar tu vida...

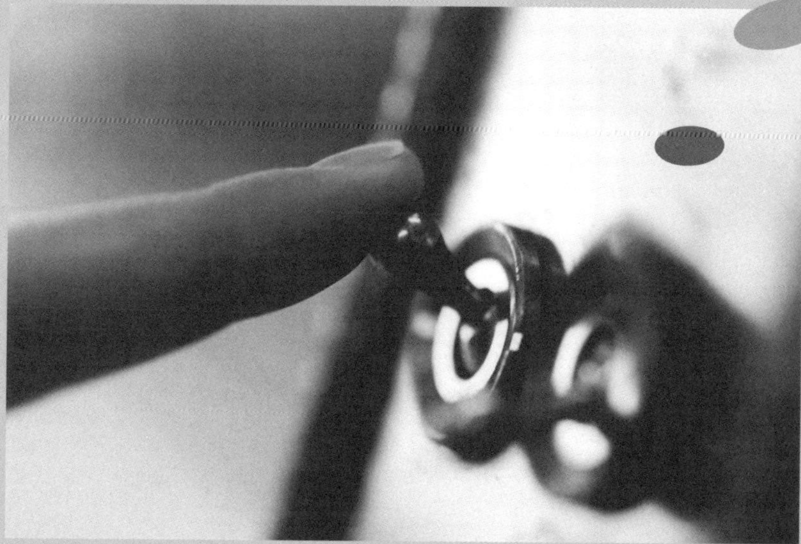

Despierta toda tu creatividad

Los secretos del genio creativo

Rob Bevan y Tim Wright

Colección: Ideas brillantes
www.52ideasbrillantes.com

Título original: Unleash your creativity
Autora: Rob Bevan y Tim Wright
Traducción: Manuel de la Pascua para Grupo ROS

Edición original en lengua inglesa:
© The Infinite Ideas Company Limited, 2005
Edición española:
© 2005 Ediciones Nowtilus, S.L.
Doña Juana I de Castilla 44, 3° C, 28027 - Madrid

Editor: Santos Rodríguez
Responsable editorial: Teresa Escarpenter

Coordinación editorial: Alejandra Suárez Sánchez de León (Grupo ROS)
Realización de cubiertas: Jorge Morgado (Grupo ROS)
Realización de interiores: Grupo ROS
Producción: Grupo ROS

Foto portada: Turn on © Lucy Dickens
Foto contraportada: Creative toolbox © Lucy Dickens
Diseño colección: Baseline Arts Ltd, Oxford

ISBN: 84-9763-192-7
Depósito legal: M. 33.339-2005
EAN: 978-849763192-1
Fecha de edición: Agosto 2005

Impreso en España
Imprime: Imprenta Fareso, S.A.

Ideas brillantes

Notas brillantes

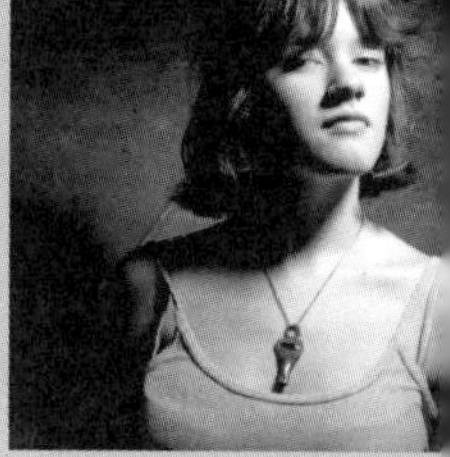

Cada capítulo de este libro está diseñado para proporcionarte una idea que te sirva de inspiración y que sea a la vez fácil de leer y de poner en práctica.

En cada uno de los capítulos encontrarás unas notas que te ayudarán a llegar al fondo de la cuestión:

- *Una buena idea...* Si esta idea te parece todo un revulsivo para tu vida, no hay tiempo que perder. Esta sección aborda una cuestión fundamental relacionada directamente con el tema de cada capítulo y te ayuda a profundizar en ella.
- *Otra idea más...* Inténtalo, aquí y ahora, y date la oportunidad de ver lo bien que te sienta.
- *La frase.* Palabras de sabiduría de los maestros y maestras en la materia y también de algunos que no lo son tanto.
- *¿Cuál es tu duda?* Si te ha ido bien desde el principio, intenta esconder tu sorpresa. Si por el contrario no es así, este es un apartado de preguntas y respuestas que señala problemas comunes y cómo superarlos.

Introducción

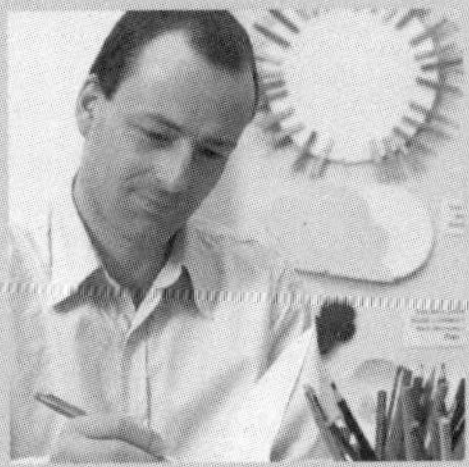

Si acabas de abrir este libro, es muy probable que lo primero que desees que te digamos es que cualquier persona puede ser creativa. En eso estamos de acuerdo.

No creemos que la creatividad sea algo con lo que se nace, como ocurre en el caso del color de ojos o el color del pelo; es algo con lo que todos nacemos. Cuando venimos al mundo, todos tenemos la capacidad de jugar, experimentar y analizar los objetos hasta que se rompen, y luego nos enfadamos si no somos capaces de cambiar el mundo que nos rodea. El problema radica en que muchos olvidamos que la creatividad procede de las habilidades desarrolladas durante la infancia y que abandonarlas no sólo reprime el niño que llevamos dentro, sino nuestro potencial creativo.

Posiblemente, también desearás que te digamos que resulta fácil ser creativo. Lo cierto es que no es así. La creatividad requiere mucho trabajo o, al menos, es algo a lo que hay que dedicarle mucho esfuerzo. El hecho de reconocer que es necesario aplicar a tu vida creativa la misma disciplina que usas en lo que consideras tu trabajo habitual constituye un gran paso para aumentar tu creatividad. Saber lo que quieres y luego lo que tienes que hacer para que ocurra marca una gran diferencia entre la creatividad adulta y el juego de un niño. Comprender esto implica que la próxima vez que sientas la necesidad imperiosa de cambiar el mundo que te rodea, en lugar de enfadarte como los niños, tendrás los medios a tu alcance para lograr tu objetivo.

Ahora bien, si empiezas a pensar que todo esto supone demasiado trabajo, tenemos excelentes sugerencias que darte sobre cómo hacer que el trabajo parezca un juego. Si hay algo de lo que queremos convencerte en este libro es de lo siguiente: tienes que tomarte más en serio tus horas de ocio y divertirte más en el trabajo.

Conocemos algunas estrategias básicas para "pensar creativamente" –de hecho, se trata de conceptos que cabría esperar de un libro de estas características–, además de un nuevo enfoque de las tareas cotidianas que la mayoría de las personas no consideran en absoluto creativas, como es la investigación. Nosotros aplicamos la mayor parte de estas técnicas todos los días, de modo que sabemos que funcionan. Además, podemos señalar algunos ejemplos de su eficacia en otras personas.

En un campo en el que, por lo general, todo vale, muchas de estas estrategias implican poner límites e imponer reglas arbitrarias a tus actividades, a menudo sin razón aparente. En ocasiones, ser creativo supone ser deliberadamente obtuso, hacer lo inesperado, sorprender a los demás y a ti mismo, mientras intentas hacer cosas fuera de lo común y relativizas la importancia de tus propios éxitos.

A veces, cabe considerar la creatividad como una fuerza que se puede "liberar". Comprender el valor que tiene ser sistemáticamente destructivo o ingenioso, encontrar equivalencias en actos de abandono creativo en un mundo cada día más virtual y saber apreciar los fracasos son aspectos que forman parte del proceso.

En otras ocasiones, el procedimiento debe ser más deliberado, más controlado, como el hecho de dar una aplicación precisa a la herramienta adecuada en el momento indicado. Resulta esencial que organices tu caja de herramientas creativas, aun cuando, a veces se obtengan los mejores resultados después de usar la herramienta equivocada o una que no corresponde.

"Caja de herramientas" es sinónimo de "caja de juguetes", así que esperamos que, durante la lectura del presente libro, te permitas un capricho y te compres algún "juguete".

De paso, date el gusto de hacer nuevos amigos. Tradicionalmente, la creatividad se ha considerado una actividad solitaria, propia en muchos casos de artistas ermitaños que viven con lo justo. En la actualidad, trabajamos en "industrias" creativas y la colaboración no sólo es esencial, sino ¡la mejor manera de triunfar! No sólo en el ámbito empresarial es preciso establecer relaciones con otras personas.

En este libro encontrarás muchas referencias a esa otra red, Internet, y a la tecnología en general. Esto se debe, en parte, a que se trata del medio en el que trabajamos, pero también a que creemos que es el lugar en el que se encuentra gran parte del trabajo creativo de mayor interés. No te asustes, pero, te guste o no, la tecnología está en todas partes y ha llegado para quedarse. Por otra parte, creemos que la gente creativa debería ser la primera, y no la última, en acercarse a la tecnología, no sin cierta dosis de ironía y escepticismo.

Pero no pases demasiado tiempo frente a la pantalla: todos tenemos que alejarnos de vez en cuando del ordenador y salir más a tomar el aire. Te daremos algunas ideas sobre cómo maximizar las oportunidades creativas que ofrecen los viajes, tanto si paseas por tu vecindario, participas en un congreso internacional o te vas de vacaciones con tu familia.

Finalmente, al igual que nosotros pusimos fin a la escritura de este libro para ponerlo en tus manos cuanto antes, resulta importante saber cuándo parar, para regresar por la mañana con ideas frescas, o simplemente pasar un tiempo sin hacer absolutamente nada. Pero no ahora. Estamos al comienzo del libro, no al final. Ni se te ocurra pensar en detenerte aquí. Vamos, ¡empieza por donde quieras! ¡Empieza ya!

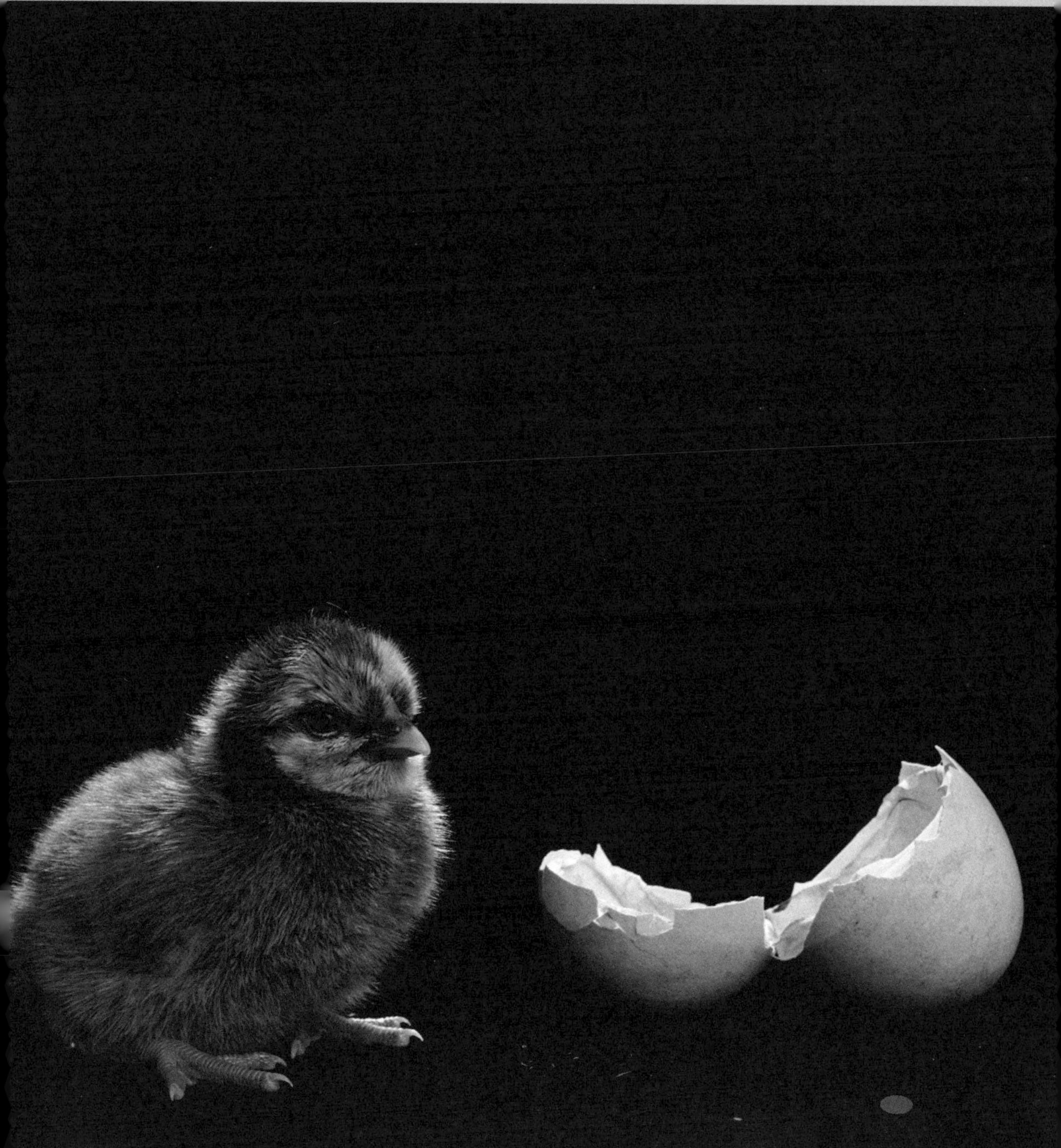

1

Empieza por donde quieras y hazlo ahora mismo

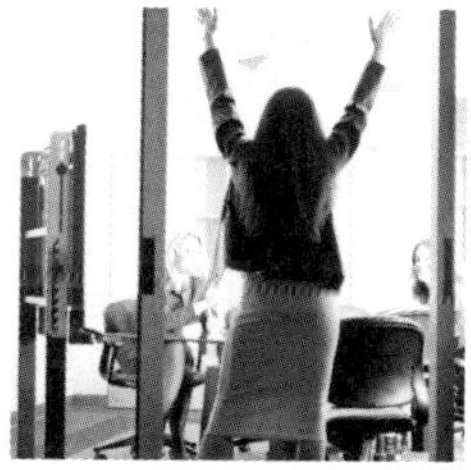

Cómo empezar a ser creativo con las cosas que te rodean, aquí y ahora, sin excusas, sin evasivas.

No saber cuándo o cómo empezar es un problema con el que todos estamos bastante familiarizados. Tal vez sea ésta la razón por la que hayas decidido leer este libro.

Para muchas personas, dar el primer paso constituye la tarea más difícil de cualquier trabajo creativo. Se trata de una declaración de intenciones, así como de un acto de fe, puesto que, con demasiada frecuencia, empezamos un proyecto sin saber realmente por donde empezar o —lo que es más preocupante— dónde, cómo o cuándo terminará.

A veces, ponerse a trabajar en un proyecto también puede suponer el final de un agradable e interminable periodo dedicado a pensar libremente. Darle forma a tus ideas podría darte la sensación de que las estás, en cierta medida, «matando», que no les estás dando el lugar que les corresponde, o bien que las estás limitando hasta un punto que puede resultarte incómodo.

Ciertamente, cuando los autores de este libro nos sentamos a escribirlo, establecer el punto de partida supuso un pequeño problema. De hecho, tuvimos aún mayores dificultades a la hora de crear la maquinaria que nos permitió centrarnos de lleno en el proyecto.

Resulta sorprendente hasta qué punto somos creativos a la hora de encontrar fórmulas para *no* empezar. Rob, por ejemplo, suele sentir la necesidad de eliminar de su escritorio

Una buena idea...

Si quieres comprobar hasta qué punto ciertos objetos «encontrados» pueden dar rienda suelta a tu creatividad, echa un vistazo al sitio www.foundmagazine.com. Es muy probable que aquí encuentres algo que pueda servirte como punto de partida para una idea nueva.

toda clase de distracciones, reunir todo el material de trabajo posible y tenerlo al alcance, e incluso instalar en su ordenador las últimas actualizaciones del software que utiliza antes de ponerse a trabajar. Tim, por su parte, suele dedicarse a realizar una serie de tareas domésticas aparentemente urgentes, como hacer la colada, fregar los platos, realizar labores de jardinería o hacer la compra en el supermercado.

Podrían parecer técnicas de evasión, pero tus amigos expertos en creatividad (o sea, nosotros) tenemos que decirte que durante este periodo tiene lugar un proceso de preparación mental y emocional de gran importancia. La mujer de Tim denomina este proceso —no sin ironía, hay que admitirlo— «sacar punta a los lápices».

En cierta medida, el sistema que usas para retrasar la tarea y cómo te preparas a ti mismo para abordarla puede revelar tu forma de trabajar. En ocasiones, tienes que contemplar tus ideas detenidamente y observarlas desde ángulos distintos antes de decidir por dónde empezar.

Ahora bien, éste no es siempre el mejor enfoque para iniciar el desarrollo de una idea. Por ejemplo, la idea que estamos transmitiéndote en este momento surgió bien avanzado el proyecto, casi durante la segunda mitad del proceso. Muy frecuentemente, encuentras la idea desde un ángulo desde el cual puedes vislumbrar todo el proyecto y comprender el estilo de la obra, antes de hallar el comienzo de la misma.

A veces, abordamos primero el problema más difícil. Esto suele ocurrir porque tal vez ya nos hayamos dado cuenta de cómo resolverlo, o bien porque rebosamos tanta energía y entusiasmo que necesitamos empezar por algo realmente importante.

Por otra parte, los aspectos periféricos pueden constituir un buen punto de partida, ya que se realizan más fácilmente y con mayor rapidez. No hay que menospreciar la forma de abordar estas tareas, aunque no sean tan importantes.

Otra idea más...

Te resultará más fácil empezar si dispones de bastante material. Si reúnes los elementos que necesitas, escribes apuntes y sacas fotos, tendrás muchos estímulos creativos a tu alcance. En la IDEA 2, *Investiga*, explicamos esta cuestión a fondo.

Ahora bien, saber *cuándo* empezar es otra cuestión, y suele depender de la misión que te hayas propuesto. Muchas veces, el trabajo creativo puede requerir la resolución de un problema en un plazo específico. Esto facilita mucho las cosas a la hora de planificar el trabajo, puesto que cuentas con una fecha límite. Pero empezar con una hoja en blanco y sin instrucciones precisas cambia las reglas (un poco) y depende en gran medida del material del que dispongas inicialmente.

Te proponemos que abandones temporalmente la lectura de este libro y te sientes a evaluar los objetos que tienes a tu alrededor. Si eres una persona organizada, tal vez ya dispongas de bastante material de investigación, así como de las herramientas adecuadas. Si, por el contrario, no eres excesivamente ordenado, quizá también dispongas de suficiente material de investigación, así como de las herramientas adecuadas, pero tal vez aún no lo sepas.

En gran medida, en este libro intentamos que observes los objetos cotidianos desde una óptica distinta y que les des un uso diferente. Por eso, nunca pienses que careces de puntos de partida. Usa simplemente cualquier cosa que encuentres en tu camino.

La frase

«El cerebro es un órgano maravilloso: empieza a trabajar en el momento en que te despiertas y no deja de hacerlo hasta que llegas a la oficina».

ROBERT FROST

¿Cuál es tu duda?

P **Mi problema no es empezar, sino saber dónde terminar y cómo dar forma a mis divagaciones creativas. ¿Qué me sugerís?**

R *Supongo que, así como te hemos sugerido que empieces por donde quieras, podríamos decirte que no acabes en ningún momento preciso. De hecho, existe una escuela de pensamiento que sugiere que ninguna obra de arte está del todo terminada, sino que simplemente ha sido interrumpida en alguna etapa de su creación. Un enfoque «zen» con respecto a la obra terminada es el que nos ofrece T. S. Elliot: «No cesaremos de explorar y el final de todo nuestro empeño será llegar al punto de partida y contemplarlo como si fuera nuevo para nosotros». Ciertamente, puedes terminar en cualquier punto. El trabajo acaba cuando tú decides ponerle fin. Recuerda que también puedes mostrar tu trabajo a otras personas para que le den el toque final. Su distanciamiento de la obra podría darles una visión más clara de lo que funciona y lo que no.*

P **He pasado todo el día sacando punta a mis lápices y ordenando mi escritorio y no he avanzado nada en mi proyecto. ¿Qué debo hacer mañana?**

R *A veces, esta clase de actividades nos ayudan a despejar la mente y a evitar otras distracciones, centrándonos en el problema que queremos abordar, pero, al parecer, en tu caso sólo son trucos para evadirte. Si, en realidad, no has dedicado tiempo para pensar en tu proyecto, lo más probable es que hayas tenido otro mal día. Intenta centrarte en una sola cosa –cualquier cosa– que te sirva para avanzar en tu proyecto. Si esto no te ayuda a salir del punto muerto, tal vez sea el momento de trabajar en otra cosa.*

2

Investiga

Cuando estudies cualquier tema, es importante que aprendas cuándo echarle una ojeada y cuándo profundizar en él.

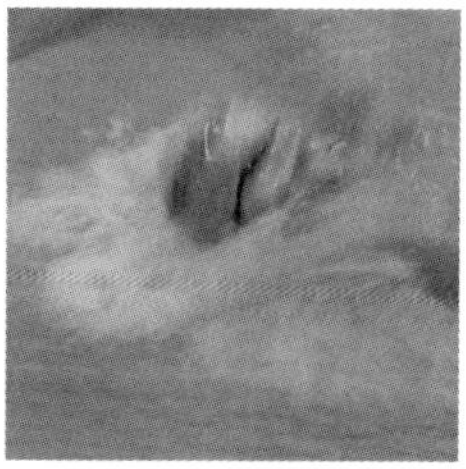

Con el tiempo, podrás desarrollar el instinto que te ayude a seleccionar y clasificar el material que recopiles en el proceso.

Cuando hablamos de investigación, no sólo nos referimos a pasar largas horas en la biblioteca o en Internet para ponerte al día en un tema, como la historia del regaliz o las técnicas avanzadas de extracción de bauxita. Éste es el tipo de investigación que tienes que realizar cuando ya tienes clara tu labor creativa, cuando abordas el tema que te interesa de un modo organizado y metódico. Si estás genuinamente interesado en un solo tema, lo mejor es —incluso en plena era de Internet y con la posibilidad de recurrir a múltiples fuentes de información— echar mano de unos cuantos libros especializados en la materia.

Pero ¿qué clase de investigación deberías efectuar cuando no sabes lo que buscas? Lo cierto es que las personas creativas son muy curiosas, puesto que buscan siempre nuevos estímulos y, por lo tanto, investigan en todo momento. Por ello, resulta importante que desarrolles cierto sentido de curiosidad sobre todas las cosas. Debes estar atento. Pregunta «¿por qué?» siempre que puedas. No te fíes de todo lo que te digan a la primera.

Una buena idea...

Establecer referencias cruzadas y vínculos en tu investigación –tanto de forma deliberada como aleatoria– constituye una manera muy adecuada de desarrollar nuevas ideas. Pregúntate: ¿Qué relación guardan entre sí los últimos tres libros que he leído? O bien, elige tres temas que hayas estudiado recientemente de forma aislada (por ejemplo, cocina, códigos y collage), mézclalos en la coctelera y analiza las relaciones que tu imaginación puede establecer entre los tres.

Un modo fácil de prepararte para investigar permanentemente es tener a mano una cámara (preferiblemente digital) y sacar fotos de todo lo que atraiga tu atención. Otra opción es guardar pequeños fragmentos de información (y cualquier clase de «despojo» que te parezca interesante) y crear tu propia colección de objetos, recortes de periódico, páginas web, tarjetas postales, folletos, envoltorios de comida... cualquier cosa que sea de tu interés. Algo similar a lo que realizan las aves cuando construyen sus nidos.

Sin embargo, hay que tener cuidado: a menos que no te haga falta el siguiente consejo sobre investigación creativa —saber cuándo ignorar algo que se cruza en tu camino—, tu casa podría convertirse en un basurero o en la mayor galería de fotos de la región.

¿Cómo saber entonces que algo que has encontrado merece ser guardado, explorado o incluso incorporado en tu obra creativa? ¿Y cuándo determinar si el material no es más que simple basura? Tal vez no lo sepas aún. Tendrás que desarrollar tu propio instinto para dejar de revolver en los contenedores de basura.

La frase

«Posiblemente, gran parte de la información la adquirí mientras buscaba una cosa, encontrando en el camino otra totalmente distinta».
FRANKLIN ADAMS, escritor.

Si te parece que queremos «escaquearnos» al remitirte a la Web, pregúntate siempre que abordes un tema por primera vez: ¿Hasta qué punto puedo confiar en que el esfuerzo que invierto en este asunto estimulará mi capacidad creativa? En otras palabras, ¿qué grado de interés y estímulo te producen las posibilidades creativas de un tema específico?

Algunos objetos interesantes sólo requieren una mirada para inspirarte. En tal caso, no tienes que ir más lejos. Has encontrado una pepita de oro en medio de la escoria. Pero otras fuentes de inspiración pueden requerir un examen más detenido. Simplemente has descubierto las primeras vetas de un valioso filón que tendrás que explorar más a fondo.

Otra idea más...

La web constituye un lugar ideal para investigar temas especializados en profundidad, o bien para realizar búsquedas aleatorias con el propósito de encontrar nuevos estímulos creativos, por extraños que puedan parecer. En la IDEA 47, *Usa Google*, te enseñaremos la técnica conocida como *googlewhack*.

En este punto, podrías estudiar tus técnicas de prospección y extracción. ¿Analizas todos los aspectos en detalle o «dinamitas» el área con grandes dosis de pólvora? Las dos estrategias resultan válidas. Tamizar ofrece la oportunidad de recoger más pepitas de oro de las que hubieras podido encontrar mediante otro sistema (lo cual podría desviarte a un área de investigación totalmente distinta). La técnica de dinamitar permite poner al descubierto no sólo una, sino muchas vetas, animándote a cavar más, para que no te detengas cuando realices el primer hallazgo.

Resulta importante destacar que tu colección puede constituir un inventario de los objetos que te interesan, permitiendo definir el alcance y el ámbito de tu trabajo. No te sientas coartado por esto. Seguirás teniendo la posibilidad de clasificar tu material de investigación de diversas maneras, obteniendo resultados sorprendentes.

La frase

«Por alguna razón, ahora me interesa el regaliz, si bien no me atrae ninguna otra hierba o golosina».
ROB

¿Cuál es tu duda?

P Estoy realizando la investigación, pero no me inspira demasiado. ¿Dónde puedo encontrar ese destello que busco?

R Recuerda que no conviene buscar el material siempre en el mismo lugar. No te bases en las mismas fuentes. Ve a una biblioteca diferente, navega por distintos sitios de la web, consulta a otros expertos. Para terminar de una vez por todas con la metáfora de la minería (por fin), si sigues cavando en el mismo lugar, la veta podría agotarse o tus hallazgos podrían ser siempre los mismos.

P Al parecer, aún me queda mucho por explorar en el área de investigación que he elegido. ¿Dónde y cuándo debo detenerme?

R Terminará cuando y donde tú lo desees. Está bien que alcances el nivel de conocimiento que consideres suficiente. No obstante, ser creativo no siempre implica ser un experto o saberlo todo acerca de un tema específico. Nadie te hará una prueba formal sobre tu nivel de conocimiento (¿o sí?). Todo lo que aprendas será sólo para tu provecho, lo que convierte este tipo de investigación en una actividad liberadora.

3

Conoce tu propia historia

Si puedes aprender a repetir buenos trucos y a ser consciente del papel de la tradición en la creatividad, terminarás trabajando más rápido y de un modo más inteligente.

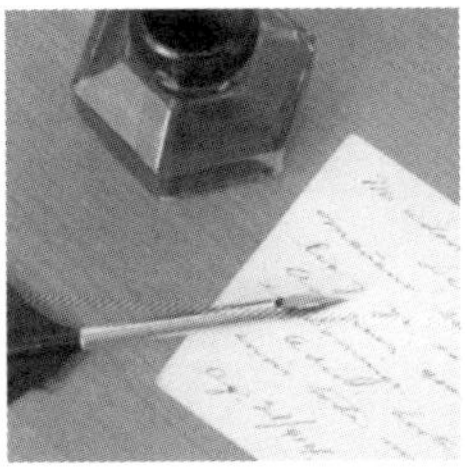

En gran medida, todo lo que hagas en tu vida creativa puede ser considerado como un reflejo de lo que has hecho hasta el momento.

A veces, se trata de perfeccionar ideas o prácticas de trabajo anteriores y, a veces, constituye toda una revolución a gran escala contra todo lo que has hecho hasta el momento. En cualquier caso, si no conoces tu pasado y tu herencia cultural, corres el grave peligro de repetir los mismos errores una y otra vez, sin poder jamás desarrollar con plenitud tus capacidades creativas.

Cada vez que inicies un nuevo proyecto, intenta echar un vistazo a tu obra pasada y extrae elementos clave que destaquen como tus mecanismos de trabajo habituales. Asimismo, observa cuáles son los temas recurrentes en tu obra. Pregúntate: ¿Qué es lo que me atrae de esta cuestión? ¿Por qué me interesa tanto este aspecto, personajes, objetos, colores, etc.? Si revisas tus trabajos anteriores de esta manera con regularidad, siempre empezarás el trabajo nuevo bajo una perspectiva de autoconocimiento. Por otra parte, las decisiones sobre lo que aceptas o rechazas de tu obra creativa pasada resultarán mucho más sólidas.

Una buena idea...

Reproduce varias veces las mismas escenas y asígnales desenlaces distintos cada vez. Shakespeare realizó esta tarea con personajes similares en distintas obras (usurpadores ambiciosos, amantes celosos, reyes estúpidos, amantes separados) y los distintos desenlaces produjeron obras dramáticas totalmente diferentes. ¿Podrías extraer cuatro o cinco elementos genéricos de tu obra creativa y reutilizarlos en estructuras distintas?

Si haces un listado de tus virtudes y defectos y aceptas estas cualidades, aprenderás a conseguir efectos sencillos más rápidamente. Y si puedes reutilizar con facilidad algunos de los elementos habituales de tu trabajo, tendrás más tiempo para concentrarte en los nuevos. De esta manera, podrás usar las ideas como si de librerías de software se tratase.

Los actores que realizan monólogos hacen lo mismo a la hora de crear sus «librerías» de chistes e historias. Su idea no es repetir todas las noches el mismo discurso (aunque algunos sí lo hacen), sino que, por el contrario, intentan disponer de gran cantidad de material para responder en una situación determinada, a un público dado o a una persona que interrumpe su actuación. Desean saber si el material ha sido puesto a prueba y resulta efectivo. Con frecuencia, estos cómicos también utilizan frases clave o muletillas que su público desea oír (llegando incluso a exigirlo). Para el cómico profesional, su reto es familiarizarse con estos elementos, soltando las frases o los chistes en distintas partes de la actuación, mediante giros o en contextos ligeramente distintos.

Algunos cómicos conocen bien las raíces de su arte y estudian a fondo a los pioneros. Por ejemplo, en la década de los noventa, Lee Evans reconoció su enorme deuda con Norman Wisdom, de los años cincuenta, pero no por ello resultaba menos gracioso o fresco. El vino añejo en botella nueva sigue siendo el mismo.

La frase

«El estilo no es otra cosa que autoplagio».
ALFRED HICHCOCK

Las personas como Evans han sacado el máximo partido de este consejo («conoce tu propia historia») y han aprovechado las experiencias de otros. La clave está en asumir que la historia se repite, pero sin dejar de ser crítico y valorándola en su justa medida. Ciertamente, aplicar los mismos parámetros en diversos experimentos y observar si producen los mismos resultados puede dar al enfoque un carácter científico. Con mucha frecuencia, los resultados no se repiten o, al menos, se producen variaciones y matices que resultan fascinantes. Dos plantas sembradas en la misma tierra no crecen exactamente de la misma manera. Piensa en los bodegones de Cézanne o en los autorretratos de Rembrandt, cada uno de los cuales revelaba una faceta distinta del objeto, así como del autor y de su técnica pictórica.

Otra idea más...

Con mucha frecuencia, resulta tentador intentar *no* repetir los viejos trucos, porque deseas probar algo nuevo o desconocido. Puede que resulte, pero también es posible que fracases. Intenta poner en práctica la idea 9, en la que aprenderás a cometer errores más rápidamente.

Puedes poner esto en práctica en tu vida cotidiana. Así, por ejemplo, mañana intenta repetir las mismas cosas que has hecho hoy, a la misma hora del día y durante el mismo lapso de tiempo. Advierte las similitudes y las diferencias en relación con la forma en que se desarrolla el día y las distintas sensaciones que cada día produce en ti. Si puedes conseguirlo, intenta repetir los mismos actos durante una semana entera. ¿Cómo crees que te sentirás el séptimo día? ¿Terriblemente aburrido o creativamente inspirado? Tal vez un poco de todo, ¿no crees?

La frase

«Sueña y aspira siempre más alto de lo que realmente puedes alcanzar. No intentes sólo ser mejor que tus coetáneos o predecesores. Intenta ser mejor que tú mismo».
WILLIAM FAULKNER

¿Cuál es tu duda?

P **No estoy seguro de haber trabajado el tiempo suficiente como para desarrollar mi propio estilo. ¿Cómo puedo mejorar?**

R *Tal vez tengas una concepción muy limitada de tu propia obra creativa. Piensa en tu estilo creativo respecto a tus relaciones con los demás, las bromas y los chistes, y observa qué funciona mejor y con quién.*

P **Conozco mi propia historia demasiado bien, pero esto no significa que pueda liberarme de ella desde el punto de vista creativo. ¿Qué debería hacer?**

R *A veces, el problema está en que tu historia gira en torno a otras personas que están atrapadas en un ciclo que se repite indefinidamente, sin que ellas tengan conciencia de ello. Por ejemplo, un aspecto de la tradición en la comedia es la gran cantidad de parejas cómicas famosas (lo que no ocurre, por ejemplo, en la literatura o en las bellas artes). Lo que la gente disfruta más en este tipo de números –el Gordo y el Flaco, Abbot y Costello, Morecombe y Wise– son las repeticiones, el comportamiento estereotipado del hombre serio y su compañero gracioso, siguiendo la misma dinámica una y otra vez y, empleando con gran frecuencia el mismo lenguaje, produciendo los mismos resultados: un porrazo, la humillación pública, la tarta de nata que vuela por los aires... En este contexto, el valor creativo –la comedia– implica en todo momento el conocimiento implícito del público de la «historia» entre los dos personajes. Podrías tener en cuenta este aspecto en tus propias colaboraciones creativas. ¿Conoces los patrones de comportamiento y las rutinas que repites cuando trabajas con ciertas personas? Cuando celebras reuniones creativas, ¿son predecibles los resultados? ¿Te resultan agradables? ¿Te satisfacen?*

4

Organízate

Mantener tu escritorio ordenado y escribir listas de tareas exhaustivas está muy bien, pero ¿cómo puedes asegurarte de que al final del día habrás hecho algo?

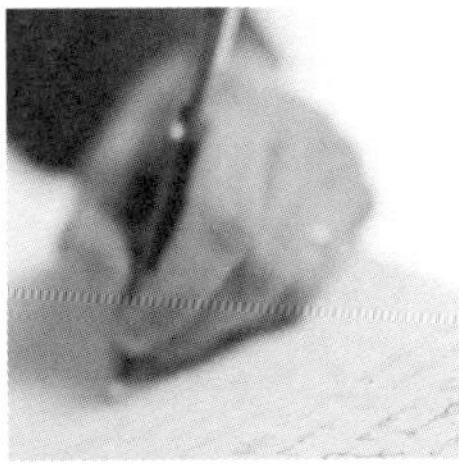

Gran parte de lo que significa ser creativo no implica solamente estar «inspirado», sino hacer las cosas. Te invitamos al club de «la inspiración y la transpiración».

Considerando que nos hemos convertido en «trabajadores del conocimiento» de un tipo u otro —y, como resultado, cada vez somos más pobres en tiempo—, la administración del tiempo constituye todo un arte en sí mismo. El mundo está plagado de artilugios, teorías y técnicas para gestionar el tiempo. Pero no hay que caer en la trampa. Por encima de todo, no caigas en la tentación de comprar el último organizador electrónico y su respectivo manual que, finalmente, no te ayudará gran cosa. En este apartado queremos decirte que detrás de todo este engaño relacionado con la administración del tiempo subyace un sistema de toda la vida: la lista de tareas.

Independientemente de lo que utilices para crear esta lista —un trozo de papel, notas *post-it*, una pizarra blanca o un PDA—, el principio básico es el mismo. Tienes que concentrarte en tres cosas.

Una buena idea...

Escribe una lista con todas las tareas imposibles. Guárdala en un lugar seguro y sácala sólo al final de un día en el que estés totalmente abrumado de trabajo o cuando tengas la sensación de no haber conseguido realmente lo que te habías propuesto. Tal vez si contemplas esa lista recuperes cierta perspectiva y te sirva para cargar las pilas para el día siguiente.

1. Priorizar de forma inteligente y realista las tareas que te propongas.

2. Analizar las tareas más importantes y dividirlas en tareas más pequeñas para que resulten más viables.

3. Crear una nueva lista cada día.

En lo que respecta a priorizar, recuerda el principio de Pareto o «regla del 80/20»: el 80% de todos los resultados procede del 20% del esfuerzo. Esto significa que, como máximo, uno de los cinco elementos de la lista es realmente esencial, por lo que te conviene resolver dichas tareas. Todo lo demás puede ser útil, pero el mundo no se acabará si no lo terminas.

Sin embargo, no te limites a establecer prioridades (clasificando tus tareas en distintas categorías): tienes que reconocer que algunas tareas requieren más tiempo que otras. Así, una llamada telefónica, perteneciente a la categoría «A» podría requerir sólo cinco minutos, mientras que una tarea equivalente que implique la escritura de un documento puede llevarte más de cinco horas.

La frase

«La falta de planificación garantiza el fracaso del plan».
EFFIE JONES, autora.

Si tienes que terminar una tarea importante al final del día («enviar una copia impresa del manuscrito al editor»), ten en cuenta que una sola tarea implica decenas de tareas menores (comprobar que la impresora funciona, asegurarte de que tienes suficiente papel, imprimir el manuscrito, corregirlo, revisarlo varias veces, imprimir una copia terminada, encuadernar el manuscrito, escribir una carta adjunta, comprar sobres grandes y sellos, escribir y revisar la dirección en el sobre, verificar la hora del último envío postal... ¡y enviar el trabajo!). Conviene que asignes a cada una de estas tareas una categoría y un plazo para terminarlas. Si no haces esto, ¿cómo puedes estar seguro de que podrás terminar lo que te has propuesto?

Es posible que, a veces, mezcles las tareas importantes y las secundarias en la lista. Para evitar este error, escribe dos listas distintas: una para las cosas que son *absolutamente* necesarias y que debes realizar hoy mismo, y otra para aquellas que puedes resolver si tienes tiempo o te apetece. No pienses siquiera en echar un vistazo a la segunda lista sin haber antes resuelto la primera.

El final de cada día de trabajo es un momento importante de la jornada y es cuando hay que escribir la lista del día siguiente. No esperes a mañana, para darte cuenta entonces de que la primera tarea de tu nueva lista es escribir la lista de tareas. No te limites a editar la lista de hoy. Empieza una lista nueva.

Otra idea más...

Los ordenadores resultan muy útiles para reorganizar listas, así como para archivar y hacer un seguimiento de las tareas realizadas. Consulta la IDEA 3, *Conoce tu propia historia*.

...Y otra

No hay nada más satisfactorio que tachar los elementos de una lista de papel o garabatear datos sobre la marcha. Pero oculta la lista, no dejes que te recuerde constantemente todo aquello que aún no has realizado. Para evitar el estrés innecesario, consulta la IDEA 49, *Vuelve por la mañana*, en la que te aconsejamos que retomes el trabajo al día siguiente.

Con mucha frecuencia, las personas suelen dedicar la última media hora del día a ordenar el escritorio para el día siguiente. No lo hagas. Es mejor amanecer con un escritorio desordenado y las ideas claras que con el escritorio ordenado y sin tener idea de lo que harás.

¿Cuál es tu duda?

P **Al parecer, nunca termino una tarea o un proyecto. ¿Por qué siempre hay algo más que hacer?**

R *Intenta por todos los medios terminar una tarea de tu lista. Cuando revises los puntos uno por uno, asegúrate de que los resuelves tú mismo, que alguien lo hace por ti (algunas grandes empresas denominan* push-back *al hecho de delegar tareas en otras personas), que lo borras de la lista o, como último recurso, que lo pospones. No caigas en la tentación de postergar la tarea hasta que hayas intentado todas las demás opciones.*

P **Es muy útil escribir listas de tareas, pero, al parecer, no ayudan demasiado a realizar dichas tareas. ¿Por qué ocurre esto?**

R *No confundas hacer una lista con hacer las cosas. Dedicar demasiado tiempo a crear o revisar listas de tareas puede constituir una gran pérdida de tiempo. No dediques más de media hora al final del día para planificar el trabajo del día siguiente.*

P **Todas las tareas que me propongo parecen requerir el doble de tiempo. ¿Por qué?**

R *Cuando terminamos una tarea, casi siempre la revisamos, generando nuevas listas de tareas. Cuando hayas hecho algo, pregúntate siempre: ¿Qué tengo que hacer a continuación? Tal vez puedas posponer tareas para otro día, pero no dejes que esto impida que las incluyas en tu próxima lista.*

5

Crea reglas arbitrarias

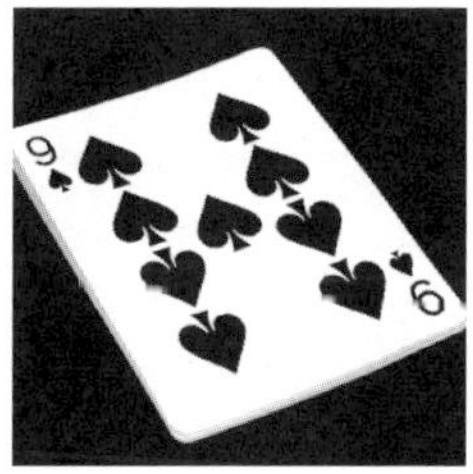

Si aplicas tus propios límites ilógicos, podrás descubrir rápidamente formas creativas de saltarte las reglas impuestas por otros.

La forma más sencilla de limitar tu creatividad es ponerte un plazo para terminar el proyecto.

Seguramente, establecer plazos de entrega no constituye algo arbitrario, considerando, por ejemplo, que otras personas dependen de ti y que, seguramente, el trabajo es remunerado. Pero aun cuando no exista un límite, es posible que sientas la tentación de fijarte una fecha para acabar el trabajo.

Cuando estés delante de una hoja en blanco (real o en sentido figurado), date sólo 30 minutos para concebir algunas ideas y luego oblígate a llevarlas a cabo. Se trata de una excelente estrategia para hacer un alto y evitar excesos a la hora de desarrollar o perfeccionar tus ideas o hacer que una actividad ocupe demasiado tiempo. El simple hecho de tener miles de grandes ideas no significa que tengas que llevarlas a cabo todas al mismo tiempo. Reserva algunas para más adelante.

Una buena idea...

Inventa un juego de cartas con reglas arbitrarias. Reparte un número aleatorio de cartas a los distintos jugadores y luego crea reglas simples sobre la marcha, por ejemplo, sobre el momento en que hay que descartarse, cuándo robar cartas, cuándo cambiarlas, etc. Incorpora una sola regla en cada turno y analiza cuánto tiempo puedes seguir jugando sin que todo se vaya al traste o que todos se pongan de mal humor. Llama la atención de los jugadores cada vez que, supuestamente, se hayan saltado un turno o una regla. De esta manera, tendrás que explicar el juego a cada participante y tal vez termines inventando un juego divertido al que puedas volver a jugar en el futuro.

Además de establecer reglas para tus creaciones, piensa en sistemas ilógicos para adquirir nuevo material. Por ejemplo, Marshall McLuhan inventó una regla que consistía en leer sólo las páginas de la izquierda, así que, ¿por qué no leer sólo las primeras cuarenta páginas de cualquier libro? O mejor aún, abre dos libros aleatoriamente, ambos por la página 40, y oblígate a desarrollar nuevas ideas basadas en lo que has leído en esas dos páginas.

Las reglas implican el uso de patrones. Una definición de la inteligencia humana podría consistir en la habilidad para detectar patrones en todo lo que percibimos. De la misma manera, podríamos definir la creatividad humana como la capacidad de crear patrones arbitrarios en un mundo supuestamente caótico.

De esta manera, inventar reglas te permite aprender a pensar en ciclos, trabajar con secuencias, registrar tus propias tendencias, definir comportamientos y calcular probabilidades: los rasgos propios de una persona creativa.

Asimismo, puedes aprender jugando en casa con las reglas del azar y el juego. El compositor John Cage solía lanzar los dados a la hora de tomar decisiones relacionadas con la composición de sus obras. Curiosamente, también decidió convertirse en un experto en setas, puesto que el término «mushroom» (seta) era anterior a «music» (música) en el diccionario.

Otra idea más...

Además de restringir tus métodos de desarrollo y fuentes de inspiración, intenta ponerte límites en lo que respecta a las creaciones propiamente dichas. Consulta la IDEA 7 para aprender a limitar tus opciones para ampliar tus posibilidades.

Ser arbitrario constituye una forma muy adecuada de dar un impulso inicial a cualquier proceso en general. Con frecuencia, algunos diseñadores eligen para el logotipo de una empresa un tipo de letra cuyo nombre empiece por la letra inicial de la empresa (curiosamente, son pocas las empresas cuyo nombre empieza por la «Z» que usen el tipo de letra ZapfDingbats).

También puede resultarte útil inventar una regla que se convierta en tu sello característico. Por ejemplo, Alfred Hitchcock solía realizar apariciones especiales en sus películas. El editor cinematográfico Walter Murch realiza sus ediciones de pie (y sus meditaciones, acostado). En nuestro caso, Rob siempre incluye una berenjena en su obra interactiva. Tim, por su parte, siempre lleva un fez en la cabeza cuando escribe. Simplemente porque sí.

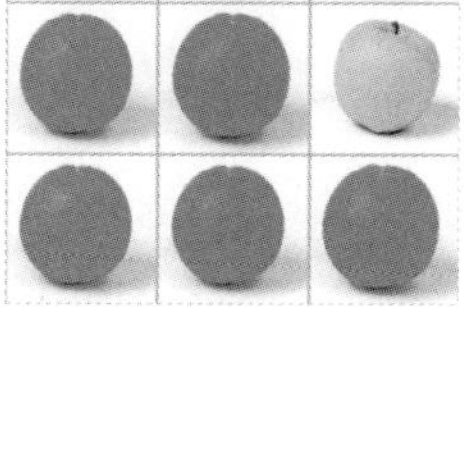

La frase

«Lee sólo las páginas de la izquierda: Marshall McLuhan hacía esto. Al reducir la cantidad de información que recibimos, dejamos espacio para lo que él denominó 'el fideo'».

BRUCE MAU, diseñador

¿Cuál es tu duda?

P **Imponer reglas carentes de sentido hace que todo parezca un juego absurdo. ¿Es eso normal?**

R *Sí, claro, esto puede ocurrir. Pero los juegos absurdos pueden enseñarnos mucho sobre lo que significa el trabajo creativo serio. Y lo que es más importante, tal vez desees preguntarte por qué tienes miedo de convertir tu trabajo en un juego absurdo. ¿No será que te estás poniendo cortapisas al tomártelo tan en serio?*

P **¿Qué tienen de bueno los juegos absurdos?**

R *A veces, la creatividad es absurda y se convierte en regla. Probablemente, uno de los mejores ejemplos que permiten ilustrar cómo crear reglas sin sentido (al menos en el Reino Unido) es un juego llamado «Mornington Crescent» (una estación de metro londinense), que se juega en la radio en un programa de la BBC llamado «I'm Sorry I Haven't A Clue» («Lo siento, pero no tengo ni idea»). Todos los concursantes usan su turno para decir el nombre de una estación de metro londinense, trazando supuestamente una ruta real por la ciudad de Londres. El objetivo aparente del juego es convencer a los demás concursantes de que la estación que se acaba de elegir es un «movimiento» legítimo, al tiempo que se impide que el siguiente jugador pueda decir «Mornington Crescent». Si bien muchas personas han intentado comprender las incontables reglas de este juego, lo importante es, en realidad, la improvisación sin sentido, imitando las discusiones que se entablan en las reuniones familiares durante un juego de mesa y satirizando, al mismo tiempo, la autosuficiencia de los entendidos en un juego particularmente difícil. Todas las reglas y variaciones del juego aparecen continuamente documentadas y explicadas en la Web. Si lo deseas, puedes visitar la página www.isihac.co.uk/games/mcvariations/index.html.*

6

Crea tu propio eslogan

Si deseas que la gente se entusiasme con tus ideas rápidamente, no hay nada más eficaz que expresar tus propósitos y creencias mediante una frase breve y contundente (salvo, quizá, ofrecerles dinero).

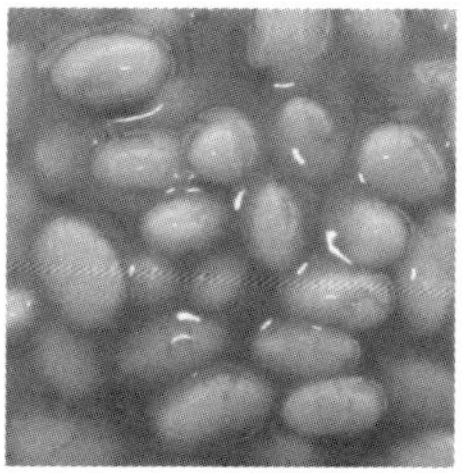

Muchos de los grandes movimientos artísticos han nacido de sus eslóganes.

Un buen eslogan te presentará a ti, tu idea, tu trabajo o tu producto de la mejor manera posible, mediante una frase concisa, memorable e inteligente. Al igual que la práctica del *pitching,* aplicada en el mundo cinematográfico, el truco está en llamar la atención y captar el interés de las personas durante un breve periodo de tiempo, dejándolos siempre con la sensación de que hay algo más detrás de la retórica inicial y la teatralidad.

Un buen eslogan (y *pitching*) debe ser conciso, sin resultar vacío, mostrando la esencia de tu trabajo, en lugar de simplificarlo excesivamente, lo que le restaría toda la gracia. Los carteles de las películas constituyen una fuente de inspiración, muy apropiada en este caso. Suelen incluir una frase rotunda o eslogan:

«Fechorías. Caos. Comedia». (*El club de la lucha,* 1999)

«El general que se convirtió en esclavo. El esclavo que se convirtió en gladiador. El gladiador que desafió al Emperador». (*Gladiador,* 2000).

Una buena idea...

Crea los términos y los eslóganes. Inventar palabras, mezclando el significado de dos o más, puede hacer que tu eslogan destaque más. La marca Gordon's inventó para sus gin tonic el término «innervigoration», jugando con los términos *inner (interno)* e *invigorating (tonificante)*. Por su parte, French Connection UK utilizaba sólo un anagrama para la marca FCUK (¡inolvidable!).

Haz una lista con los eslóganes que más te gusten y los que detestes. ¿Por qué te atraen o te disgustan? Con mucha frecuencia, los mejores eslóganes llevan implícito un ritmo o cadencia que procede de la combinación de tres palabras o frases.

Si deseas crear tu propio eslogan, procura que no sea demasiado complicado y elige uno breve. Resulta más fácil recordar una frase simple, especialmente si resulta familiar —«Just do it» (Simplemente, hazlo), de Nike— o una frase célebre con un ligero matiz: «Pienso, luego IBM». Por supuesto, hay que poner en marcha toda una campaña de marketing para apropiarse de una frase como «Hazlo simplemente», pero no te ocurrirá nada si lo intentas. ¿De qué palabras cotidianas te gustaría apropiarte? Haz una lista y reivindica tu derecho a usarlas. Alternativamente, utiliza un servicio de traducción de Internet como Babel Fish de AltaVista para alterar el eslogan de otros, traduciéndolo del castellano a varios idiomas y luego de nuevo al castellano. Así, «Just do it», pasado por el filtro del portugués y el griego, se convierte en «Made simply» (Hecho simplemente).

Una ortografía inusual, una gramática incorrecta o el uso aleatorio de mayúsculas pueden llamar la atención de los demás, pero resulta fácil caer en la ñoñería. Por su parte, la aliteración puede enfatizar tu mensaje. La rima o el juego de palabras pueden ser breves, divertidos *e* inteligentes. Tal vez podrías inventar algo que la gente recuerde durante siglos, como el célebre «Veni Vidi Vici».

Para que un eslogan resulte efectivo, la gente debe verlo (y leerlo) por todas partes. El posicionamiento de tu eslogan puede marcar la diferencia. Intenta pintar el tuyo con tiza en la pared, escríbelo en un post-it, cuélgalo en una página web, proyéctalo en una pantalla o anímalo en un vídeo (abstente de escribirlo en el capó del coche de tu vecino).

Los artistas son desde hace tiempo partidarios de los eslóganes. Por ejemplo, los surrealistas fueron de los primeros activistas político-culturales con eslóganes tan absurdos como: «Padres, contad vuestros sueños a vuestros hijos» o «Si amas el amor, amarás el surrealismo». También establecieron sus principios, política e intenciones en el *manifiesto surrealista.*

Otra idea más...

Una vez que hayas creado unos cuantos eslóganes o incluso todo un tratado, ¿por qué no ponerlos a prueba ampliándolos y creando una historia más extensa, o insertándolos en un contexto ilógico? A veces surgen grandes ideas a partir de esta clase de digresiones, como te explicamos en la IDEA 41, en la que aprenderás a mentir, embellecer, elaborar, etc.

A principios del siglo XX, cualquier movimiento artístico importante tenía su propio manifiesto. Así, los futuristas italianos, los vorticistas ingleses, los dadaístas franceses y los expresionistas alemanes hacían una «invitación a la revolución». En la actualidad, los cineastas daneses han creado la corriente *Dogma 95*, que incluye una serie de reglas conocidas como *Voto de castidad*, que contrarrestan ciertas «tendencias» del cine actual. No han cambiado el mundo, pero han creado un nuevo género.

De este modo, si los manifiestos han perdido su carácter revolucionario, ¿qué sentido tiene que redactes el tuyo? En realidad, serviría para reunir una serie de eslóganes y aforismos, otorgándoles una coherencia y un peso que tal vez no tendrían de forma aislada. Un buen ejemplo es el «Manifiesto incompleto del crecimiento» de Bruce Mau. Al expresar públicamente tus principios, política e intenciones, podrás convencer mejor a otros para que te ayuden a poner en práctica tus ideas. Y si te tomas en serio tu trabajo creativo, resulta fundamental poder transmitir a otros quién eres y lo que pretendes hacer.

La frase

«¡No trabajes nunca!».
GUY DEBORD

¿Cuál es tu duda?

P **¿Qué hago con mi eslogan una vez que lo he creado?**

R *A la larga, ganar notoriedad puede resultar más importante que lo que tienes que decir. Si, por ejemplo, pudieras conseguir que tu mensaje estuviera escrito en la Luna y resultara visible para todos los habitantes de la Tierra, ¿acaso importaría su contenido? Marshall McLuhan, el canadiense experto en comunicación que acuñó el aforismo «el medio es el mensaje», dijo una vez que el contenido «tiene casi tanta importancia como el molde para fabricar la carcasa de una bomba atómica». Para los que nos dedicamos a crear contenido, esta frase no tiene sentido, pero también es evidente que resulta esencial cuidar tanto el envoltorio como el contenido del mensaje.*

P **Si no «vendo» nada, ¿significa esto que mi eslogan no ha funcionado?**

R *No, en absoluto. La creación de un eslogan no implica necesariamente la venta de un producto. Si no lo has hecho aún (y si lo has hecho, vuelve a hacerlo), echa un vistazo al trabajo de la artista conceptual americana Barbara Kruger, que denuncia el control que ejercen los eslóganes de carácter comercial y político en nuestro estado de ánimo y nuestra mente, y, con frases como «Compro, luego existo» (1987), expone la manipulación de los medios. Sus eslóganes no pretenden vender nada, pero reflejan nuestro modo de vida.*

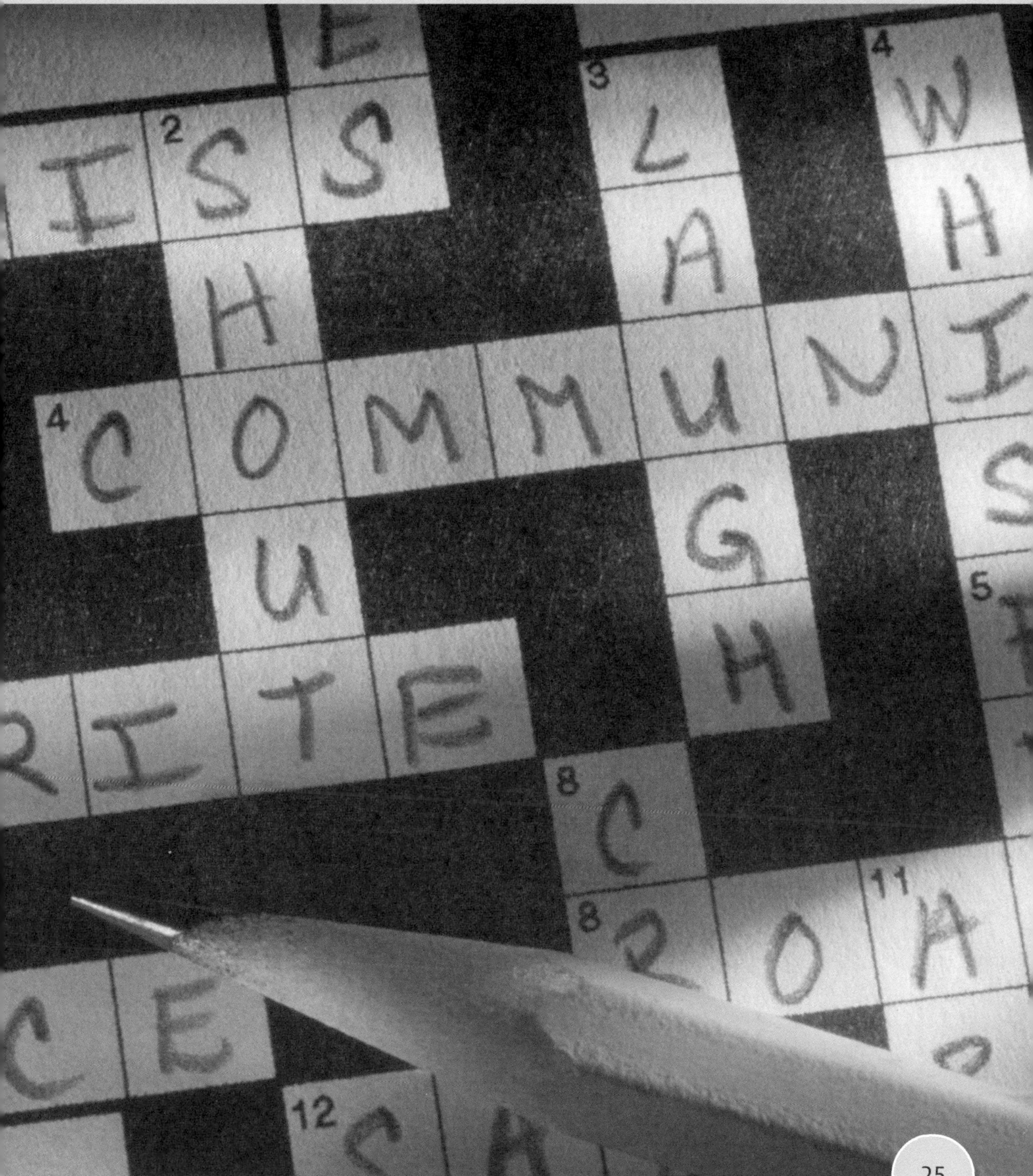

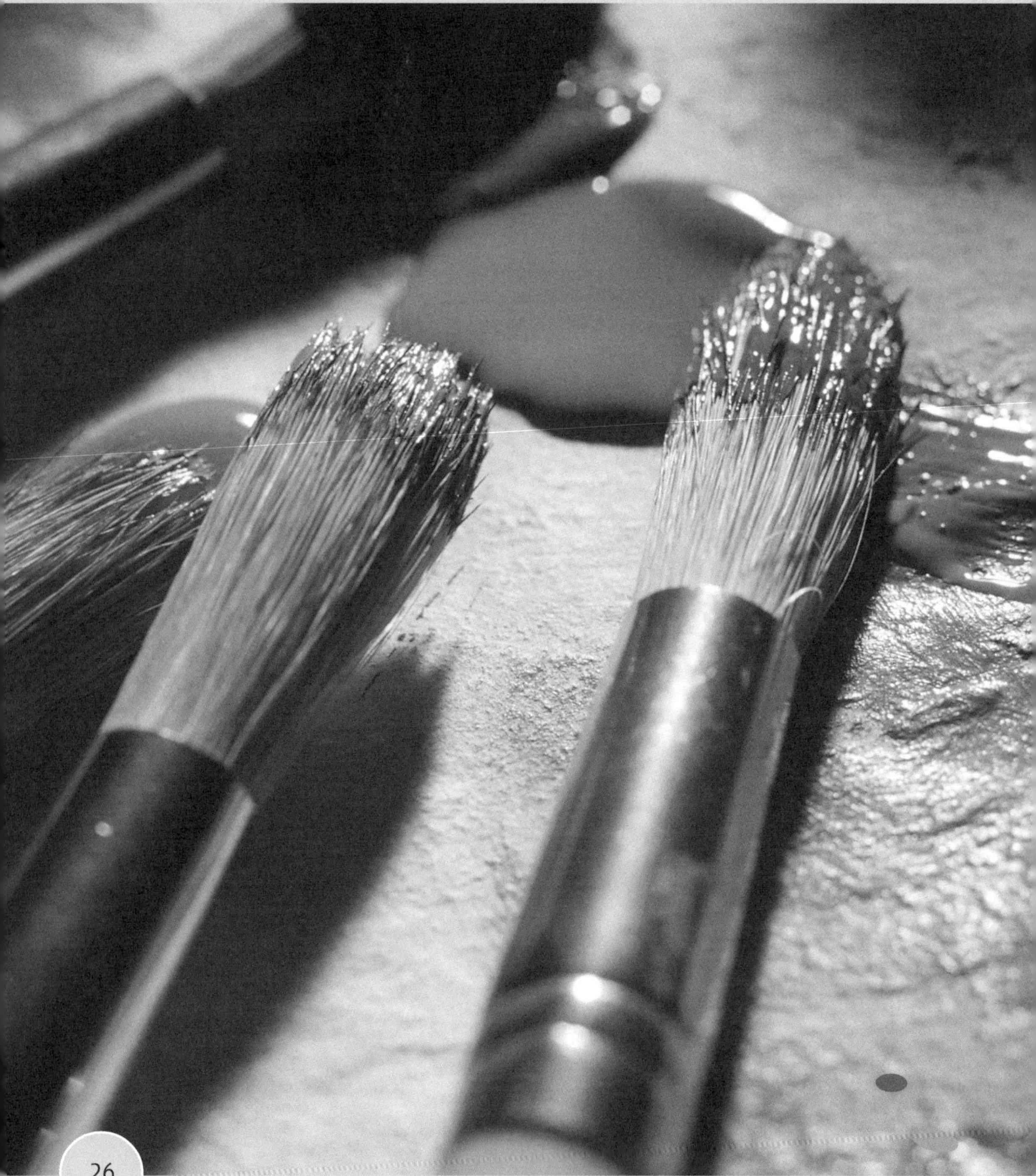

7

Reduce tus opciones para ampliar tus posibilidades

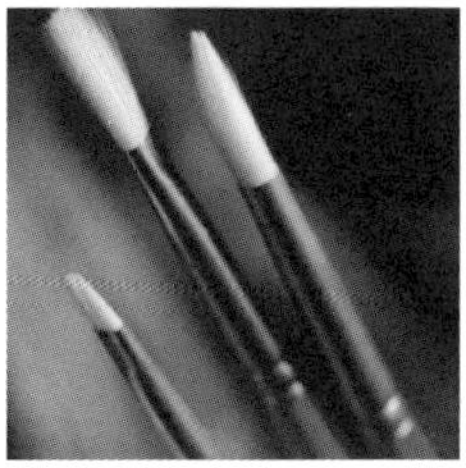

Resulta posible crear recetas de éxito basadas en muy pocos ingredientes. ¿Alguien quiere un poco más de pan?

Muy de vez en cuando, intenta realizar ejercicios creativos en los que uses un solo color, una paleta, una fuente o un sonido.

En otros libros sobre creatividad personal, probablemente encuentres frases como «todo es posible» o que tus capacidades «no tienen límite». No obstante, si trabajas sin limitaciones, te resultará muy fácil perder de vista la idea central y el proyecto podría crecer sin control, lo que requeriría un gran esfuerzo dedicado a la edición y a la mejora del producto final.

Imponer una sola regla, por ridícula que parezca, sobre lo que no deberías hacer, puede generar resultados muy interesantes, como por ejemplo, usar sólo determinadas letras del alfabeto para un texto.

Una buena idea...

Jobim, el padre de la bossa nova, fue criticado por ocuparse sólo del ritmo y por hacer canciones sin melodía. Su respuesta creativa fue un tema llamado «Samba de una sola nota», un fantástico ejemplo de cómo aplicar restricciones en la obra creativa. ¿Podrías crear una canción basada en una sola nota?

Quizás pienses que es un poco tonto limitar tu potencial de esta forma e incluso al principio puede parecer un poco complicado de llevar a cabo. Pero merece la pena hacer un intento, si sirve para que aumentes tu perspicacia y observes cómo tu escritura se dirige a espacios tortuosos a medida que intentas evitar el uso de una única vocal. Aunque ahora, a medida que lees este párrafo, puedes pensar que no es difícil en absoluto.

Aunque no somos conscientes, en cualquier caso escribimos con restricciones todo el tiempo. Cada vez que envías una postal, tienes que limitarte al espacio escaso de la tarjeta, con mensajes cortos y un estilo determinado: «Hace buen tiempo. Espero verte pronto, etcétera».

Aun cuando no estés de vacaciones, intenta utilizar tarjetas postales para todas tus comunicaciones escritas en lugar de hojas DIN A4 (y piensa cuántos árboles podrías salvar con esta práctica sencilla). Si realmente te entusiasma esta idea,

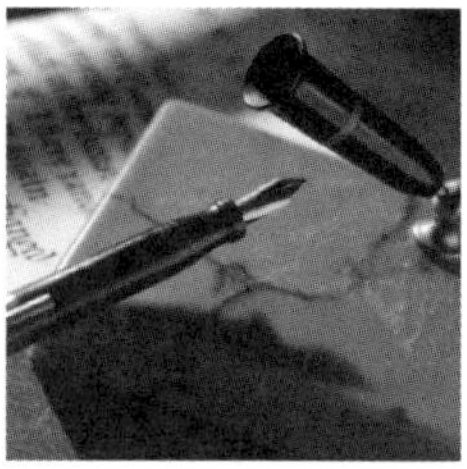

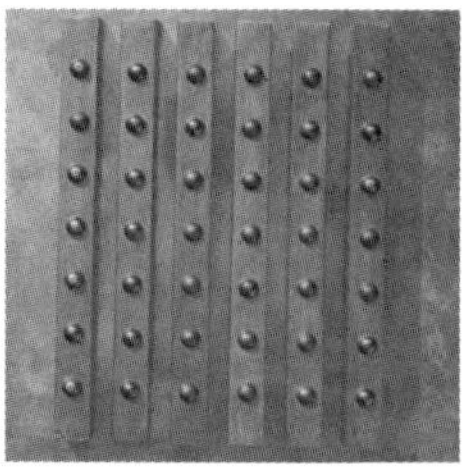

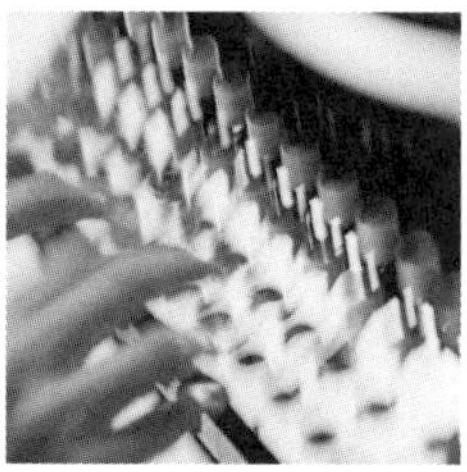

procura usar simplemente la cara posterior de las tarjetas de visita.

Si necesitas más inspiración en este aspecto, busca libros de haiku, el mejor ejemplo de economía de lenguaje. El haiku japonés es un poema con versos de diecisiete sílabas, con tres unidades métricas de cinco, siete y cinco sílabas. Un haiku incluye un «kigo», una palabra que hace referencia a las estaciones (por ejemplo, *flor*, para hacer alusión a la primavera, o *cigarra*, para referirse al verano).

Un modo radical de limitarte a ti mismo es aplazar parte del trabajo que tanto te encanta, posiblemente el alma de tu proyecto, pero que, en realidad, está acaparando demasiado tiempo. Consulta la IDEA 15, *Desecha tu mejor trabajo*, en la que te invitamos a que tires a la papelera tu mejor trabajo.

Otra idea más...

Las limitaciones pueden resultar igualmente efectivas aplicadas a distintas disciplinas artísticas, como es el caso de la pintura. Pongamos como ejemplo el periodo azul de Picasso, o las manchas rojas o anaranjadas en la obra de Turner. Algunos artistas simplemente se obsesionan con un color. Yves Klein llegó a patentar el azul ultramarino, denominándolo «Azul Klein Internacional» (IKB).

El cineasta Derek Jarman realizó su célebre película *Azul*, que es justamente eso: durante más de una hora se ve un fondo azul, acompañado de sonidos, música y la voz del propio Jarman hablando de su propia ceguera y de la muerte provocada por las enfermedades asociadas al SIDA. Resulta conmovedora y, al mismo tiempo, efectiva.

La frase

«Creo que aquellos que no son artistas suelen creer que éstos están siempre inspirados. Pero cuando trabajas en el arte, no tienes tiempo para inspirarte. Del trabajo nace el trabajo».
JOHN CAGE, compositor.

Si dejas de utilizar uno de tus sentidos, puede aumentar tu comprensión del mundo que te rodea. Intenta caminar por tu casa durante un tiempo con los ojos cerrados. Si quieres reírte un poco, grábate en vídeo y verás que el resultado difiere mucho de lo que filmarías con los ojos abiertos. O mejor aún, juega a la gallina ciega con algunos amigos y haz que la persona que tenga los ojos vendados grabe la experiencia con la cámara (mejor aún, después de tomar algunas copas). Lo más probable es que gran parte de la grabación resulte inservible, pero seguramente, encontrarás unos cuantos fotogramas de interés que te harán pensar en la posibilidad de grabar de un modo diferente. En conclusión, siempre puedes vendar los ojos de tu público.

Supongamos que intentas cocinar usando únicamente tres ingredientes (pero ¡ojo!, no lo hagas con los ojos vendados). Los más conservadores intentarán mezclar leche, huevos y harina para hacer unas tortitas —¡qué listos!—, pero el verdadero reto es usar tres ingredientes totalmente dispares: «ostras, maracuyá y espliego»... te aseguramos que el resultado puede ser realmente innovador.

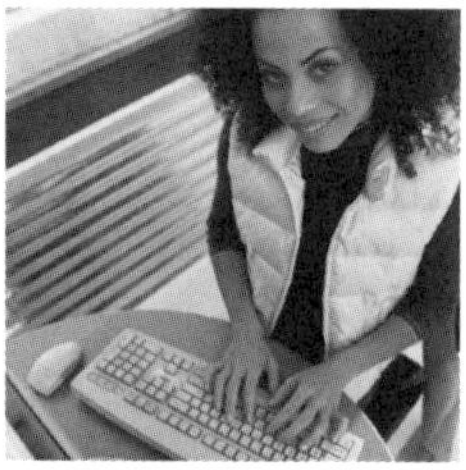

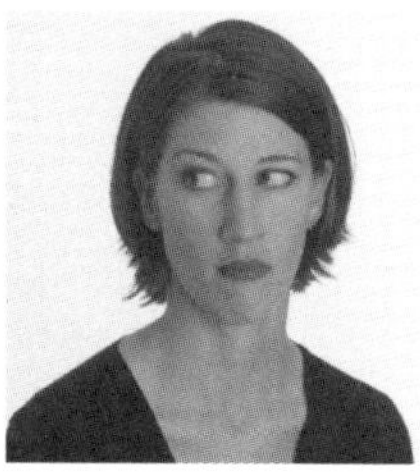

P **Realizo la mayor parte de mi trabajo frente al escritorio en una oficina y mis resultados suelen parecerse bastante entre sí. ¿Qué otra clase de limitaciones puedo añadir a éstas?**

¿Cuál es tu duda?

R *Si trabajas en una oficina, probablemente uses bastante el ordenador o el procesador de texto. En el mundo digital, una de las limitaciones clave es el tamaño de los archivos. Cualquiera que se haya sentado frente a un ordenador esperando a que se descargue un archivo de Internet conoce lo que supone lidiar con kilobytes en lugar de megabytes: la diferencia puede ser de cinco segundos a cinco minutos. La próxima vez que crees un archivo de ordenador, mira el tamaño que tiene y plantéate reducir su tamaño a la mitad. Por ejemplo, este capítulo ocupa en un documento de Word unos 30 kilobytes. ¿De qué manera podemos reducirlo a 15? (lo primero sería escribirlo en una aplicación más sencilla, o bien guardarlo en otro formato). Este ejercicio resulta aún más eficaz cuando se trata de archivos gráficos, en los que hay que tomar decisiones drásticas en relación con el color, la resolución, el tamaño de los elementos gráficos, etcétera. La imagen que se obtiene al final podría tener un aspecto distinto al de la imagen inicial. A eso nos referimos con ponerte limitaciones.*

P **Eso está muy bien, pero lo que más me interesa es el proceso mental, no la tecnología. ¿Cómo puedo poner límites en este campo?**

R *La tecnología* es *el proceso mental, pero si lo prefieres, intentemos limitar el proceso mental. Los resúmenes que hacen los niños en el colegio constituyen un excelente ejemplo del arte de la limitación. Recupera cualquier cosa que hayas escrito e intenta reducirlo a la mitad. Luego redúcelo una vez más a la mitad.*

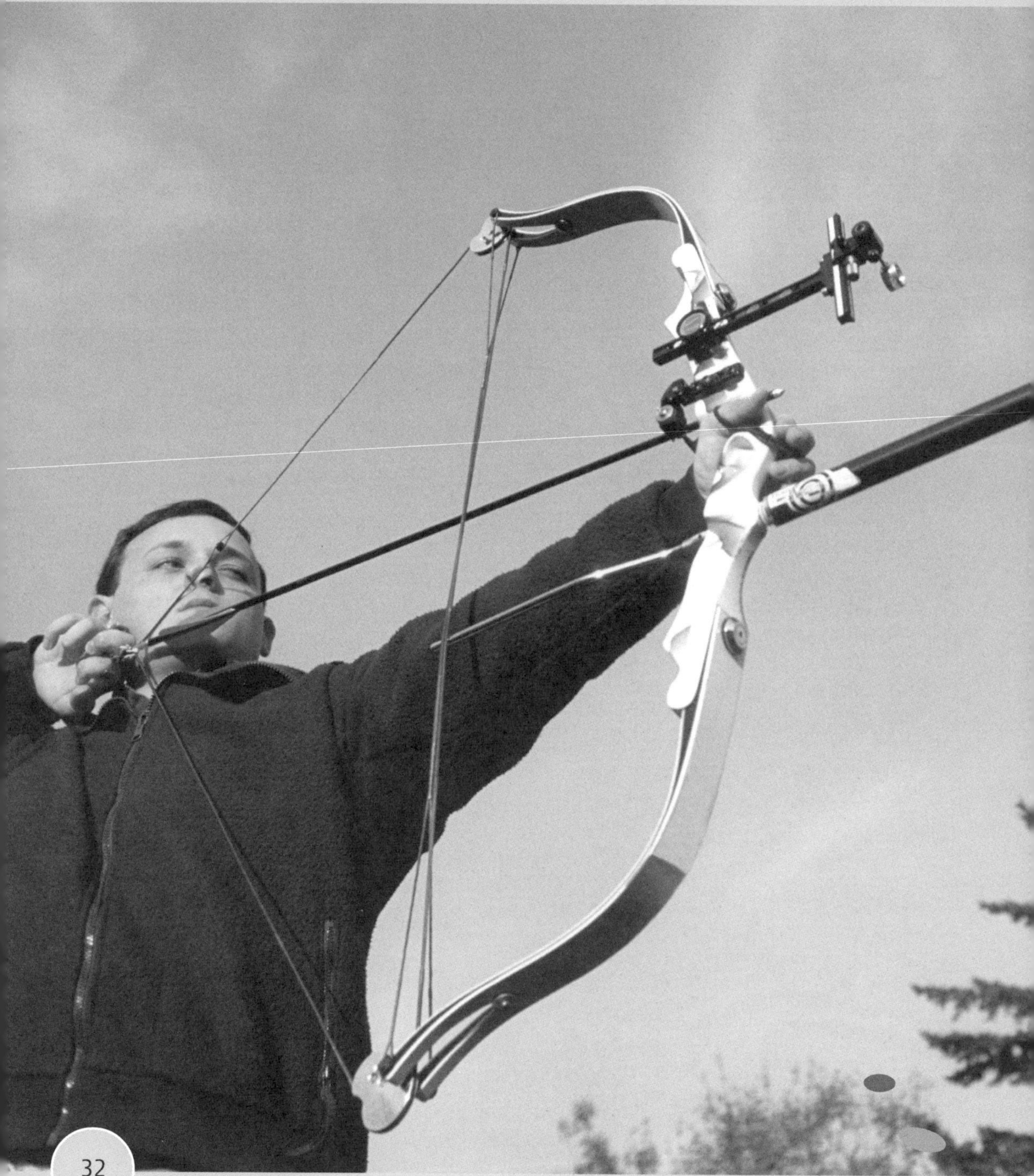

8

Tres clases de objetivos: sencillos, difíciles e inútiles

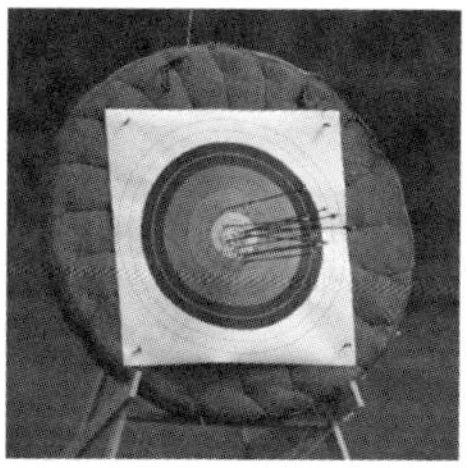

Puedes aspirar a alcanzar las estrellas, siempre y cuando dispongas de un cohete. Cómo proponerte objetivos que resulten viables y no simples quimeras.

Los que sueñan con ser escritores imaginan que un día se sentarán a escribir la novela, pero en realidad esta esperanza es tan absurda como realizar tu primer largometraje y esperar que lo estrenen en Hollywood.

Siempre que nos iniciamos en un área creativa, hay que empezar por algo sencillo y ser consciente de las propias limitaciones. Si haces cine, la mejor manera de darte a conocer en el negocio es empezar por un corto: sólo dos minutos, o quizá diez si tienes el material y la confianza suficiente. Si sueñas con ser escritor, escribe primero un artículo o un relato breve, pero no una novela, o bien, escribe un poema, empleando un formato y una estructura que te permitan ir sobre seguro.

Una buena idea...

Haz una lista de todas las razones (y excusas) que te impiden realizar eso que tanto deseas. Incluye todas aquellas frases que no resulten en absoluto convincentes, como «No tengo tiempo» o «Tengo miedo de hacer el ridículo en público». Una vez que hayas eliminado los falsos impedimentos, señala todas y cada una de tus objeciones y busca maneras eficaces para saltarte todos estos obstáculos. Si realizas esta tarea al comienzo de tu proyecto, tendrás la confianza de haber trazado un plan sólido y viable. una temporada.

Si estás realmente decidido a emprender un proyecto importante, intenta dividirlo en tareas más pequeñas y manejables (en lugar de contener la respiración durante una hora, hazlo durante sesenta minutos no consecutivos). Por ejemplo, los escritores de novelas suelen empezar escribiendo un fragmento suelto o un capítulo que se pueda publicar como historia independiente mucho antes de terminar la novela. Mediante este procedimiento, el proyecto más ambicioso avanza, pero con evidencias palpables de que está progresando de un modo legítimo.

Al fragmentar tu gran proyecto, tal vez descubras que, en realidad, enmarca dos o tres proyectos. Nosotros descubrimos esto cuando desarrollamos una idea extensa y muy rígida para un juego interactivo de Internet llamado XmasPresent (Regalo de Navidad). Para comprender mejor lo que considerábamos un concepto vago, decidimos centrarnos en tres ideas básicas:

1. Las reglas básicas del juego
2. El entorno del juego
3. La interacción y la comunicación entre los jugadores

Durante los años posteriores, desarrollamos tres proyectos distintos, de manera que el entorno del juego se convirtió en el mapa de una empresa ficticia (generando nuestra empresa actual; consulta el sitio www.xpt.com) y el proyecto del juego interactivo se convirtió finalmente en una obra teatral para webcams y correo electrónico llamada Online Caroline (www.onlinecaroline.com). La tarea casi imposible de construir un juego multijugador para banda ancha se convirtió en una labor totalmente viable y rentable destinada a la creación de una obra teatral para Internet. Mientras tanto, logramos desarrollar elementos clave del plan maestro, de manera que la tarea que antes parecía imposible resultó posible.

Otra idea más...

Siguiendo los consejos que te damos en la IDEA 4, *Organízate*, fíjate una serie de objetivos para garantizar que usas tu tiempo de forma eficaz y logras finalmente tus propósitos.

Como cualquier persona creativa, nos gusta ponernos a prueba e intentar cosas nuevas. Lo que no nos agrada es pensar que todos nuestros esfuerzos acaban siendo un fracaso o que no logramos desarrollar todas esas grandes ideas que rondan nuestra mente. Una manera de resolver estos problemas es elaborar una lista con los elementos clave (el diseño de un personaje, las reglas de un juego, el patrón de un tejido, los requerimientos técnicos del diseño de un jardín) y trabajar sólo en unos cuantos de forma totalmente aislada. Al elegir unas cuantas tareas viables, estás ganando pequeñas batallas que aumentarán tu confianza y te harán sentir capaz de avanzar en tu proyecto. De esta manera, reforzarás tu determinación y aumentará el alcance de tu empresa cuando tengas que abordar tareas más duras que sabes que no podrás eludir.

La frase

«¿Intentar? No hay que intentar. Lo único que importa es hacer o no hacer».
YODA, guerrero Yedi.

Pete Drucker, experto en negocios, ha acuñado el acrónimo en inglés (S.M.A.R.T., o «inteligente») para ilustrar las ventajas y los peligros de plantearse objetivos, independientemente de su envergadura. Recomienda pensar de forma «inteligente», teniendo en cuenta cinco aspectos antes de abordar un nuevo proyecto:

Specific (Específico): ¿Comprendo exactamente lo que implica llevar a cabo esta tarea?

Measurable (Mensurable): ¿Qué significa el éxito o el fracaso? ¿Cuál es el valor de nuestro proyecto?

Achievable (Alcanzable): ¿Resulta realmente posible? ¿Cuáles son las barreras más evidentes?

Realistic (Realista): ¿Puedo hacerlo con los medios de que dispongo y realmente vale la pena emprender el proyecto?

Time-related (Tiempo requerido): ¿Cuánto tiempo voy a dedicar a esto?

Si bien no pretendemos fomentar una forma de pensar negativa, es recomendable que te dediques primero a evaluar la viabilidad de tu proyecto.

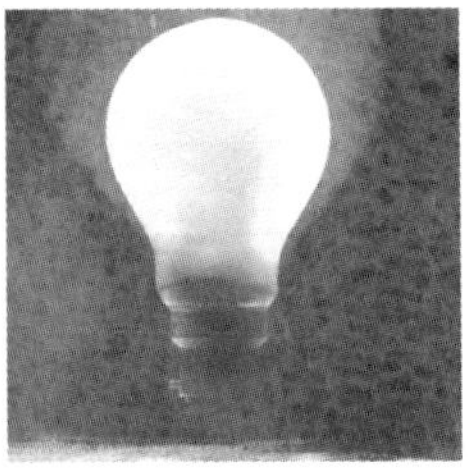

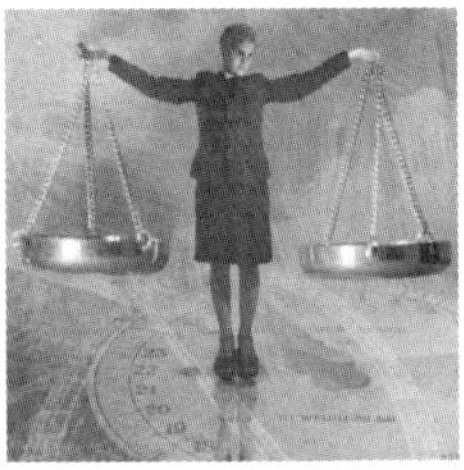

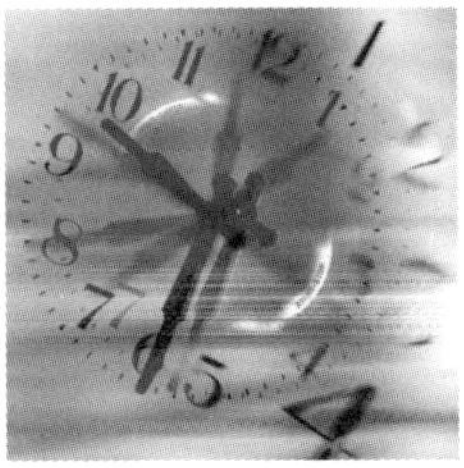

P **Plantearme una serie de objetivos de un modo racional y prudente ha hecho que mi proyecto pierda su encanto. ¿Es eso lo que se pretende?**

R *Recuerda que, en tus cálculos, siempre podrás hacer un lugar al idealismo apasionado y a la fuerza de voluntad. A veces sólo querrás hacer algo por el simple hecho de que te apetece. La gente sigue escalando montañas simplemente «porque están ahí» y, al hacerlo, nos inspiran a todos con su espíritu de superación. Continúa planteándote objetivos inútiles, sin sentido, o incluso disparatados. De esa manera, conservarás el entusiasmo y la sensación de peligro propios de todo proceso creativo. Asimismo, ampliarás tu concepto de ti mismo y tu visión del mundo y, de esa manera, alimentarás nuevas áreas de tu creatividad. De todos modos, recuerda plantearte de vez en cuando alguna tarea sencilla y date un premio (por extravagante que sea) por haberla llevado a cabo con éxito. Así, incluso el trabajo más árido puede aportar un poco de color a tu vida creativa.*

P **Sé cuáles son mis objetivos, pero *en realidad* no tengo tiempo para analizarlos detenidamente y, de verdad, no es un pretexto. ¿Cómo puedo sacar un poco de tiempo?**

R *David Allen, experto en productividad, estima que cualquier sistema que te inventes para cumplir tus objetivos requiere abordar todos los aspectos de tu vida y no sólo lo que consideras tu trabajo. Tal vez necesites establecer algunos objetivos y organizar mejor tu vida cotidiana para sacar un poco más de tiempo para tu obra creativa.*

9

Comete errores más rápidamente

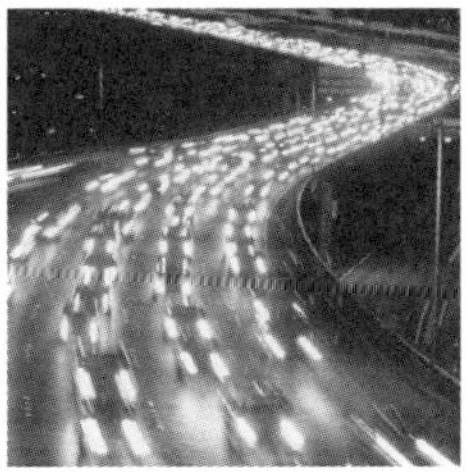

Trabajar velozmente con un elevado nivel de error puede ayudarte a «errar mejor», lo que implica obtener logros interesantes.

La creatividad suele estar relacionada con la rapidez en la producción. Lo creas o no, realizar un trabajo poco elaborado a gran velocidad puede darte la clave para llegar a donde quieres ir.

Esta idea suele atribuirse a Andy Grove de Intel, la empresa de procesadores que contribuyó a revolucionar la industria informática en las décadas de los ochenta y noventa. Cuando tu negocio implica alojar millones de bits en chips de silicio cuidadosamente elaborados, resulta comprensible por qué hay que estar preparado para mantener un nivel de producción dado aunque algunas partidas se estropeen en el camino.

Para el escultor que pasa seis meses trabajando en un bloque de piedra, puede resultar más difícil desechar el trabajo de un plumazo y volver a empezar. Sin embargo, para la mayoría de la gente, el principio de Grove resulta muy adecuado. No hay que dejar de garabatear, bosquejar, modelar, planificar, pensar y construir las cosas para volver a descartarlas, echarlas a la papelera, bloquear el ordenador y reinicializarlo, trabajando con todo el entusiasmo, energía e ingenio y, sobre todo, olvidando la vergüenza que se pasa cuando se cometen errores garrafales. Si haces esto de forma inteligente y con energía, otras personas se sentirán contagiadas de espíritu positivo y se sumarán a tu

Una buena idea...

Esta semana, intenta concebir al menos una docena de ideas. En muchos casos, las primeras once no valdrán gran cosa (así que, para ahorrar tiempo, ¡ve directo a la última!). No consideres esta práctica como una pérdida de tiempo, sino como una suerte de «telémetro». Sólo si repites varias veces tus errores podrás refinar tus procesos sobre la marcha, así como tus instintos.

proyecto. Si alguien te considera un estúpido o un impertinente por pensar de esta manera, éste es el momento de dejar de frecuentar a esta persona y seguir tu camino.

Recuerda también que los errores no siempre lo son. Contémplalos desde otro ángulo y se convertirán en accidentes afortunados. Según el director de cine Robert Altman, «La casualidad es otro nombre con el cual denominar nuestros errores. De hecho, los mejores momentos de mis películas se crearon por error». De acuerdo con Altman, los errores son la esencia de la vida y, por consiguiente, la esencia del arte (en la teoría del caos serían la esencia de la esencia).

Esta actitud también resulta evidente en las siguientes palabras de Oscar Wilde: «En la actualidad, la mayoría de las personas mueren por una suerte de prudente sentido común y descubren demasiado tarde que lo único de lo que no nos arrepentimos es de nuestros errores».

Probablemente, el descubridor que cometió los errores más famosos fue Alexander Fleming. No sólo descubrió la penicilina al contaminar accidentalmente unas muestras que había en sus placas de Petri y no lavarlas durante varios días, sino que también descubrió la lisozima cuando, en lugar de usar un pañuelo, su nariz goteó sobre una placa que contenía bacterias. ¿Eres lo suficientemente creativo como para prescindir del pañuelo durante una semana para ver qué accidentes pueden producirse?

La frase

«Una vida dedicada a cometer errores no sólo resulta más honrosa, sino también más útil que una vida dedicada a no hacer nada».
GEORGE BERNARD SHAW

La verdadera moraleja de esta historia sería: si no funciona, rómpelo.

Ciertamente, una de las mejores maneras de comprender el funcionamiento de algunos objetos es rompiéndolos. Pero por el bien de tu familia, tal vez tengas que prever la forma de volver a repararlos, si bien no es totalmente imprescindible (siempre que no se trate del taca-taca de tu abuela). Y si resulta que has roto algo de forma irremediable, intenta dar un nuevo uso a las piezas restantes. Observa a los niños: casi nunca se desprenden de sus viejos juguetes, sino que los reutilizan y les dan usos novedosos en sus juegos.

Otra idea más...

Si te pone nervioso cometer errores, intenta evaluar los riesgos de forma creativa. En la IDEA 12, *Arriésgate*, te enseñaremos cómo asumir riesgos.

Hablando de niños pequeños, conviene recordar que sólo aprendemos a andar después de caernos cientos de veces. De hecho, desde un punto de vista técnico, caminar *es* caerse una y otra vez. Si no nos crees, levántate e inclínate hacia delante como si fueras a caerte. Luego extiende el pie hacia delante justo antes de desplomarte. Casi de forma inevitable, tu otro pie saldrá al paso y no sólo darás un paso, sino dos para evitar la caída.

Habrás comprobado que incluso algo tan sencillo como caminar es, en realidad, una manera controlada de dar tumbos.

La frase

«Si pudiera volver a vivir mi vida, me atrevería a cometer más errores la próxima vez».
NADINE STAIR, poetisa.

¿Cuál es tu duda?

P **Si cometo errores en el trabajo, ¿no correré el riesgo de que me despidan?**

R *En realidad, muchas empresas progresistas toleran el error hasta cierto punto. Se dice que en Pepsico solían permitir que sus ejecutivos cometieran dos errores importantes sin que esto impidiera su ascenso, con el fin de «curtir» al equipo de dirección y fomentar la asunción de riesgos. Lo que queremos destacar aquí es que sólo pueden culparte de aquello por lo que te hayas hecho responsable. No hacer nada suele ser la opción más segura en una carrera creativa, pero también la más anquilosante. Podríamos darte algunos ejemplos, pero no lo haremos.*

P **Me deprime, e incluso me cansa cometer errores. ¿No debería sentirme inspirado, en lugar de desesperado?**

R *Si realmente estás agotado o estás obsesionado porque algo te salga bien, recuerda que si sólo desarrollas un par de ideas esta semana, tal vez nunca obtengas la recompensa y la satisfacción que buscas.*

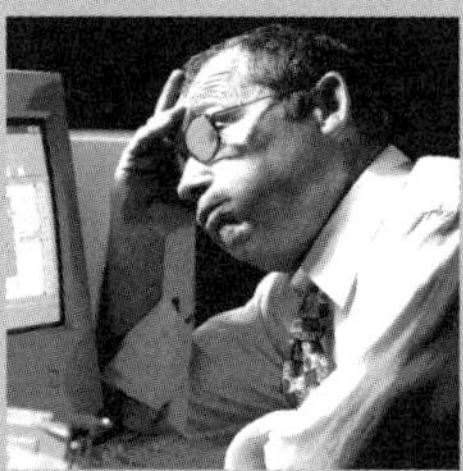

10

Destrózalo todo

¿Quieres dar otro enfoque a tu creatividad? Date un respiro.

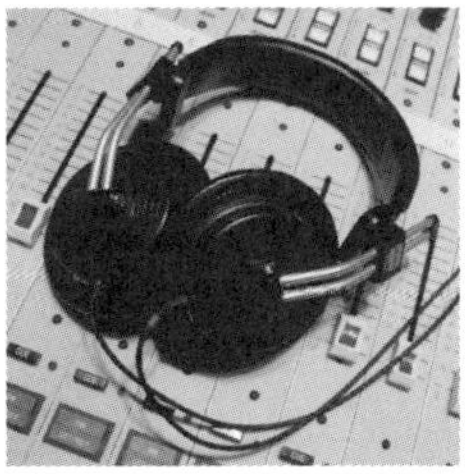

¿Te has dado cuenta de que, hoy en día, la creatividad ya no tiene nada que ver con manipular objetos físicos?

En su lugar, jugamos con ideas y conceptos, construimos «economías creativas» y usamos ordenadores para desarrollar «presencias virtuales». El dinero existe en bits y bytes, la música se descarga sin envoltorio, ni caja, ni CD. Las cámaras digitales permiten sacar, editar o eliminar fotos sin revelar una sola imagen.

Sin embargo, gran parte del lenguaje digital gira en torno a procesos físicos bastante violentos. Así, por ejemplo, «destripamos» y «quemamos» un CD de música. Asimismo, las visitas que recibe una página web también se conocen como *hits* (golpes), al tiempo que «echamos» archivos a la Papelera. De modo que, para variar, queremos que recuperes tu realidad física y dediques más tiempo a disfrutar de la calidad táctil de los objetos que te rodean.

Algunos artistas realizan *performances* violentos con ciertos objetos poco habituales. Basta recordar el tratamiento que daba Damien Hirst a sus ovejas y vacas, o cómo pintarrajeaba Grayson Perry un conjunto de ollas. Todo esto tiene más que ver con derribar las barreras con el pasado del artista que con abrir nuevos caminos. Si observamos el juego de los niños o de los cachorros en el zoo, podemos comprobar que se dedican en gran medida a dar golpes y lanzar cosas (y a morder y masticar, pero eso es otra cuestión), y de todo este ejercicio físico surgen procesos mentales creativos.

Una buena idea...

Elige cualquier cosa que esté a tu alcance ahora mismo –una taza de café, un teléfono, lo que sea– y manipúlala durante, al menos, cinco minutos. Explora su superficie con los dedos, siente su textura y disfruta con su peso. Ahora trata de ponerte en su lugar. Aráñala, golpéala un poco. O déjala caer desde lo alto sobre una superficie dura. Si la rompes, recoge los pedazos. ¿Qué observas? ¿Fragmentos afilados con distintas texturas? ¿Contiene su superficie alguna abolladura o protuberancia con contornos interesantes en los que quizá se refleje la luz de un modo particular? Ahora podrás comprobar cómo algo tan sencillo como estrellar objetos contra el suelo puede cambiar tu forma de percibir las cosas y ayudarte a desarrollar una nueva línea de pensamiento creativo.

Como verás, disociar la creatividad de la fabricación y la manipulación de objetos resulta bastante falso. Las personas que dicen que pueden crear capital intelectual o una «economía de conocimiento» sin partir de una base real de fabricación o de un punto de partida físico probablemente se engañan a sí mismas (¡basta de arenga política!).

Si realmente no te atrae la idea de juguetear con objetos reales, puedes visitar una excelente página web (www.sodaplay.com/constructor/index.html), que te permitirá construir y jugar con numerosos objetos virtuales que pueden adoptar sorprendentes comportamientos físicos.

En cualquier caso, cuando mantienes tus manos ocupadas, tu cerebro puede divagar mejor. En cierto modo, estamos hablando de algo similar a hacer girar los pulgares cuando esperamos algo con impaciencia.

Curiosamente, concentrarse en las propiedades físicas del mundo que te rodea también constituye una manera bastante tradicional de conectar con tu lado espiritual (en el caso de que lo tengas). No es casualidad que la mayor parte de la religiones celebren una serie de rituales físicos durante sus ceremonias. Una tradición evidente es la recreación de la última cena, donde se comparte el pan y el vino en un acto de comunión. Un ejemplo más extraño y, tal vez, fascinante, es la práctica vudú que consiste en construir altares para los muertos introduciendo cabezas de muñecas en botes, usando puros atados, plumas de aves y muchas otras cosas.

Otra idea más...

Si te atrae la idea de romper cosas, echa un vistazo a la IDEA 20, *Escoge las herramientas inadecuadas para el trabajo.*

Ciertamente, construir tu propio altar de objetos atesorados por ti puede resultar extremadamente útil para descubrir ciertos aspectos de tu personalidad y tus intereses creativos, de los que tal vez no te hayas percatado con anterioridad. Si te sientes especialmente atraído por este tipo de actividades, puedes fabricar tu propio muñeco, representando a una persona que odies, y clavarle algunos alfileres. Comprueba lo supersticioso que esto te hace sentir. Y fantasea con la idea de que quizá —sólo quizá— podría existir una conexión física entre la tortura que infliges a tu muñeco y el destino de la persona que éste representa.

La frase

«Todo acto de creación es, en primer lugar, un acto de destrucción».
PABLO PICASSO

¿Cuál es tu duda?

P **Intuyo que esta clase de ejercicios no me ayudarán demasiado a la hora de crear presentaciones informáticas y elaborar documentos con el procesador de texto, ¿me equivoco?**

R *En realidad, resulta bastante interesante pensar en cómo «estrellar contra el suelo» una presentación informática. ¿Por qué no pensar en distorsionar o pintarrajear la pantalla, empañar las imágenes, estirar las letras o añadir un grafiti? O mejor aún, tal vez podrías «barajar» las páginas en tu pantalla como si se tratase de un mazo de cartas y proyectarlas en un orden aleatorio.*

P **¿Acaso estos ejercicios no se aplican exclusivamente a los proyectos basados en el ordenador?**

R *No, en absoluto. De hecho, tal vez desees desdibujar los límites que separan el hecho físico de romper cosas con el hecho de hacerlo en el mundo virtual, planificando tu presentación mediante el uso de un objeto físico, en lugar de trabajar directamente en una aplicación de software. El objeto físico más obvio podría ser un bolígrafo, pero resultaría bastante aburrido. ¿Por qué no concebir una presentación usando la masilla adhesiva conocida como Blu Tack?) (de hecho, nosotros lo hicimos una vez para crear una presentación sobre dirigentes rusos del siglo XX...).*

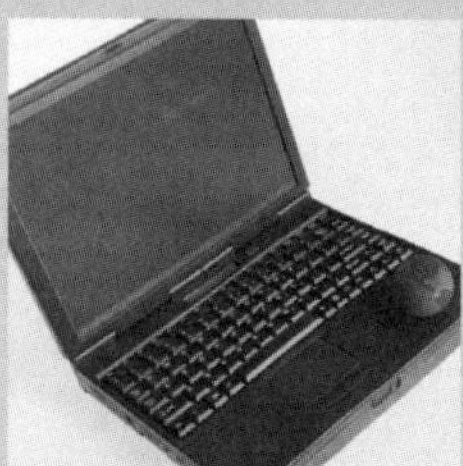

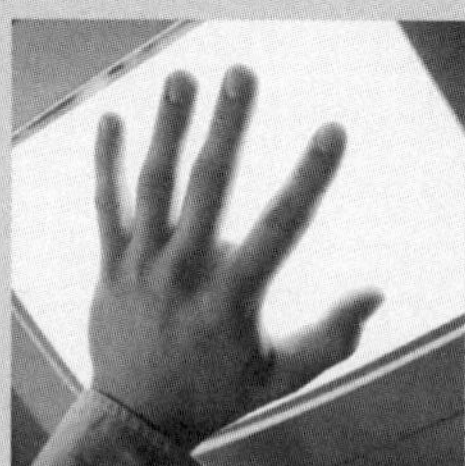

11

Mira las cosas desde otro ángulo

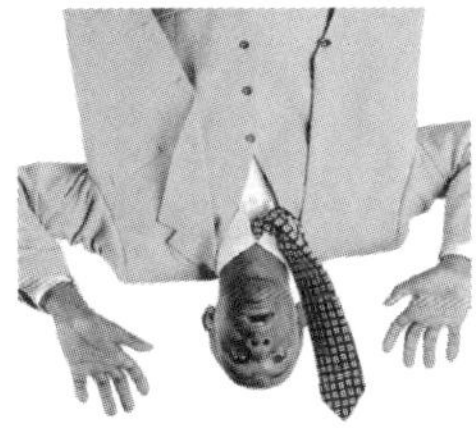

El hecho de cambiar tu punto de vista puede modificar tu relación física con todo lo que te rodea. Además, da un nuevo sentido a *matar el tiempo* en las fiestas.

También puede ayudarte a introducir cambios conceptuales en tu vida, como el hecho de ver una puerta como si se tratase de un portal, en lugar de una simple puerta. O bien imaginar que se trata de un bote o, por qué no, pensar que tú eres la puerta.

Tal vez te han sugerido muchas veces que consideres las cosas desde otra perspectiva. Pero ¿cómo situarte en una posición que te permita hacerlo?

La próxima vez que intentes manejar mejor una situación, intenta observarla desde arriba: ya sea literalmente, subiéndote a una escalera o a una silla, como metafóricamente, imaginándote a ti mismo observando a gran distancia todas las cosas que te ocurren de cerca y te afectan personalmente. Esto te permitirá tomar cierta distancia, tanto mental como emocionalmente, con respecto a las cosas y a la gente con la que trabajas, lo que te ayudará a pensar con mayor claridad acerca de las posibilidades que tienes frente a ti.

Una buena idea...

Otra estrategia eficaz para cambiar de perspectiva es redimensionar las cosas. Trata de imaginar en pequeño algunos objetos grandes, y viceversa. Por ejemplo, piensa en algo grande, como un flamante Lamborghini, e imagínalo diminuto.

Cambiar de punto de vista no sólo implica usar la vista: también puedes usar otros sentidos. En lugar de concentrarte en el aspecto de las cosas, escribe en un cuaderno el tacto que tienen (aspereza, suavidad, calor, frío, dureza), o incluso el olor que desprenden.

He aquí un ejercicio que puedes poner en práctica en la soledad de tu oficina. Elije un objeto relativamente pequeño, como una taza, una grapadora o un sujetapapeles. Luego somete tu objeto a una serie de experimentos que te obliguen a mirarlo de distinta manera. Ten una libreta a mano y escribe todo lo que se te ocurra.

En primer lugar, coloca el objeto del revés (si has elegido la taza llena de café, es tu problema). Observa hasta qué punto ha cambiado su forma, con qué guarda cierto parecido o en qué medida deja de resultar útil al colocarlo boca abajo, o incluso qué nueva utilidad podría tener ahora.

Dibújalo con la mano izquierda (si eres zurdo, con la derecha) para que tus trazos resulten deliberadamente torpes. ¿Qué aspecto tiene ahora?

Luego colócalo al aire libre y míralo a través de la ventana, para que parezca que ha sido abandonado y sientas que no te pertenece. ¿Parece estar cómodo en ese lugar? ¿Da la sensación de que siempre ha pertenecido al lugar en el que se encuentra? Si no es así, ¿por qué? Si no te importa, deja el objeto allí fuera durante unos días y mira cómo se deteriora. ¿Cambia de color? ¿Se forma moho o se oxida? Si no puedes soportar siquiera imaginarlo, reúne fuerzas para dejarlo abandonado en un lugar público durante unos 20 minutos y escribe lo que sientes ante su posible pérdida.

Vuelve a llevarlo a tu escritorio. Colócalo detrás de ti y míralo a través de un espejo. Lo que ves es su imagen invertida. Extiende la mano y trata de tocarlo. ¿Qué sientes al mirarlo sin poder tocarlo? Ilumínalo con una linterna y mira cómo juegan la luz y las sombras sobre su superficie, tanto directamente como en la imagen reflejada en el espejo. ¿Qué siluetas puedes crear?

Otra idea más...

A los niños se les da muy bien improvisar juegos con objetos y usarlos de diversas maneras, diferentes a aquello para lo que fueron concebidos. Consulta la IDEA 25 para recordar lo que significa jugar como un niño.

Ahora puedes violentar un poco tu objeto. Colócalo sobre un plato giratorio y mira cómo gira, sumérgelo en agua o cuélgalo de un alambre y haz que se balancee. Juega con él como un gato con su presa. No tengas miedo de romperlo. Cuando acabes, escóndelo en un lugar donde creas que nadie lo encontrará jamás (como hacen los perros con sus huesos).

Si disfrutas de esta relación con tu objeto, ve más allá. Dale un nombre o escribe una frase o eslogan descriptivo. Envuélvelo y dáselo a alguien como si se tratase de un regalo muy especial. Sácale fotos. Escríbele una canción. Póntelo como si de una prenda de vestir se tratase. Fríelo o cuécelo. Pero no te lo comas...

Lo importante es plantearte el reto de percibir los objetos de forma distinta, usarlos y maltratarlos, y observar en qué pueden convertirse desde una nueva perspectiva.

La frase

«El cine, la radio, la televisión y las revistas nos enseñan a no prestar atención a las cosas. Vemos sin mirar y oímos sin escuchar».
ROBERT BRESSON, director de cine francés.

¿Cuál es tu duda?

P Estos ejercicios resultan demasiado absurdos y constituyen una pérdida de tiempo para alguien como yo. ¿Existe un modo más sensato y práctico de ver las cosas desde otra perspectiva?

R Si quieres tener otra imagen del mundo, pero no tienes tiempo o no te apetece explorarlo tú mismo, utiliza un atlas o un mapa. Los mapas constituyen un medio muy útil para modificar la percepción que tenemos del mundo. Los fabricantes de mapas intentan situar su propio país en el centro, a pesar de que en el globo terráqueo, cualquier punto puede situarse en dicho lugar. Un modo sencillo de replantear tu posición en el mundo podría ser dibujar un mapa y colocarte en el centro.

P ¿En qué medida pueden ayudarme a «pensar diferente» todos estos engorrosos experimentos con tazas de café?

R Si te obligas a actuar de forma diferente en relación con los objetos (o las ideas) y los contemplas desde otro ángulo, te conviertes en un observador distinto. La personalidad de cada uno tiene diferentes facetas: podemos ser soñadores, realistas, críticos, etcétera. Imagina que distintas personas rodean el objeto que te interesa y, en una situación particular, hay una cuya opinión predomina sobre las demás. Ahora supongamos que todas contemplan el mismo objeto, pero esta vez a través de un telescopio, de modo que sólo una puede observarlo cada vez. ¿Acaso hay alguien cuyo punto de vista siempre es ignorado? ¿Por qué no darle el telescopio solamente a esta persona y obligar a las demás a permanecer calladas durante ese tiempo?

12

Arriésgate

¿Hasta qué punto estás dispuesto a arriesgarte para ser más creativo?

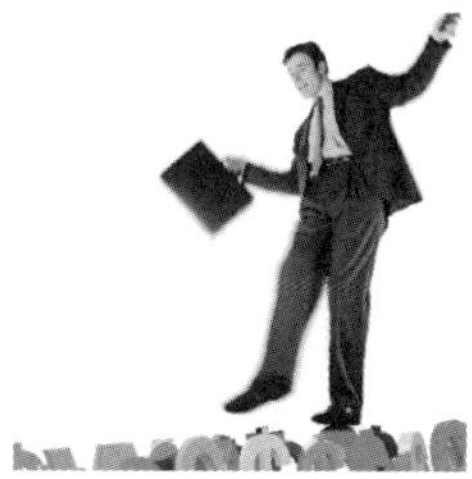

El hecho de asumir riesgos puede cambiar tu vida radicalmente.

Todos tenemos ideas muy distintas acerca de lo que supone arriesgarse. Para algunos, la posibilidad de pasar un mal rato cantando en público resulta demasiado arriesgada. Para otros, escalar una montaña, arriesgándose a perder algún miembro o, incluso, a morir, simplemente resulta divertido.

En el campo de la creatividad, resulta extraño encontrar gente que se arriesgue a morir o a sufrir graves heridas como consecuencia de su trabajo, pero existen. El mago y showman David Blaine, por ejemplo, se encerró en una jaula de cristal sin ninguna clase de alimento por espacio de cuarenta días. El artista Chris Burden se autocrucificó sobre el capó de un coche. Por su parte, William Burroughs escribió muchas de sus obras más famosas, como es el caso de *The Naked Lunch,* bajo la influencia de potentes drogas.

A menudo, los artistas intentan enfrentarse deliberadamente a los tabúes sociales. En este sentido, Demian Hirst y sus fieles *Britartists* lograron conmocionar definitivamente a la nación durante la década de los noventa, utilizando cuerpos de animales muertos e imágenes pseudopornográficas para captar la atención del público. Hacia la misma época, el músico y artista Bill Drummond quemó un millón de libras esterlinas en efectivo, dilapidando deliberadamente el dinero. Y Michael Landy fue incluso un paso más allá, utilizando una trituradora industrial para destruir *todas* sus posesiones.

Una buena idea...

Dibuja una cuadrícula rectangular. En la parte izquierda, escribe la palabra «seguro», en la derecha, «peligroso», en la parte inferior, «serio» y en la parte superior, «estúpido». Ahora, coloca tus ideas creativas sobre la cuadrícula, marcando un punto con un lápiz. Las ideas serias y seguras están situadas en algún sitio cercano a la esquina inferior izquierda. ¿Qué tendrías que hacer para lograr que estas ideas se situaran en otras áreas?

En ningún caso estamos sugiriendo que intentes hacer algo como esto. Mmmm, bien podría ser... pero debes preguntarte a ti mismo dónde colocar el límite. Por ejemplo, ¿qué grado de compromiso político estarías dispuesto a asumir en relación con tu creatividad? A través de la historia, artistas y músicos han sido encarcelados y ejecutados, ya que sus ideas se consideraban antisociales y subversivas. Así, por ejemplo, Alexander Solzhenitsyn fue deportado a Siberia durante muchos años a causa de sus escritos. Por otro lado, Ezra Pound flirteó peligrosamente con el fascismo, empañando su reputación como poeta y crítico y, en lugar de ser encarcelado, fue internado en una institución.

La inclinación conservadora o radical de tus ideas implica una decisión de carácter muy personal, pero, en cualquier caso, es necesario que establezcas una escala mediante la cual puedas medir dichas ideas. Por ejemplo, trata de recordar aquellos momentos de tu vida en que te sentiste especialmente avergonzado o expuesto en público. ¿Cuál fue la causa de dichas situaciones y cómo reaccionaste en cada caso? ¿Acaso te arriesgaste deliberadamente o, simplemente te viste atrapado en una trampa? ¿Hiciste algo para reconducir la situación? ¿O simplemente te enfadaste, o incluso, huiste? Contemplando retrospectivamente estos sucesos, deberías comprender mejor la naturaleza de tus miedos e inhibiciones personales. En muchos casos, es posible que ya hayas actuado de forma muy creativa a la hora de ignorar o eliminar estos miedos e inhibiciones.

Pero también debes pensar en la posibilidad de desarrollar ideas creativas que te permitan enfrentar y exponer tus miedos. En un nivel básico, si tienes miedo a las alturas, intenta subir a un sitio que esté muy elevado. Si no te gustan las serpientes, ve al zoo y trata de pasar una hora en el terrario. Intenta describir cómo te sentiste, represéntalo e, incluso, trata de comunicar a otros lo que experimentaste, de forma que ellos sientan el mismo *escalofrío* que tú.

Otra pregunta importante en relación con este «cálculo de riesgo» es: ¿Qué puedes perder? Haz un inventario de todas aquellas cosas que valoras en tu vida, aquellas que definen quién eres y aquellas que te hacen feliz: familia, amigos, comodidades hogareñas, vacaciones, etc. Ahora, dales una calificación por grado de importancia, utilizando una escala de 0 a 10. Tómate todo el tiempo que necesites: se trata de cosas importantes para ti.

Otra idea más...

Cuando nos arriesgamos, a menudo hablamos de los peligros como si se tratara de «exponerse». En este caso, no estamos recomendando desnudarse en público como actividad creativa. Pero habría mucho que decir acerca de lo que supone hacer algo estúpido en público para provocar una sonrisa y sobreponerse a las propias inhibiciones, como se muestra en la IDEA 22, *El recreo permanente.*

Ahora, fíjate en todas las cosas que tengan una puntuación de 8 o inferior, y piensa en una situación o en una acción que pudiera ponerlas en peligro. De hecho, toma cada una de estas ideas como tema de tu próximo proyecto creativo e imagínate cómo podrías afrontar su pérdida, o, al menos, pon en evidencia tu propia dependencia de estos elementos en público. Por ejemplo, imagina cómo podrías afrontar la pérdida de tu casa o de tu piso si no pudieras pagar los plazos de la hipoteca o el alquiler, si la propiedad se incendiara, si tu pareja te echara, si la comunidad decidiera deshacerse de ti... Explora las consecuencias de estas situaciones. ¿Qué clase de trabajo creativo te llevaría a no pagar la renta, romper con tu pareja o hacer que te ofrezcan un nuevo trabajo?

La frase

«No nos atrevemos a hacer las cosas porque sean difíciles, sino que son difíciles porque no nos atrevemos a hacerlas».
SÉNECA

Aun en el caso de que no continúes avanzando por esta línea de pensamiento, ahora eres más consciente de la clase de riesgos creativos que estás preparado para afrontar. Y además también sabes qué clase de riesgos prefieres evitar.

¿Cuál es tu duda?

P **Deseo arriesgarme, pero no quiero que esto suponga una molestia para otros. ¿Cómo puedo enfocar esta cuestión?**

R *Para arriesgarte, debes tener algo con lo que apostar. Por regla general, no deberías jugar con las fichas de otros. No obstante, existen momentos en que tus decisiones de carácter creativo pueden tener consecuencias para la gente que te rodea. Una forma de reconsiderar este dilema consiste en no preocuparse de aquello que podrías perder o a quién podrías ofender, sino poner toda la energía creativa, intentando encontrar ideas innovadoras que eviten la pérdida. Así, por ejemplo, existe un viejo cliché sobre rockeros lanzando aparatos de televisión por la ventana de los hoteles cuando están de gira. Pero ¿qué te parecería encontrar una solución para poder realizar esto sin que se produjese semejante estropicio? Si cuestionas los riesgos de forma positiva, esto no implica que no hagas nada. Simplemente se trata de que lo hagas de forma diferente.*

P **Es fácil hablar de la posibilidad de arriesgarse cuando no tienes responsabilidades. ¿Qué ocurre si las tienes?**

R *Resulta sencillo hallar justificaciones para no arriesgarse, especialmente en lo que respecta a razones de peso, como es el caso del trabajo, la hipoteca o la familia. Sin embargo, el mayor riesgo que corres es que te sientas insatisfecho hasta que tomes una decisión en este sentido. Habla con las personas que comparten tus responsabilidades y con aquellas de las que tú mismo eres responsable. A menos que lo que propongas sea completamente descabellado y no se trate de un riesgo calculado, es muy probable que te apoyen.*

13

Olvídate de las modas

Ir en dirección opuesta a la del resto de la gente tiene una serie de ventajas y también inconvenientes. Y uno de los problemas que surgen constantemente es la necesidad de evitar que la gente te aplaste...

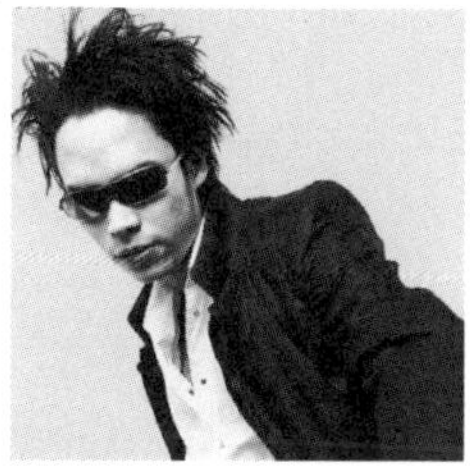

¿Te has fijado en la facilidad con que se pone rápidamente de moda todo aquél que rechaza o cuestiona públicamente y con éxito el statu quo?

La industria de la música resulta particularmente hábil a la hora de encontrar artistas que inicialmente resultan chocantes —Madonna, Eminem o Slipknot—, pero que más tarde se convierten en parte de la corriente general. En cierto sentido, la forma más rápida de ponerse de moda consiste en rechazar la moda: se trata de menospreciar las tendencias en boga y ocupar espacios y posiciones en los que ningún otro desea permanecer.

Probablemente, tienes una imagen clara de aquellos que rechazan la moda de esta manera: se trata de pensadores muy originales —incluso excéntricos—, que viven en una zona de la ciudad bohemia e «in», visten ropas extrañas y se encargan de romper tabúes sociales, diciendo lo que no se puede decir y pensando lo que no se puede pensar. Pero gastar demasiada energía creativa de forma deliberada para ir contra corriente de esta manera puede convertirte en un esclavo de tu tiempo, como les ocurre al resto de las personas.

Una buena idea...

Emprende una nueva actividad –como puede ser el caso del golf o apuntar la matrícula de los trenes, algo que normalmente considerarías poco apetecible– y hazlo de forma *irónica*. Convence a algunos amigos de que te acompañen. Comprueba cuánto tiempo pasa hasta que desaparece la mirada irónica y empiezas a disfrutar de estas actividades.

Para nosotros, existen cinco clases de personas que rechazan o ignoran la moda de distintas maneras:

1. EL FANFARRÓN

Si te caracterizas por tu oposición a la corriente dominante, no tienes que ser necesariamente consecuente contigo mismo. Los rótulos antimoda abundan en las industrias creativas. Su oposición no resulta original y no produce automáticamente elementos interesantes o «auténticos». En último término, se trata de otra forma de hacer publicidad.

2. EL EXCÉNTRICO

Algunas personas se comportan de forma naturalmente extraña y, por tanto, están por encima de las modas. Piensa en Leigh Bowery, en su extraña y maravillosa indumentaria; en Grayson Perry, ganador del premio Turner de cerámica, que pasó la mayor parte de su vida vistiendo ropas de muñeca; o en Vivian Stanshall, de la Bonzo Dog Doo Dah Band. Lo que distingue a estas personas es que logran ser originales sin necesidad de mostrar un comportamiento deliberadamente perverso. Nadie puede enseñarte a ser de esta manera. Naces con ello.

3. EL GOLFISTA

Hay gente que realmente resulta completamente ajena a las modas, o quizá la palabra a emplear sería *impermeable*. A menudo, afirman que «saben lo que les gusta» y deberíamos admirarles por ello. Pero esta clase de rigidez de pensamiento puede conducir también a un estancamiento creativo. Piensa en esas personas de mediana edad a las que ya no les importa cómo visten, que escuchan la misma música antigua y que quizás han desarrollado un pasatiempo particular, como hacer vino, coleccionar sellos o practicar el golf (el *deporte* que practican aquellos que no saben nada de modas). No estamos diciendo que sea una mala vida, por cierto (a Rob le gusta el golf y Tim hace vino). Simplemente, ésta no es la mejor manera de permanecer abierto a las posibilidades de carácter creativo.

Para captar el espíritu de los tiempos, tendrás que hacer un esfuerzo. Consulta la IDEA 34, *Red cercana, red lejana*, para aprender cómo hacerlo.

Otra idea más...

4. EL EXCLUIDO

Antes de que parezca que somos unos estirados, recuerda que la mayor parte de lagente de este mundo simplemente no puede permitirse seguir las modas. Cuando las preocupaciones fundamentales consisten en lograr un nivel mínimo de educación, vivienda pobre y desempleo, realmente no se tiene el tiempo ni la dedicación necesaria para estar al tanto de las últimas tendencias. Una vez dicho esto, conviene tener en cuenta algo llamado «elegancia pobre». Así, no es raro que artistas de vanguardia se trasladen a las áreas más pobres de un pueblo o una ciudad, vistan ropas procedentes de instituciones de caridad, recuperen espacios industriales abandonados y los conviertan en sus propios estudios, o bien transformen clubes y tiendas de mala muerte en sitios «in». En Londres, Hoxton y Hackney constituyen claros ejemplos de esta tendencia.

La frase

«Cualquiera puede encontrar artículos de moda en una boutique o adquirir conocimientos históricos en un museo. La persona creativa busca elementos históricos en una ferretería y trata de localizar la moda en un aeropuerto».
ROBERT WIEDER, periodista americano.

Si dispones del tiempo necesario, explora la localidad que más te apetezca e intenta localizar el próximo «Hoxton», la próxima área que será ocupada y, por consiguiente, se pondrá de moda en el futuro (por cierto, en el caso de Londres, las apuestas se centran en New Cross o Muswell Hill).

5. EL PERSEGUIDOR DEL «ESPÍRITU DE LOS TIEMPOS»

Te habrás dado cuenta de que no consideramos que la moda sea realmente un elemento imprescindible para el individuo creativo. Sin embargo, la capacidad para captar el espíritu de los tiempos sí resulta importante. En gran medida, la moda constituye un elemento industrial y no es algo que deba preocupar excesivamente al individuo creativo. Se fabrica y se manipula, se «configura» y su duración se mide en temporadas. La moda constituye el monstruo corporativo que vende a todo el mundo el mismo sombrero con el eslogan «Sé diferente».

A diferencia de la moda, el espíritu de los tiempos está en el aire y pertenece al momento. Captarlo requiere menos planificación y estrategia y un mayor grado de espontaneidad. No obstante, si desarrollas un buen olfato para captar el espíritu de los tiempos, puede llegar a convertirse en una herramienta muy importante para tu trabajo.

P **¿Qué puedo hacer para captar realmente el espíritu de los tiempos?**

R *No estamos muy seguros de que podamos dar grandes consejos acerca de cómo desarrollar esta clase de olfato, más allá de permanecer alerta y mostrar una actitud natural. Esta percepción tiene que ver con la vestimenta, con el momento en el que decides, sin razón aparente, adquirir un sombrero estúpido, o unos zapatos horteras, y seis meses más tarde descubres que los lleva todo el mundo. Tiene que ver con el hecho de estar chiflado por colores o tipos de letra sin preocuparte de si le gustan a alguien más. Por último, se trata de dirigirse instintivamente hacia áreas poco pobladas, no porque deseas que otros te vean como alguien aislado, sino porque crees que el lugar resulta creativamente estimulante en el momento presente.*

P **Pero ¿acaso captar el espíritu de los tiempos no constituye una búsqueda un poco estresante?**

R *Ciertamente. Existe lo que se conoce como industria del* Zeitgeist *(«espíritu de los tiempos» en alemán), que reúne a un montón de gente que intenta desesperadamente adelantarse a los acontecimientos. Pero, esencialmente, son una extensión de la industria de la moda que exploran la situación en busca de futuros mercados. En lo que realmente debes concentrarte es en descubrir de qué forma las cosas internas que te convierten en un individuo creativo pueden trasladarse al mundo exterior. Como siempre, tienes que tener muy claro cuándo estás siguiendo a tu propia musa a la hora de efectuar un trabajo creativo y cuándo son las necesidades y los deseos del mercado los que dirigen y conforman tu proceder.*

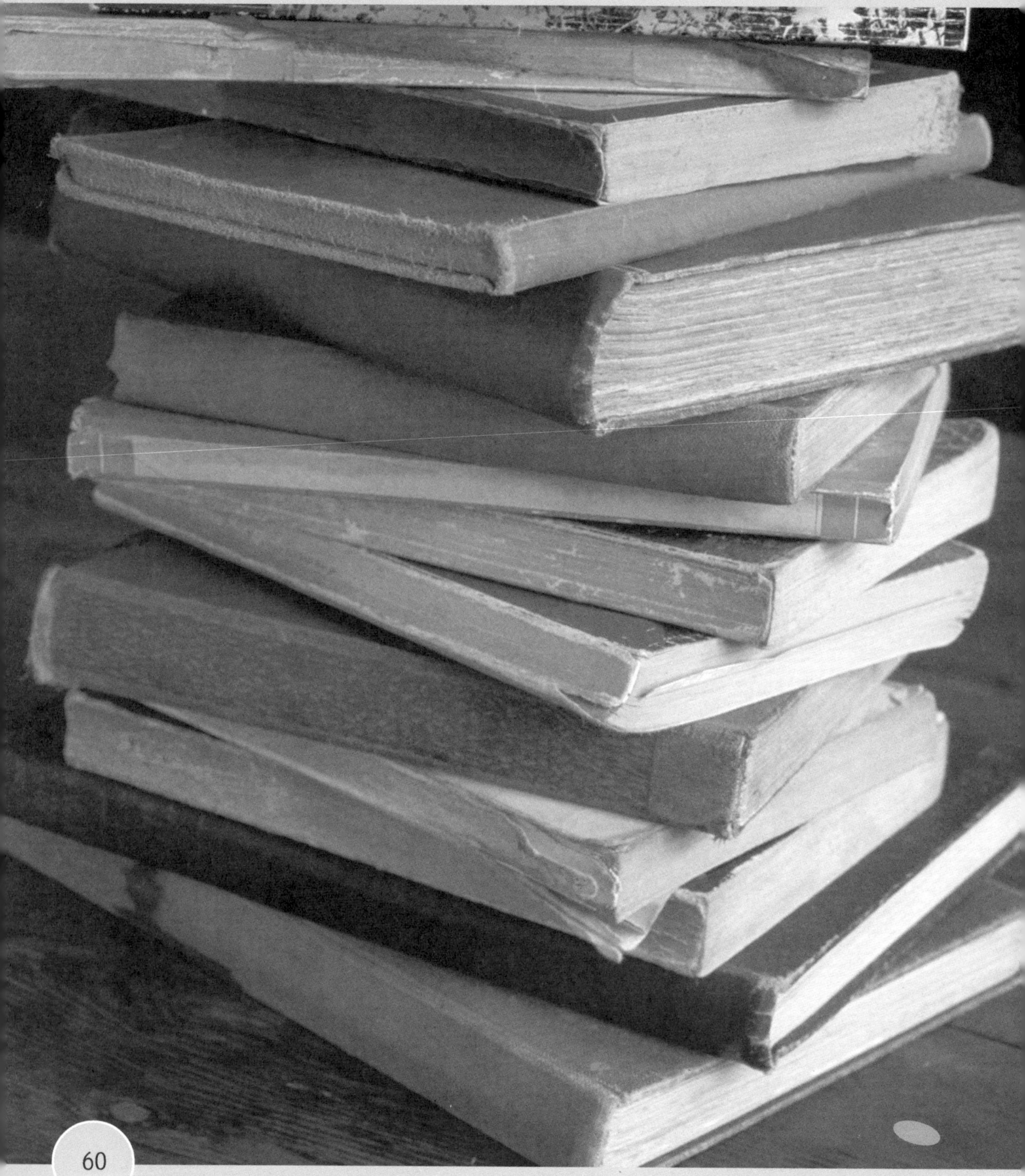

14

Nunca hagas una segunda parte (a menos que puedas hacer varias).

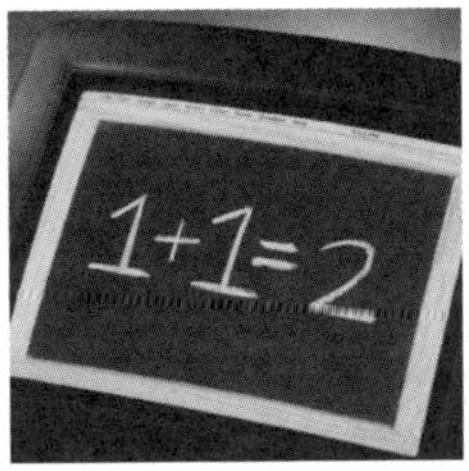

Si has creado algo que ha tenido éxito, tienes que tomar una decisión: ¿acaso deberías repetir el truco una vez más con los mismos resultados exitosos o tendrías que aceptar el reto de intentar hacer algo completamente diferente?

Si un determinado trabajo es grande, entonces dos trabajos deberían ser más grandes... ¿no es verdad?

Todos sabemos que los intentos de capitalizar el éxito no siempre constituyen una buena idea. Para empezar, a nadie le gusta que lo consideren un «mago de un solo truco». Parece como si no progresaras... Repetirse es lo contrario de ponerse a prueba y evita que se desarrolle el talento. Por otra parte, si vas saltando de una idea a otra, existe el peligro de que te conviertas en una persona bastante competente en varias cosas (incluso puedes llegar a convertirte en un erudito...), pero que, al hacerlo, no trabajes con la profundidad necesaria en un solo tema como para llegarte a convertir en un maestro acreditado.

Una buena idea...

Te proponemos jugar a un juego que consiste en imaginar el título de la segunda parte de tu trabajo. En lugar de agregar el número 2 al final del título, ¿qué tal si utilizas algo más ingenioso y atractivo? Piensa en «Aliens», «La jungla: Alerta roja», «Cariño, he agrandado a los niños» y «El último apocalipsis». Bueno, vale: en esta última nos hemos pasado un poco... Suena estúpido, ¿no es cierto? Cuando juegues a este juego, la mayor parte de las veces experimentarás la incómoda sensación de estar intentando abarcar demasiado. Pero si no lo haces... entonces puede que ya estés trabajando en una secuela.

Generalmente, cuando repites un acierto una y otra vez, tu creatividad no avanza gran cosa. Sin embargo, se trata de un sistema muy adecuado para aumentar el número de ceros de tu cuenta bancaria y poder vivir de ello (y, afrontémoslo, los trabajos que la mayor parte de la gente realiza para poder vivir constituyen precisamente procesos repetitivos). Si nos fijamos en el ejemplo obvio del cine, nadie debería esperar grandes resultados artísticos de películas como «Speed 2» o «Depredador 2», pero casi con toda seguridad recuperarán su inversión con creces.

Pero antes de que pienses que estamos actuando como un viejo cascarrabias en lo que respecta a las secuelas y empieces a gritar «Yiiiiiijaaaa...» al estilo de Toy Story 2, aclararemos que no hay nada malo en las secuelas si la razón por la que se realizan está relacionada con una exploración más profunda de las secuencias y situaciones que generaron un trabajo de gran calidad en la primera entrega. Por ejemplo, muchos grandes escritores dibujan instintivamente determinados tipos de personajes y situaciones. En el caso de los escritores de novela negra, una serie completa de novelas realmente puede ayudar a construir un mundo creando un personaje principal rotundo como es el caso de Sherlock Holmes o Hércules Poirot.

En la mayor parte de los casos, cuando vale la pena crear una segunda parte, descubrirás que una sola secuela no basta. En estos casos, puede que hayas reunido material como para crear un ciclo de obras completo y coherente, o una verdadera franquicia como es el caso de Harry Potter o Los Simpson. Incluso cabría sugerir que la existencia de un «número dos» sólo tiene sentido cuando ya has desarrollado la estrategia creativa necesaria para generar los números tres, cuatro, cinco, seis y siete (al estilo de J.K. Rowling).

Otra idea más...

A veces, no resulta posible repetir los buenos trucos, ya que la tecnología que utilizaste pasó «a mejor vida». En la IDEA 46, *Herramientas del comercio y la tecnología*, abordaremos esta cuestión.

Cuando estés ante una situación en la que una secuela resulta un elemento potencialmente interesante, podrías realizar la siguiente comprobación: planifica en una hoja de papel no sólo una sino siete nuevas versiones del concepto original, o bien una serie de siete nuevos episodios/repeticiones. Tal vez, con cada nueva repetición podrías añadir nuevas características, de la misma manera que los fabricantes de teléfonos móviles añaden más y más funciones cuando un modelo tiene éxito. Otra alternativa podría ser el uso del sistema de la navaja suiza: se trata de encontrar formas de concentrar nuevas herramientas dentro del diseño original. También cabría remodelar las ideas adaptándolas a distintos mercados: se podría crear un teléfono móvil para hombres, otro para mujeres, uno para niños, uno para la gente que practica deporte, otro para la gente mayor, etc. Si te gusta lo surrealista, párate un momento a pensar en la posibilidad de lanzar tus nuevas ideas con nuevos «sabores»: ¿qué aspecto tendría una versión con gusto a menta o con gusto a sorbete de limón? Recuerda también que las secuelas no siempre son realizadas por las mismas personas que elaboraron la versión original. Puede que gestionando el proyecto creativo de otra persona te sientas libre para crear un trabajo totalmente nuevo, de la misma manera que otra persona gestionando tus viejas ideas podría proporcionar un nuevo impulso al proyecto.

La frase

«Este Mundo no es una Conclusión. Una Secuela va más allá, invisible como la Música, pero positiva como el Sonido».
EMILY DICKINSON

¿Cuál es tu duda?

P ¿Estás bromeando? No tengo suficientes ideas como para crear una secuela, así que ¿por qué razón habría de realizar una?

R *En este caso, ¿estás seguro de que tienes suficientes ideas para crear el original? ¿No es posible que te estés moviendo en un círculo demasiado estrecho? En una ocasión, un amigo nuestro envió un manuscrito a un editor de novelas románticas y éste le contestó que el manuscrito le parecía estupendo pero que no lo tendría en cuenta a menos que hubiera suficiente material como para hacer una serie completa, garantizando que los personajes vivieran toda clase de peripecias.*

P ¿Cuándo puedo estar totalmente seguro de que ha llegado el momento de crear una secuela?

R *Bueno, lo que suele ocurrir es que, debido al éxito de la primera parte, alguien con talento para los negocios llama a tu puerta. Recuerda que se trata tanto de una decisión de carácter comercial como de carácter creativo y que puede implicar a varias personas. Esto puede sonar extraño pero quizás lo primero que tienes que pensar acerca de esto es qué clase de vacaciones te gusta tener. ¿Eres de la clase de personas que repiten una y otra vez todos los veranos yendo al mismo sitio o acaso prefieres ir a otros sitios y conocer distintas partes del mundo? Piensa en la posibilidad de volver a un lugar donde lo pasaste realmente bien. ¿Cuáles son las cosas que repetirías y cuáles harías de forma distinta? Cuando recuperes ideas con intención de ponerlas al día o de volverlas a utilizar, «visítalas» como si estuvieras haciendo turismo y trata de determinar de forma precisa qué es exactamente lo que te hizo volver a tener en cuenta dichas ideas.*

15

Desecha tu mejor trabajo

Reconocer los componentes clave de un producto creativo puede resultar menos obvio de lo que cabría suponer en un principio. A veces, vale la pena eliminar la mejor parte y ver qué sucede con el resto.

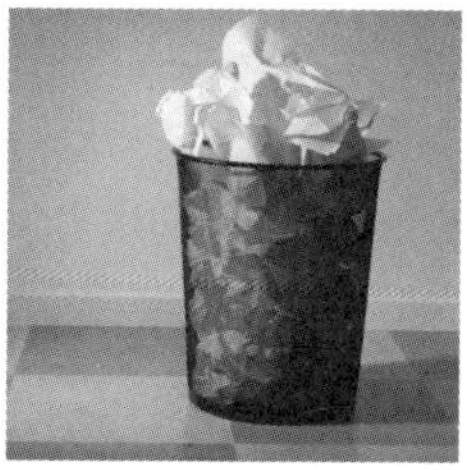

Sí, has leído bien. Abandona la bañera, saca al niño del agua y deja que el resto «tome el aire».

Probablemente, has pasado horas dándole vueltas a un trabajo de carácter creativo que no termina de encajar y te hayas preguntado cuál es el elemento débil para poder purgarlo. Pero, a menudo, las ideas y secuencias que más te gustan —las partes que te parece que funcionan bien— son las que causan un desequilibrio general. Así que, valor, respira hondo y elimina la mejor parte de tu trabajo. Ahora, observa qué aspecto tiene todo los demás. Puede que te sorprenda la armonía que respiran los elementos que han quedado (o también puede que empieces a golpearte la cabeza contra la pared musitando ¿por qué?, ¿por qué?, ¿por qué?...).

Curiosamente, puede que descubras que cuando se elimina algo aparentemente insignificante, las ideas y temas que estaban representadas en dichos elementos, aún continúen presentes en el trabajo. Simplemente, su presencia te había pasado inadvertida. Los editores de guiones suelen utilizar una expresión brutal para describir este proceso,

Una buena idea...

Edita tu colección de fotos eliminando las mejores, es decir, aquellas que estén bien hechas, perfectamente centradas o que tengan un fuerte significado emocional para ti. Ahora, organiza las que queden en una única secuencia. Puede que descubras que tu colección tiene un aspecto mucho más homogéneo. Incluso puede que represente un registro fotográfico mucho más intenso de tu vida, ya que te permite contemplar una versión más «clara».

refiriéndose al mismo como «el proceso de asesinar a tus hijos». Es decir, se trata de aceptar que algunas de las grandes ideas de las que el proyecto parece depender deben desaparecer para salvar la obra contemplada como un todo.

En las películas, no es extraño que la «escena cumbre» acabe con un plano por corte en el que se muestra el suelo de una habitación. Se trata de una escena en la que ocurre una acción fundamental o se hace algún tipo de revelación, como puede ser el caso de un personaje que revela algún dato que hasta entonces permanecía oculto. A menudo, estos momentos aparecen de tal forma que quedan muy acentuados en el contexto de la película. Si los eliminas, el resto de la película súbitamente se vuelve más sutil, con referencias a algo que nunca llegas a contemplar o los personajes no llegan realmente a decir.

Walter Murch, que ha montado películas tales como *La conversación*, *El Padrino* o *Apocalypse Now*, ha elaborado la teoría de la «luz azul». La luz azul representa la analogía escogida por Murch para reflejar la necesidad de eliminar un elemento clave de una escena. Su ejemplo implica iluminar una determinada escena utilizando luz azul porque constituye un elemento importante en relación con la atmósfera de la escena. Pero una vez que se enciende esta «lámpara azul», dicha tonalidad tiende a dominar la escena, es decir, la escena es «demasiado azul». Así, procedes a desenroscar la bombilla y abres los ojos a otras fuentes de luz azulada, concentrándote en cosas que son «auténticamente azules» y que interactúan con otros colores de forma más interesante. «Finalmente, procedes a eliminar aquello que pensabas que era la única fuente de una idea. Y cuando la elimines, comprobarás que la idea no sólo continúa estando presente, sino que ahora está orgánicamente más relacionada con el resto de las cosas».

Si tu familia lo soporta, puedes aplicar esta disciplina a tus comidas. Haz una tarta de manzana sin manzanas. Prepara el pollo de los domingos con toda la guarnición y elimina el pollo. De repente, las patatas, la salsa y los vegetales pasan a un primer plano. Tanto el sabor como la atmósfera de la comida serán diferentes. Aún así, el pollo estará ahí «en espíritu». Es algo Zen...

O incluso inténtalo con tu propia familia. Reúne a todos los miembros y luego, empieza a reducir la lista.

Otra idea más...

Una forma de eliminar las mejores partes consiste en construir una idea alrededor de un núcleo central (por ejemplo, un *loop* de sonido que posteriormente se convertirá en una canción). Luego, empieza a eliminar las piezas una a una, para comprobar si el resto aún se mantiene en pie (en la IDEA 43, *Juega al Jenga*, encontrarás más información al respecto).

La frase

«Prueba todo aquello que se te ocurra sin importar lo aburrido o extraño que parezca. Si funciona, ¡estupendo! Si no funciona, elimínalo de un plumazo. Elimínalo aunque te guste».
STEPHEN KING

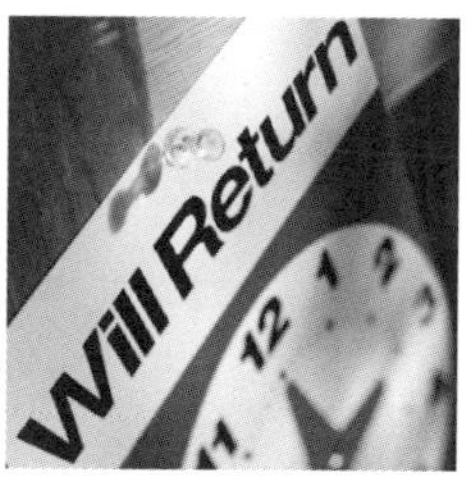

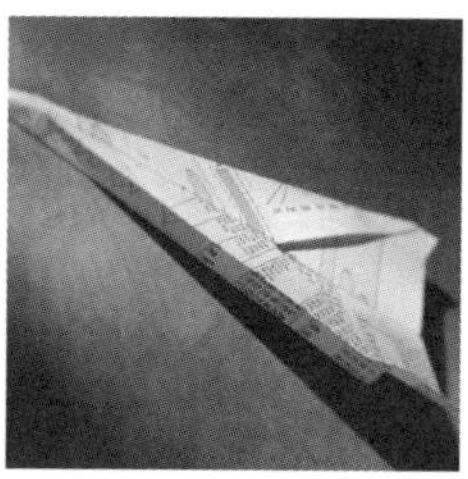

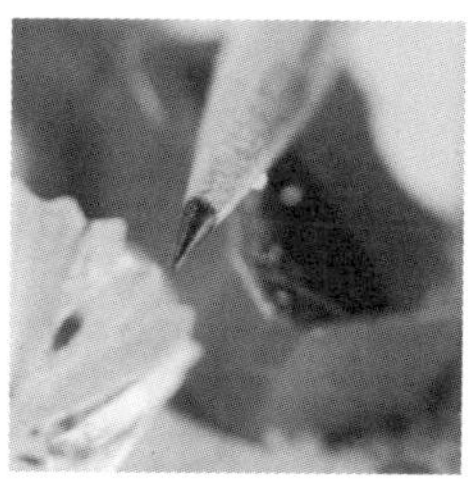

¿Cuál es tu duda?

P **Me resulta difícil ser objetivo con mi propio trabajo, por tanto, me cuesta identificar a los «niños» que hay que eliminar. ¿Alguna idea sobre el *modus operandi*?**

R *Mucho de lo que hacemos, lo hacemos juntos. Esto significa que cada uno de nosotros puede eliminar a los «niños» del otro. Hablando en serio, toda la gente creativa necesita un editor en un determinado momento: otra persona que sea honesta contigo a la hora de opinar sobre tu trabajo, que tenga su propia agenda creativa (a ser posible, una agenda que admires) y alguien en quien confíes a la hora de opinar sobre tu trabajo. Un buen ejemplo de esto último sería la relación de Ezra Pound con T.S. Eliot durante la redacción del famoso poema* The Wasteland. *Originalmente, el poema de Eliot no era tan extenso y tampoco tenía un carácter tan «modernista». Pound no mostró piedad a la hora de tachar muchas partes del trabajo de Eliot, algo que cualquiera de nosotros habríamos considerado un trabajo de gran valor. Asimismo, añadió notas y sus propias sugerencias creativas. Básicamente, le dio forma. Finalmente, este trabajo de edición implacable resultó necesario para producir una verdadera obra maestra. Si nunca has conocido a alguien así, no estaría de más que añadieras esta tarea a tu lista.*

P **Si elimino las mejores partes de mi trabajo creativo no queda nada. ¿Qué clase de ayuda puede proporcionarme esto?**

R *Bueno, en ocasiones puede ocurrir. Lo que esto significa es que puede que necesites empezar de cero con algo completamente diferente. Recuerda: nada se pierde para siempre. Si conservas todos los recortes y eliminaciones, puedes volver a revisar este material otro día, enfrentándote a ello como si se tratara de algo nuevo.*

16

Intenta que te critiquen

¿Cómo lograr que la gente te diga cosas poco agradables acerca de ti y de tu trabajo sin que eso resulte demasiado humillante o hiriente?

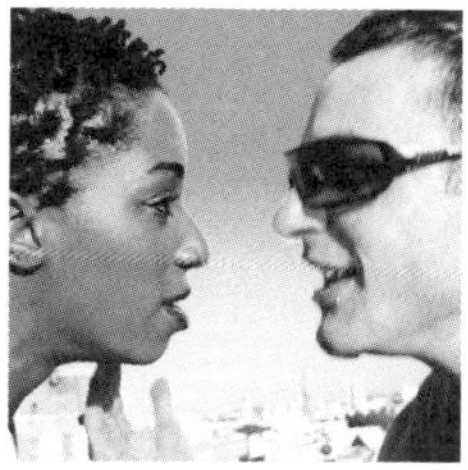

Uno de los principales problemas acerca de la crítica es que, con demasiada frecuencia, se contempla como un elemento negativo. Pero la crítica constructiva no equivale a hallar defectos en los demás.

Resulta perfectamente posible —mejor dicho, esencial— que tus críticos hablen de los aspectos positivos de tu trabajo y te reafirmen en las cosas en que eres bueno. De hecho, insistimos en que, en primer lugar, siempre le preguntes a la gente qué es lo que les gusta en relación con lo que has hecho antes de que se dediquen a comentar aquello que no les gusta.

Desgraciadamente, la verdad es que siempre resulta mucho más fácil encontrar críticas malas antes que críticas constructivas, lo cual resulta particularmente irritante si, al igual que le ocurre a mucha gente, no estás demasiado seguro de qué es exactamente lo que haces bien. La gente suele tener una tendencia natural a mostrarse negativa en relación con las ideas novedosas y muchas sesiones de *brainstorming* mal dirigidas han fracasado a la hora proporcionar ideas innovadoras ya que todos los participantes han desechado todas las grandes ideas antes de que pudieran adquirir forma y lograran germinar.

Una buena idea...

Trabajar en equipo simplifica la tarea de criticar y aceptar críticas, ya que todo el mundo trabaja por una causa común. Partiendo de esta atmósfera abierta, puede desarrollarse una jerga especial relacionada con la crítica. Si trabajas en equipo, intenta desarrollar conscientemente esta especie de lenguaje en tu propio grupo. En nuestro caso, utilizamos una serie de latiguillos que nos permiten identificar con agilidad puntos comunes relacionados con la crítica. Por ejemplo, si alguno de nosotros quiere enfatizar algo para destacar un determinado punto, el otro dirá «casco de vikingo», haciendo referencia a una ocasión en que Tim pensó equivocadamente que colocar personajes que portaran cascos de vikingo sobre un escenario haría que la situación resultara más divertida.

Para evitar esta clase de cosas, nunca preguntes un neutral e impreciso «¿Qué te parece?».

Anima al crítico que hayas escogido a que muestre una actitud positiva y muéstrale una dirección con algo como «¿Qué partes te gustan?» o «¿Dónde crees que he acertado?». Incluso así, puede que sea difícil que obtengas una respuesta directa. Lo curioso acerca de los seres humanos es que suelen mostrarse extremadamente amables e incluso superficiales acerca de las cosas que les gustan y son verdaderamente implacables cuando se trata de criticar aquello que les desagrada.

No aceptes comentarios del estilo «es muy bonito, cariño» (por cierto, nunca aceptes críticas procedentes de tu madre, ya que en tal caso, te tratarían como un niño y tu madre *sabe* cómo hacerlo). Aún peor, debes rechazar los clichés estilo «me encanta» que a veces pueden emplear tus propios amigos intentando ser amables ofreciéndote su apoyo. Una vez más, ve al grano. Pregúntales: «¿Qué te parece esta parte?». Sin esperar a que te pregunten, explícales algo del pensamiento que sustenta tu trabajo para darles algo en que pensar y un punto de apoyo para que reaccionen.

No aceptes críticas «sangrientas» sobre ti o sobre tus ideas procedentes de cualquier persona. Pueden decir que algo no funciona o que puede mejorarse —ése es un tono «constructivo»—, pero no les permitas que te digan que todo el trabajo es una pérdida de tiempo y, por ende, que no tienes el talento necesario para llevarlo a cabo; eso es claramente «destructivo». Por ejemplo, el peor pecado que se puede cometer en un taller de escritura de comedias es que el trabajo de alguien no resulte «divertido». Si una broma no es «divertida» significa que ni siquiera llega a la categoría de broma. Si el escritor no es «divertido», entonces no puede dedicarse a la comedia y debería buscar otro trabajo (por ejemplo, podría dedicarse al negocio de las pompas fúnebres). Sin embargo, decir que una broma puede mejorarse da al comediante una oportunidad y una razón para seguir adelante. El propósito de una buena crítica no consiste en matar la creatividad, sino en poner en cuestión una técnica inadecuada.

Otra idea más...

Asegúrate de que tu círculo de amigos es suficientemente variado como para contar con la gente adecuada en caso de necesidad. Para aprender a hacer esto último, consulta la IDEA 34, *Red cercana, red lejana*.

Se trata de una cuestión muy delicada, sobre todo cuando tu proyecto o tus ideas se encuentran en un estadio primitivo de desarrollo y son muy frágiles. «Demasiado» amor o un comentario insensible pueden resultar fatales.

En cada etapa del trabajo creativo son necesarias ciertas clases de observaciones críticas. Por ejemplo, la gente que no tiene experiencia y que no comprende el proceso que sigue tu trabajo probablemente no realizará observaciones útiles hasta que alcances la última parte de tu obra y estés en condiciones de ofrecer un producto terminado que requiera la evaluación del público.

La frase

«¿Estás en condiciones de decirme qué es?».
ROLF HARRIS

¿Cuál es tu duda?

P **No estoy muy seguro de qué debo hacer con las respuestas que he obtenido del público. ¿Alguna sugerencia al respecto?**

R *Siempre deberías tomar nota de lo que la gente dice sobre tu trabajo para reflexionar más tarde sobre ello. A veces, en lugar de fiarse de lo que uno recuerda de una conversación más o menos informal, conviene escribir las opiniones. Resulta útil que tus críticos te escriban una carta o un correo electrónico habiendo transcurrido aproximadamente un día desde el momento en que os encontrasteis, ya que así tendrán tiempo de elaborar sus pensamientos. Esto puede incluso conducir al intercambio de mensajes de forma más o menos regular con ciertas personas, lo cual puede convertirse en parte de tu propio proceso creativo.*

P **Realmente, no tengo a nadie a quien consultar. ¿Adónde debería dirigirme?**

R *Si en tu entorno laboral más próximo no hay nadie a quien consultar, puede que tengas que dirigirte a tu propia familia. Ya hemos mencionado el peligro que entraña consultar a tu «mami». Pero si tienes hijos, puede resultar muy gratificante (y, al mismo tiempo, frustrante) intentar explicarles qué es lo que estás tratando de hacer, ya que los hijos suelen tener un punto de vista muy distinto. Así que prepárate para obtener respuestas enrevesadas y valoraciones crípticas. No te sorprendas si te hacen alguna pregunta que no sepas responder. Si ocurre, esto suele significar que han puesto el dedo en la llaga: se trata de alguna parte de tu trabajo que debes revisar.*

17

Olvídate del almuerzo

Bebe mucho, trasnocha, tómate la mañana libre, levántate a las cuatro de la tarde, haz todo lo que parece incorrecto y *entonces* empezarás a ser creativo.

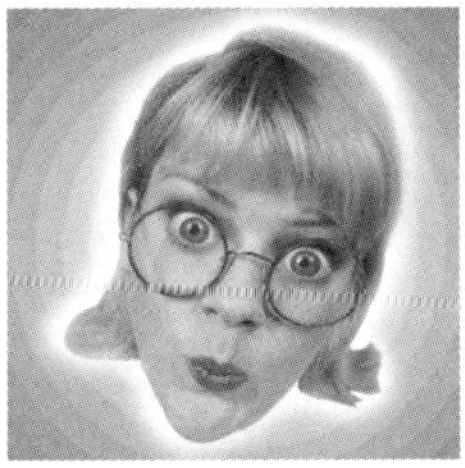

Durante el día deberías estar trabajando obsesivamente... o podrías estar recuperándote de una noche movidita.

Si te saltas los horarios normales para comer o dormir puedes aprender a vivir al margen de las convenciones sociales. En este sentido, Bruce Mau, en su inspirado *Manifiesto incompleto para el crecimiento*, recomienda: «Quédate levantado hasta tarde. Cuando has ido demasiado lejos, estás muchas horas sin dormir o trabajas con toda la intensidad posible empiezan a suceder cosas extrañas. Es como si te separaras del resto del mundo». Ciertamente, cuando se trata de resolver un problema creativo hay que ser persistente, incluso cuando sentimos que estamos a punto de arrojar la toalla. Si te esfuerzas al máximo —y ni siquiera te tomas un respiro, te olvidas de comer o de la cama—, finalmente algo *ocurre*.

Trabajar solo por las noches puede producir extraños efectos. La combinación de silencio, oscuridad y la sensación de que el resto del mundo duerme puede hacer que te concentres de forma muy profunda, permitiendo que afloren pensamientos y sensaciones que resultan inaccesibles durante el día. Charles Dickens fue un notorio noctámbulo

Una buena idea...

En lugar de sentarte en tu mesa a las nueve de la mañana, con los ojos brillantes y totalmente alerta, pásate el día bebiendo, quédate despierto hasta las cuatro de la mañana y compórtate de forma muy incorrecta (sí, estamos hablando *en serio*). Obviamente, adoptar esta estrategia creativa comporta una serie de consecuencias. En primer lugar, tendrás menos tiempo para trabajar, ya que consumirás muchas horas haciendo el ganso. Por otro lado, estarás desafiando las normas sociales (puede que a tus jefes tu «dieta líquida» no les agrade demasiado). Lo bueno es que los periodos que dediques al trabajo tendrán una gran intensidad, casi furiosa. Si dejas las cosas para el último minuto y rompes tu ritmo habitual de trabajo, terminarás por contemplar el mundo de forma diferente. También tendrás que hacer frente a un estado resacoso y cercano al malestar. Pero cuando te sientes así, la mente empieza a fabricar extrañas ideas.

pero, en lugar de quedarse sentado en su silla escribiendo la siguiente novela imperecedera, salía a caminar a altas horas de la madrugada. Muchos de los personajes que aparecen en sus novelas están inspirados en sus encuentros con extraños a kilómetros de su casa entre las sombras nocturnas.

Si caminas por las noches contemplarás tu vecindario con ojos distintos. A las tres de la mañana te encontrarás con personas distintas y verás animales que no aparecen durante el día. Obviamente, existe el temor de que te puedan atracar o que te encuentres en una situación peligrosa enfrentándote a un extraño: pero esto forma parte del ejercicio creativo. Puedes utilizar este temor para explorar sitios a los que nunca te habrías atrevido a ir. Por otro lado, salir airoso de situaciones difíciles te proporcionará material creativo y recuerdos que podrás explotar con posterioridad.

En lo que respecta a nosotros, si los autores del presente libro (por cierto, somos Rob y Tim, encantados de conocerte) no hubiésemos paseado de noche, nunca habríamos pescado atunes en el Atlántico, nunca habríamos conocido a aquellos asiáticos en Amsterdam que creyeron que éramos policías camuflados y nunca habríamos llevado a casa a aquel francocanadiense profesional de la caridad que amaba la poesía (y a su botella de láudano...). Rob nunca se habría caído en el lago Ginebra y Tim nunca se habría sacado una foto con el jabalí y el tarro de mermelada. Todos estos incidentes produjeron nuevas ideas para realizar proyectos y nuevas formas de pensar sobre las interacciones, cimentando, al mismo tiempo, nuestra relación creativa.

Otra idea más...

No es preciso que estés borracho para llegar a dominar el sutil arte de ir hacia ningún sitio en particular y chocar con las cosas. Prueba la IDEA 28, *Ve a la deriva*, en la que te enseñamos a vagar sin rumbo.

Permanecer despierto hasta tarde, beber mucho y luego acostarse constituye, ciertamente, otro procedimiento perfecto para saltarse las comidas. La lista de grandes artistas amantes de la botella resulta extraordinariamente larga (Francis Bacon, Dylan Thomas, Kingsley Amis, Richard Burton...). En el caso del intelectual francés Guy Debord (cofundador de la Internacional Situacionista), beber realmente constituye un elemento fundamental de su quehacer creativo: «En un principio, al igual que todo el mundo, apreciaba el efecto de una leve embriaguez. Luego, comencé a disfrutar de lo que va más allá de una borrachera violenta, cuando uno ha superado esta etapa: una paz magnífica y terrible, el verdadero sabor del paso del tiempo. Si bien en las primeras décadas me permitía que los indicios aparecieran una o dos veces por semana, en realidad he estado ebrio de forma continua durante varios meses y el resto del tiempo... también estaba bastante *cocido*».

La frase

«Trata siempre de que las cosas vayan un paso más allá».
MICHAEL IAN KAYE, diseñador.

¿Cuál es tu duda?

P Está muy bien recomendar la exploración del lado creativo del hedonismo pero, ¿qué ocurre cuando las drogas pierden efectividad?

R El artista británico Damien Hirst habla mucho de esta cuestión en su libro On the way to work. *He aquí un fragmento: «Pasé los dos mejores años de mi vida drogándome y bebiendo con Keith Allen... Había un montón de gente que nos preguntaba: '¿Tenéis más drogas?' y les respondíamos: 'No'. Entonces se marchaban. 'Bueno, me voy a casa', decían. 'Pues vete a tu jodida casa. Nosotros nos quedamos. Nos encanta este momento'. Era el mejor momento, cuando las drogas empiezan a perder su efecto. Empiezas a odiarte a ti mismo. Es jodidamente espantoso. Pero era tan espantoso vivirlo en compañía como pasar ese trance solo en tu cama... es fantástico sentirse tan mal y darse cuenta de que no hay nada por lo que sentirse mal. Sentir todas estas cosas espantosas y luego caer en la cuenta de que todo es completamente irreal».*

P Nadie contrataría a un alcohólico, ¿no es verdad?

R No. Pero la clase de experiencia con la bebida de la que estamos hablando se refiere a un nivel lúdico, en clave de experimentación. Si desarrollas una fuerte dependencia del alcohol, tu trabajo no tardará en resentirse. Siguiendo con el ejemplo de Damien Hirst, cuando estaba batallando con el alcohol y las drogas, su producción creativa se resintió enormemente. Todos conocemos nombres de artistas que no llegaron a desarrollar su talento por culpa de una conducta disipada (por ejemplo, Peter Cook). Así que, por favor, te mucho cuidado con lo que haces en este terreno.

18

No reinventes la rueda

Cuando lo prefabricado resulta fabuloso.

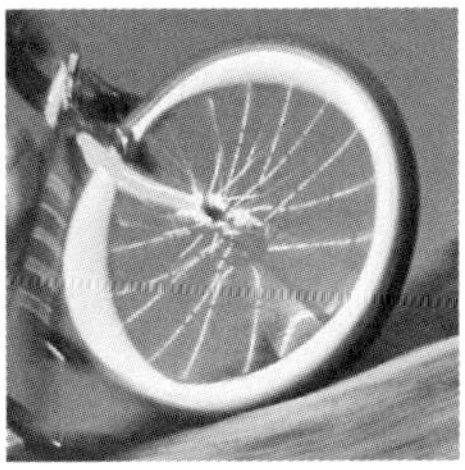

No todo lo que hagas tiene que ser un prototipo original. Imagínate lo que ocurriría si cada coche que has tenido hubiera tenido que fabricarse desde cero...

Si el título de esta idea te suena a cliché, estás en lo cierto: *se trata* de un cliché. A menudo, los clichés funcionan como una especie de abreviatura que sirve para resumir una serie de ideas o situaciones y que resulta comprensible para todo el mundo. Pero no te lances a desecharlos sin más. Toma, por ejemplo, el caso de «los árboles no te dejan ver el bosque». En realidad, se trata de una descripción elegante y útil partiendo de una observación bastante sutil.

Una gran parte del tiempo utilizamos clichés. Nuestros cerebros y nuestra imaginación funcionan de forma muy similar, y nuestra creatividad actúa siguiendo líneas comunes. Inevitablemente, muchas de las ideas que tienes son de carácter genérico y no comportan gran originalidad. Pero no hay nada malo en ello. Aún así, pueden convertirse en piezas útiles con las que podemos jugar a placer.

Una buena idea...

Cuando pienses en la posibilidad de hacer una presentación de carácter simple o contar una historia por primera vez, utiliza técnicas y formatos cuyo funcionamiento ya haya sido comprobado y que hayan superado el paso del tiempo. Emplea estas técnicas como espina dorsal de tu trabajo, y luego, añade tus propios toques personales.

Forjar componentes nuevos y originales cada vez que realizas un proyecto creativo constituye una pérdida de tiempo. A menudo, lo que realmente cuenta es *cómo* reúnes las distintas partes creativas. Si no nos crees, prueba a crear un arreglo floral. Ve a la tienda y compra dos docenas de narcisos o de rosas. Una vez hecho esto, dedica aproximadamente una hora a pensar en distintas formas de crear un arreglo con estas flores. Empieza con un florero situado sobre una mesa e imagina todas las formas posibles de colocar las flores. No pares, hasta que consigas como mínimo 52 formas distintas de colocarlas (y luego puedes escribir un libro sobre este tema). Haz arreglos absurdos. Crea otros que tengan un alto contenido técnico. Tal vez podrías incluir unas hojas de balance... ¿no te parece? Utiliza distintos jarrones o agua coloreada.

Por cierto, el arreglo floral se ha convertido en los últimos años en un negocio creativo muy serio (y lucrativo). Recientes innovaciones en la industria incluyen la colocación de las flores en ángulos muy precisos, colocándolas incluso en jarrones de cristal que contienen agua con gas (en posición invertida, es decir, cabeza abajo).

Lo que queremos demostrar con nuestro ejercicio de arreglo floral con narcisos es que las distintas colocaciones de elementos comunes permiten generar tonos y texturas muy originales.

Otro gran ejemplo de esto último es el blues de doce compases. La secuencia de acordes es realmente simple y resulta fácil de ejecutar en el piano o en la guitarra. Pero algo ocurre cuando esta estructura cae en manos de un ejecutante que tiene conocimientos acerca del tempo y la frecuencia, o el volumen y el timbre. Un gran artista del blues utiliza bloques de construcción muy simples para tocar y explorar voces y estados de ánimo muy distintos.

Hemos utilizado en dos ocasiones la expresión «bloques de construcción». En este sentido, habría mucho que decir acerca de lo que significa jugar con bloques de Lego incluso siendo adulto. De hecho, un interesante ejercicio de equipo consiste en proporcionar a cada miembro de la oficina el mismo conjunto de fichas de bloques de Lego (no más de diez). Luego, sólo hay que comprobar quiénes han logrado crear las construcciones o presentaciones más originales.

Otra idea más...

Aunque no lo sepamos, todos caemos en las mismas rutinas a la hora de realizar tareas creativas. La clave está en entender qué elementos potencian nuestra creatividad y cuáles nos impiden innovar. En este sentido, te recomendamos que consultes la IDEA 29, que trata acerca de caminos y procedimientos conocidos.

Escribir código de ordenador se parece mucho a jugar con Lego (de hecho, existe en la actualidad un sistema que permite «programar» tus construcciones en Lego con un software llamado Mindstorms, una gran herramienta creativa). A menudo, los programadores deben decidir si van a utilizar código de un proyecto anterior o, finalmente, resuelven escribir algo desde cero. Los neófitos suelen empezar siempre desde cero. Ésta es una de las razones que justifican que los primeros proyectos de programación tengan un carácter muy simple (de esta manera, empezar desde cero no resulta demasiado penoso y sientes que estás aprendiendo a cada paso). Pero cuando las cosas se hacen cada vez más complejas y los proyectos tienen muchas partes, los neófitos suelen naufragar. Simplemente, tener que reinventar la rueda cada día durante meses supone una carga insoportable.

Por tanto, te recomendamos que cuando estés dando tus primeros pasos en el mundo de la creatividad, evites intentar ser original a toda costa. Más adelante, esta actitud te resultará muy útil.

La frase

«El hombre inventó el coche, pero el coche –indudablemente, por pura malevolencia– cambió la historia del mundo, reinventando al hombre».

HARRY CREWS, urbanista americano.

¿Cuál es tu duda?

P ¿Por qué no debo intentar hacer algo original, que rompa moldes? ¿Acaso la originalidad no cuenta para nada?

R Ciertamente, fíjate en la estructura «Rueda de bicicleta» de Marcel Duchamp (una figura inspiradora que realmente merece la pena estudiar). Duchamp «reinventó la rueda», convirtiéndola literalmente en una cabeza (que, posteriormente, fijó sobre un taburete). En realidad, no hay nada nuevo ni original sobre estos dos elementos de la vida cotidiana: es la forma en que están presentados la que los convierte en obra de arte.

P Me parece que estoy reciclando ideas que ya se han puesto en práctica anteriormente. ¿Qué grado de creatividad hay en ello?

R Aunque existan con anterioridad, tú nunca las pusiste en práctica. Siempre hay sitio para una versión mejorada de algo que se ha hecho anteriormente. Si necesitas una prueba, dirígete a una tienda de materiales de construcción y observa las carretillas. Algunas son metálicas y otras están hechas de plástico. Unas tienen ruedas y otras esferas... ¡Han reinventado la rueda! A pesar de los siglos transcurridos en el diseño de carretillas, que están basadas en los mismos principios mecánicos, el mundo de las carretillas sigue siendo un espacio creativo en el que la diversidad tiene su lugar. Si trasladamos esta cuestión a la creación de historias, se suele decir que sólo hay ocho (o acaso siete o nueve...) líneas básicas para contar historias que tienen un carácter universal. Por ejemplo, un hombre se encuentra con una mujer, se enamoran, la sociedad o la familia lo desaprueba, pero, finalmente, el amor triunfa. U otra: padre e hijo se enfadan, están separados durante un tiempo, finalmente tiene lugar una crisis, y padre e hijo se vuelven a unir (esta última historia ha sido llevada a la pantalla por Disney en multitud de ocasiones). ¿Por qué? Porque funciona. Y el número de libros que se han escrito sobre estas cuestiones resulta muy significativo...

19

Fabrica tus propias herramientas

Si evitas utilizar las mismas herramientas que el resto de la gente, probablemente tu trabajo resultará distinto. Si intentas emplear un trozo de queso fresco como si se tratase de un martillo, seguro que serás único en tu especie.

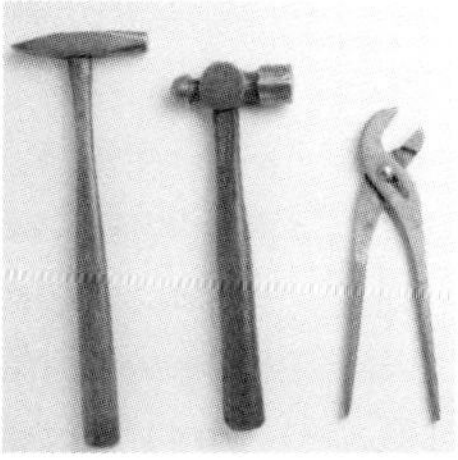

A pesar de que utilizamos lápices o bolígrafos todos los días, probablemente nunca se te ha ocurrido fabricar uno, ¿o sí?

Cuando éramos niños, hicimos muchos experimentos con distintas clases de objetos para escribir: tiza en el pavimento, palos en la arena, pinturas de cera en los muros del salón, graffiti en los muros del parque, pis en la nieve...

A medida que crecemos, nos hacemos más selectivos (y fetichistas) en relación con los útiles que empleamos para escribir (tenemos una pluma especial para los exámenes, ordenamos los rotuladores según una secuencia de color específica, empleamos tintas de distintos colores en nuestras estilográficas, usamos plumas caligráficas o bolígrafos Rotring, etcétera. Si bien esto no supone crear nuestras propias plumas, ciertamente se trata de una forma de personalización altamente desarrollada. En algún momento, la mayor parte de las personas pierden esa pasión por las plumas y utilizan el primer bolígrafo que encuentran a mano.

Una buena idea...

Deberías tener siempre bien presente que tu procesador de texto ha sido «creado» para ti. Y la forma en que fue creado afecta a la manera en que procesas las palabras. Si no nos crees, intenta utilizar otro programa para escribir una carta –por ejemplo, una aplicación de hoja de cálculo– y comprobarás qué diferente resulta todo.

Siendo adultos, nuestras herramientas básicas de escritura suelen proceder del armario de la oficina —son gratis—, o bien, las obtenemos en conferencias, hoteles, o nos las dan en la calle como elemento publicitario o nos las entregan después de realizar alguna obra de caridad. Por tanto, tal vez ha llegado el momento de que vuelvas a tener una pluma especial: un utensilio de escribir que realmente hayas adquirido y que se «adapte» a tu estilo de escritura. Tal vez desees ir un paso más allá y adquirir una pluma hecha a medida... Si esto último suena demasiado ridículo, al menos considera la posibilidad de utilizar algo distinto durante un día o dos. Compra un paquete de pinturas de ceras para niños y empléalas para realizar tus escritos. Intenta fabricar tu propia pluma, empleando una pluma de pájaro. Si aceptas el reto, intenta utilizar algo que ni siquiera se parezca a una pluma. Por ejemplo, inventa un alfabeto matemático que te permita «escribir» con una calculadora.

La frase

«Las herramientas amplifican nuestras capacidades, de tal manera que una pequeña herramienta puede suponer una diferencia crucial».
BRUCE MAU, diseñador.

Por otra parte, detente a considerar la idoneidad de cada elemento que utilizas. ¿Cuál es la pluma adecuada para escribir bajo la lluvia, en la oscuridad de un cine o en lo alto del monte Everest? La propia historia del bolígrafo constituye un cuento interesante. Inventado por Laszlo Biro, el bolígrafo tuvo su primer éxito en la Segunda Guerra Mundial, logrando que los navegadores de vuelo pudieran escribir, ya que sus plumas no les permitían hacerlo a grandes alturas. Debido a esta asociación «glamorosa», tras la guerra se intentó vender el bolígrafo como un artículo de lujo, pero no llegó a impresionar al público. Luego apareció el señor Bic (en realidad, el barón Marcel Bich), un ingeniero químico que descubrió que cabía la posibilidad de producir bolígrafos de plástico baratos a gran escala. Repentinamente, el bolígrafo empezó a estar presente en todas partes. Lo que resulta interesante en relación con esta cuestión es que el señor Bic se dio cuenta de que podía emplear su conocimiento relacionado con el moldeo de plástico (es decir, la creación de herramientas) para transformar nuestra concepción de otros utensilios: así, surgieron la linterna desechable y la maquinilla de afeitar de plástico.

Otra idea más...

Si aún no te sientes suficientemente seguro o libre como para crear tus propias herramientas, siempre puedes tomar prestadas nuevas ideas de un amigo. Consulta la IDEA 20, en la que te indicamos cómo escoger las herramientas inadecuadas para realizar el trabajo.

Hay un mito en Internet que afirma que tanto los americanos como los rusos han invertido mucho tiempo investigando cuál sería el mejor utensilio para escribir en el espacio. La NASA gastó millones de dólares desarrollando una extraordinaria «pluma espacial», que incluso puede adquirirse actualmente. En el caso de los rusos, apenas fabricaron algunas.

Incluso en el caso de que esta historia no fuera verdad, ilustra a la perfección la línea de pensamiento que estamos desarrollando: a menudo, la propia horma de una herramienta define su uso. Esto resulta fácil de olvidar cuando nos enfrentamos con algo complejo, como es el caso de un coche o un ordenador. Se supone que la tecnología nos libera, pero a veces, lo que adquirimos supone una limitación creativa.

La frase

«El hombre se ha convertido en la herramienta de sus propias herramientas».
HENRY DAVID THOREAU

¿Cuál es tu duda?

P ¿Acaso no corremos el peligro de desarrollar fantásticas herramientas novedosas y, finalmente, no tener nada que mostrar?

R *No te pedimos que ignores lo que estás tratando de hacer: el cuadro de un perro, un artículo sobre berenjenas o un regalo de cumpleaños. Lo que decimos es que pienses con más detenimiento en desarrollar tus propias herramientas para crear cosas. A menudo, los fabricantes invierten mucho esfuerzo en crear la maquinaria adecuada para generar nuevos productos. A veces, crear la maquinaria adecuada puede suponer los costes más importantes en la generación de un nuevo producto. Pero esto no significa que la empresa no se concentre en el producto final. Claro que lo hacen. La próxima vez que tengas en mente una meta, acepta el reto de pensar cómo lo vas a hacer. ¿Acaso vas a crear tu propio pincel para pintar, de manera que logres un efecto único? ¿Tu artículo sobre las berenjenas puede escribirse sobre una berenjena? ¿Es posible que tu regalo de cumpleaños comprado (o hecho por ti mismo) sea una experiencia, en lugar de un producto procedente de una tienda?*

P Si me dedico a tontear con la creación de nuevas herramientas, mi nivel de productividad descenderá espectacularmente, ¿no es así?

R *Pues sí. Te recomendamos que no empieces con nada que tenga un carácter demasiado crítico. Deja los elementos más importantes para más adelante. Es increíble cómo las experiencias más insignificantes pueden modificarse si estás obligado a recrear las herramientas que utilizas. ¿Cómo cambiaría tu ducha de las mañanas si tuvieras que fabricar tu propio jabón o tu propia manopla (o incluso, tu propio «mecanismo de enjabonado y secado»)? Los estudiantes de diseño, en su primer año de estudio, suelen enfrentarse al reto de reinventar herramientas comunes. Por ejemplo, tienen que diseñar un juego de cubiertos. Intenta hacerlo tú también y comprueba en qué se diferencia tu juego de cubiertos del que ya tienes en casa.*

20

Escoge las herramientas inadecuadas para el trabajo

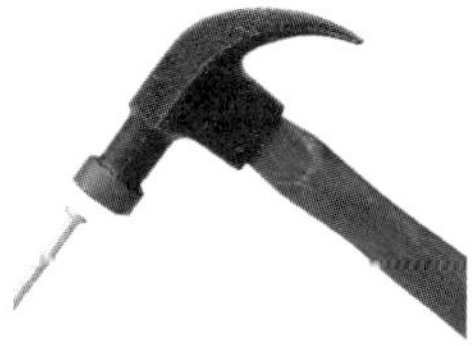

¿Cuándo un destornillador deja de ser un destornillador? (Puede que tengas que pensar acerca de ello...).

Ya hemos hecho todo el trabajo. Tienes la urgente necesidad de utilizar un martillo y no lo encuentras. Así que coges un trozo de madera, un libro pesado o un viejo zapato y te pones a golpear.

A veces, sirve para hacer el trabajo, pero, en ocasiones no y puede que recorras toda la casa buscando candidatos —dañando o incluso destruyendo algunos— antes de que te des por vencido y dediques tu tiempo a tratar de localizar el martillo.

En cualquier caso, esto te ha servido para aprender ciertas cosas acerca de la naturaleza de los martillos —aquello que hace que un martillo sea bueno o no— y, quizás, has desarrollado ciertos pensamientos acerca de por qué razón los martillos no se consideran una «buena lectura» (como ocurre con un libro de muchas páginas) y no suelen constituir un gran calzado (como ocurre con el zapato).

Una buena idea...

Escoger la herramienta «inadecuada» puede implicar elegir una nueva herramienta o adaptar algo procedente de una disciplina distinta que, finalmente, pueda convertirse en la herramienta «adecuada». El físico especialista en bajas temperaturas Nicholas Kurti utilizó la antigua tecnología de microondas para crear un «Alaska horneado invertido» (merengue helado relleno con ribetes de mousse de albaricoque caliente), descrito como «meter una cuchara en Islandia y extraer un poco de magma». Descubre tú mismo nuevos usos de herramientas ya existentes.

Intentar martillear sin un martillo requiere concentrarse más en el proceso, en lugar de estar obsesionado todo el tiempo con el resultado. Si lo que realmente te importa es clavar un clavo lo más rápidamente posible, lo mejor es que utilices un martillo. Si estás realmente interesado en desarrollar tu creatividad, deberías estudiar con mayor detenimiento cómo y por qué se clavan los clavos. Si no utilizas un martillo, estos otros aspectos de la actividad se realizarán de forma más explícita. Puede que incluso te detengas a pensar sobre la herramienta «inadecuada» que has escogido. Si empleas un zapato, puede que en tu cabeza surjan pensamientos no sólo acerca de su naturaleza distinta a la del martillo, sino que también te preguntes acerca de lo que hace que un zapato sea un elemento tan especial: por qué tiene un tacón, cómo se dobla la suela, si está hecho de plástico o de cuero, etc.

La gente realmente creativa puede emplear esta clase de actividad como punto de partida para generar toda clase de conexiones creativas entre martillos y zapatos. Recuerda los martillos que marchan como soldados, creados por Gerald Scarfe para la película *El muro,* herramientas hechas para caminar (¡al igual que los zapatos!). Scarfe realizó una serie de conexiones creativas de forma instintiva, pasando de un concepto temático al martillo y, desde el martillo, a un martillo con aspecto de bota militar:

«Creo que Roger (se refiere a Roger Waters, de Pink Floyd) expresaba en *El muro* que si te apartas demasiado de los demás, te conviertes en alguien insensible y en una especie de máquina o autómata... Así que intenté pensar en el símbolo más implacable que pudiera representar esta situación. Y lo primero que me vino a la mente fue el martillo, ya que está hecho de metal, sirve para golpear cosas y es realmente implacable... Y luego, pensé en añadir la marcha militar, ya que tiene ecos del fascismo o del nazismo. Y así fue como sucedió: creé estas herramientas de destrucción sin rostro y sin mente marchando juntas de forma implacable».

Otra idea más...

Eliminando las mejores partes de un proyecto, en ocasiones, el resto queda mejor conformado y equilibrado. A este respecto, consulta la IDEA 15, en la que te sugerimos que deseches tus mejores obras.

Conviene no considerar la naturaleza de un objeto como algo evidente. Intenta contemplar los objetos como si no fueran objetos exclusivamente diseñados para un propósito, sino como algo que puede utilizarse de muy distintas maneras (asimismo, intenta considerarlo como un símbolo). Coloca una hoz cerca del martillo y pronto estarás invocando una serie de asociaciones con algo totalmente distinto (¿te haces una idea? Acuérdate de la bandera...). En realidad, escoger una herramienta inadecuada e intentar hacer algo creativo con ella constituye una prueba para tu ingenio. Por ejemplo, una de las tradiciones más elaboradas de la comedia sobrevive gracias a la insistencia de los cómicos a la hora de utilizar cacerolas para algo más que para freír.

Curiosamente, la ausencia de cacerolas para freír obligó a los soldados británicos en el norte de África a descubrir otros sistemas para freír un huevo. Así, utilizaron sus jeeps y sus tanques, combinando el calor del sol y el que producían los motores del vehículo, haciendo que los capós se convirtieran en perfectos sistemas para freír.

La frase

«Una campana es una copa hasta que se la golpea».
WIRE

¿Cuál es tu duda?

P **¿Qué ocurre si no logro hacerme con las nuevas herramientas, aunque sean las herramientas «equivocadas»?**

R *Como se suele decir, la necesidad es la madre de cualquier invención. Pero, en este caso, no estamos hablando simplemente de crear herramientas. Se trata de ignorar a sabiendas las herramientas que se supone que deberías utilizar y, en su lugar, buscar otra alternativa. Sin duda, el pintor Jackson Pollock disponía de una completa colección de pinceles, pero, en su lugar, un día decidió arrojar directamente la pintura desde el bote (presumiblemente, abría dichos botes con su destornillador) y, de esta manera, el curso de la historia del arte se modificó. Desde un punto de vista financiero, este cambio no le supuso coste alguno. Otro artista, Yves Klein, utilizó un lanzallamas, en vez de emplear un pincel e, incluso, persuadió a varias mujeres desnudas de que se cubrieran de pintura y rodaran, manchando sus telas. Puede que tengas que trabajar tus poderes de persuasión y consultar las cláusulas de tu contrato de trabajo, antes de intentar algo semejante en la oficina. No obstante, esto supone una prueba de que lo «inadecuado» constituye un concepto muy amplio en este contexto.*

P **Seguramente, utilizar la herramienta inadecuada para el trabajo hace que éste se prolongue en el tiempo. ¿Acaso esto implica que deberé trabajar más duramente y que el resultado final se resentirá?**

R *La respuesta es sí, si el resultado final que estás buscando es el que sueles obtener, y si coincide con el que todo el mundo espera. Si escoges una herramienta diferente para realizar el mismo trabajo, incluso una herramienta inadecuada, el resultado final puede ser inesperadamente bueno (o completamente desastroso). Como afirma el conocido teórico motivacional Abraham Maslow, «si sólo dispones de un martillo, contemplarás cada problema como si fuera un clavo».*

21

Intercambia herramientas con otras personas

Compórtate de forma totalmente amateur con las herramientas de otros.

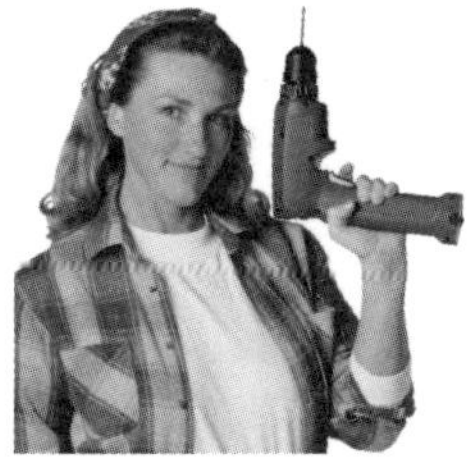

Siéntate y haz lo que te apetezca, con el enfoque propio de un aficionado.

Probablemente, la primera vez crearás un producto que sólo valdrá para echarlo a la basura. ¿Y qué? La primera vez que juegas a un juego nuevo, no te preocupas por estas cuestiones. Acuérdate de la primera vez que jugaste al fútbol, a un juego de cartas o al juego del Monopoly. Sabías perfectamente que te haría falta jugar una serie de partidas antes de hacerte con el procedimiento (suponiendo que vuelvan a llamarte para jugar). Tal vez se te ocurra tomar algunas lecciones, consultar las reglas del juego o adquirir algún manual, pero sólo una vez que hayas jugado algunas partidas.

Pero, de alguna manera, cuando se trata de hacer un trabajo creativo más «serio», estamos demasiado inhibidos como para adoptar este enfoque. Sentimos que debemos disponer de una serie de «cualificaciones» antes incluso de comenzar el trabajo. Francamente, la manera en que aprendemos la mayor parte de procedimientos que los padres y los profesores no pueden realmente enseñarnos implica la utilización del incómodo y a veces escurridizo sistema del ensayo y error. Así que, fundamentalmente, es el miedo a cometer errores, el miedo a sentirnos en una situación incómoda en público, el miedo a ser humillados o parecer estúpidos lo que impide a muchas personas contemplarse a sí mismas como personas creativas.

Una buena idea...

Pide prestadas herramientas complejas a un vecino o a un amigo –por ejemplo, un cortasetos o una mezcladora de cemento– e intenta por tus propios medios averiguar los pasos que tienes que dar para podar los setos o mezclar cemento de forma adecuada. No se trata de un juego de niños. Se trata de un aspecto muy importante, como pueden ser los retos que asumen las mujeres creativas, aceptando trabajar con herramientas de esta clase.

Utilizar la ropa de otra persona es una manera estupenda de ocultar, o al menos amortiguar estos miedos. Admitir desde un principio que no sabes qué hacer con la taladradora o dónde colocar ese aparato pone públicamente las cosas claras desde un principio y, de esta manera, te sientes libre para explorar.

Para mucha gente, la forma más obvia de explorar procedimientos de esta manera consiste en realizar pequeños trabajos de bricolaje en solitario. Intenta colocar unos estantes, enyesar un muro o cablear unas lámparas. Asegúrate de que sea una tarea que no hayas hecho con anterioridad y empieza de menos a más. Probablemente, lo mejor es que intentes realizar tareas que no produzcan impactos negativos en la vida de las personas con las que vives si las cosas van mal (por ejemplo, no te embarques en aventuras de fontanería que podrían dejar tu casa sin agua caliente durante una semana...). Por otra parte, no permitas que nadie haga bromas sobre tu trabajo, intentando que lo abandones. ¿Qué ocurre si la estantería que has colocado está desnivelada o la puerta no cierra adecuadamente? *¡No es esto lo que importa!*

De lo que se trata al realizar estas tareas aparentemente mundanas y simples es aprender el arte esencial de *sobrevivir*. Se trata de resolver problemas a medida que ocurren, lo cual te obliga a descubrir nuevas técnicas y a aprender constantemente.

Trabajando de esta manera, puedes concentrarte en lo que está ocurriendo y en lo que resulta novedoso, evitando quedarte empantanado en el pasado y en lo ya conocido. A veces, nos referimos a este proceso como *trabajar en la oscuridad*, como si se tratara de una cosa negativa (mejor que no lo intentes con la sierra mecánica...). Imagínate por un momento que estás en medio de la oscuridad, portando una antorcha. ¿Hacia dónde iluminarías? ¿Hacia delante, donde esperas encontrar nuevas cosas? ¿O hacia atrás, iluminando el paisaje que ya conoces?

Otra idea más...

A veces, utilizar las herramientas de otros permite librarse de inhibiciones y conseguir interesantes logros en un nuevo medio. En este sentido, consulta la IDEA 46, en la que explicamos el uso de herramientas tecnológicas y comerciales.

La frase

«Las mejores ideas que he tenido se me han ocurrido mientras estaba ordeñando una vaca».
GRANT WOOD, pintor.

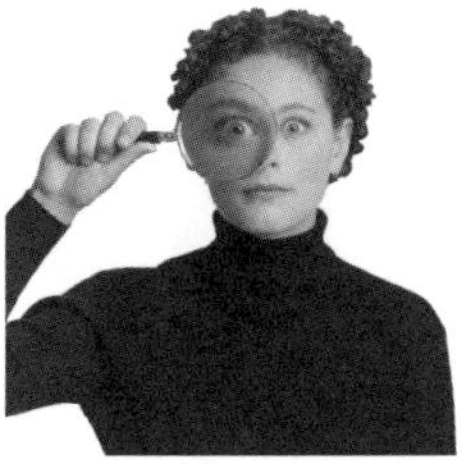

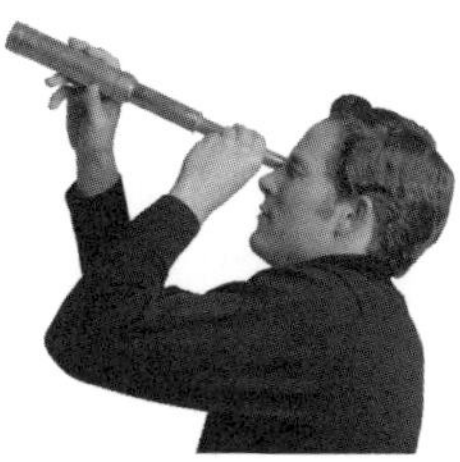

¿Cuál es tu duda?

P En algunos momentos, convendría ser un experto, ¿no es así? Por ejemplo, cuando intentamos pilotar un avión...

R *Si se da esta situación, los pilotos lo saben todo acerca de seguir los instintos naturales, en lugar de hacer caso de la experiencia acumulada. Los pilotos desarrollan un sentido que les permite calibrar las fuerzas ejercidas sobre el avión,* sintiéndolas *en el propio asiento del piloto (se trata de «nalgas entrenadas»). Si el aeroplano está perfectamente equilibrado, es decir, no apunta ni hacia arriba ni hacia abajo, no gira ni está sometido a aceleraciones o deceleraciones, el cuerpo no siente nada. Cuando las fuerzas se desequilibran, la inercia tiende a desplazar el cuerpo y, el cuerpo del piloto (fundamentalmente, su trasero) siente ese desplazamiento. En ese momento, vuelas guiándote de tus sensaciones físicas, olvidando todos los relojes y mandos del panel de control. Por tanto, olvida tus miedos a la hora de intercambiar herramientas con cualquier persona. Recalcamos lo de* cualquier *persona.*

p ¿Con qué clase de persona debería intercambiar mis herramientas?

R *Para probar cosas nuevas no necesitas alejarte demasiado de tu propio territorio. Si te gusta escribir, busca un artista más visual que esté menos centrado en el texto y prueba a dibujar. Si tu trabajo tiene un marcado carácter técnico y, por ejemplo, te dedicas a crear sitios web, intenta crear tapices (¡una forma distinta de crear redes!). Alternativamente, si eres una persona de carácter sedentario, ¿por qué no experimentar el «subidón» de adrenalina que puede suponer realizar tareas más activas? De lo que se trata es de salir de las rutinas creativas a las que estés acostumbrado.*

22

El recreo permanente

Si es de día, es hora de jugar. Descubre cómo transformar en juego cada situación cotidiana.

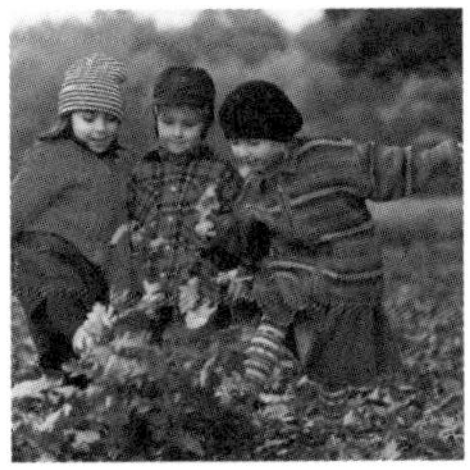

Aquellos que se toman todo como un juego suelen ser considerados como *listillos* o como individuos altaneros que, en realidad, no se toman nada en serio.

No obstante, cada una de las interacciones que se producen en el mundo tienen algo de juego. En la mayor parte de los casos, lo que ocurre es que aún no conoces las reglas.

Los jugadores tienen mucho que enseñarnos acerca de la consideración de las partes básicas de cualquier experiencia, así como sobre la identificación de su valor creativo. Si puedes aprender a dominar las «reglas» de cualquier situación, a menudo esto quiere decir que puedes «jugar» en dicha situación de forma más creativa, cada vez que se produzca. No sólo se trata de permanecer alerta en relación con el potencial creativo del momento, sino que, además, tus respuestas críticas y emocionales se potencian enormemente. Al igual que todo buen deportista, se trata de seguir un programa de entrenamiento intensivo. Así, creando un escenario hiperrealista, desarrollarás una hipersensibilidad en relación con lo que te rodea.

Lo que estamos describiendo en este caso no difiere en gran medida de lo que ocurre cuando utilizas un reproductor de música portátil por primera vez y te das un paseo por una gran ciudad. De repente, tu vida tiene una «banda sonora» y parece como si formaras

Una buena idea...

Analiza constantemente tus acciones para aumentar el grado de autoconciencia. Si consideras las tareas más nimias como parte del entrenamiento, lograrás percibir un valor en ellas. Cuando te serviste un café esta mañana, ¿lo hiciste «mejor» que ayer? ¿Vertiste el líquido suavemente? ¿Lo hiciste desde gran altura? ¿Derramaste algunas gotas? Parece estúpido, pero un jugador de polo olímpico se haría esta clase de preguntas cada vez que entrenara. Obviamente, sus preguntas no versarían sobre el café.

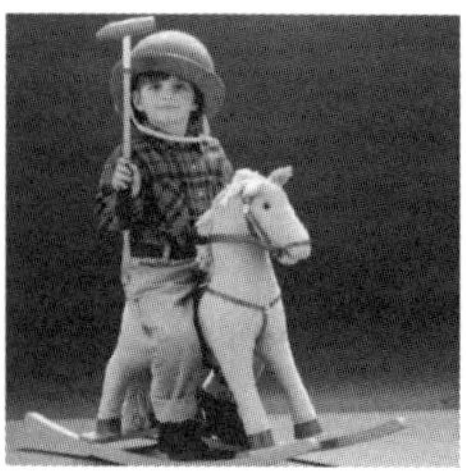

parte de una película. Así, puede que empieces a caminar como John Travolta y, cada persona que te cruces puede convertirse en un nuevo actor de tu película. Cada momento alberga la potencialidad de convertirse en la «escena principal». Inténtalo y comprobarás cómo cambia tu percepción de lo que antes considerabas un entorno familiar. Trata de recorrer la misma ruta con dos bandas sonoras radicalmente diferentes y comprobarás cuán diferentes pueden ser las emociones y los pensamientos que te sugieren cada una.

En los últimos años, artistas digitales como Blast Theory han llevado esta idea un paso más allá, desarrollando distintas formas de interpretar un papel en un juego en línea, mientras el sujeto lleva una vida normal en la ciudad. Se trata de su proyecto *Uncle Roy All Around You* (para conocer los detalles del juego, consulta la página www.uncleroyallaroundyou.co.uk). Si participas en juegos de esta clase, definitivamente terminarás por contemplar todos los aspectos de tu vida cotidiana con una mirada fresca y mucho más atenta. De repente, todo lo que ocurre entra a formar parte del juego y, de esta manera, cada experiencia adquiere un nuevo significado.

En cierto sentido, mucha gente ya está haciendo algo similar de forma cotidiana, no sólo añadiendo una banda sonora a su existencia mediante el uso de iPods o *walkmans*, sino utilizando también sistemas de mensajería de textos móviles para comunicarse con otros «jugadores», aceptar «misiones» que deberán realizar durante el día, o adquiriendo kits y logrando «poderes» o «recompensas». Todos los ingredientes básicos de un juego de PlayStation del estilo *Tomb Raider* o *Splinter Cell* aparecen en este caso (por cierto, conocer el funcionamiento de una PlayStation de primera mano constituye un elemento *fundamental* para la gente creativa de hoy).

Otra idea más...

Si juegas más en tu vida, esperamos que te rías mucho más y que la gente que te rodea también lo haga. Si deseas conocer la importancia que supone adoptar un comportamiento frívolo, consulta la IDEA 24, *Ríete siempre*, en la que te invitamos a reír en todo momento.

Intenta ahora imaginar una jornada cotidiana como si se tratara de la consola de un juego. Puede que ahora aparezcan patrones de los que no te has percatado con anterioridad. Posiblemente, aparecerá una nueva banda sonora. Asimismo, puede que descubras que eres capaz de contemplar los sucesos en los que estás inmerso con mayor distancia. Contemplando la situación como si se tratara de un juego, puedes lograr una visión global y, por tanto, puedes aprender a valorar de forma menos pasional el valor relativo de las distintas experiencias.

Lógicamente, convertirse en un buen jugador requiere práctica y ensayo. Puede que consideres que ya has tenido suficiente rutina y repeticiones en tu vida y esto te resulte claustrofóbico o aburrido. Pero, finalmente, lograrás alcanzar un conocimiento instintivo de conceptos algo pretenciosos, como «fluidez» e «inmersión»: aquellos momentos que se producen tanto en los juegos como en la vida real, en que te encuentras totalmente concentrado, de manera que tu conciencia, tu apreciación, tus instintos y tu habilidad física están completamente enfocados. En efecto, se trata de la clase de sensación que deseas que experimente el resto de la gente cuando se encuentran con algo creado por ti.

La frase

«La vida debe ser vivida como si fuera un juego».
PLATÓN

¿Cuál es tu duda?

P **La mayor parte de los juegos, particularmente en el caso de los juegos de ordenador, parecen estar basados en la resolución de una determinada clase de rompecabezas. Me paso la vida resolviendo problemas y odio los rompecabezas. Así que, ¿por qué debería estar interesado en los juegos?**

R *No te estamos pidiendo que dediques todo tu tiempo libre a jugar. Bueno, puede que un poquito... Lo que te sugerimos tiene un carácter más fundamental, enfatizando la parte «divertida». Se trata fundamentalmente de que reorganices tus procesos creativos, de manera que se parezcan más a un juego, inventando, por ejemplo, reglas de carácter arbitrario. Si disfrutas de lo que haces, hay muchas probabilidades de que otras personas también lo hagan.*

P **Practicar juegos me convierte en un jugador mejor, pero mi vida creativa no ha cambiado un ápice. ¿Por qué?**

Lo que hemos dicho es que no estás prestando atención a lo que ocurre cuando juegas. He aquí algunos consejos que el jugador de póquer y escritor Larry W. Phillips considera que pueden extrapolarse desde la mesa de juego a la vida:

1. *Actúa a largo plazo.*
2. *Una vez que estés en harina, juega fuerte.*
3. *Después de una mala mano, no hagas apuestas demasiado importantes.*
4. *Si crees que has perdido, abandona la partida.*

23

Interpreta un papel

Si utilizas un sistema de roles en tu vida cotidiana, podrás descubrir cosas interesantes acerca de otras personas e, incluso, acerca de ti mismo.

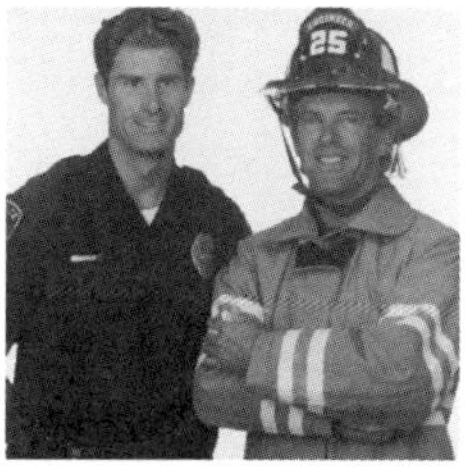

La mayor parte de las personas se preguntan en un determinado momento de sus vidas qué ocurriría si fueran otra persona.

Puede ser un personaje histórico con el que te identifiques, o un amigo al que admires. Sea como sea, es muy natural intentar emular a otra persona. Actuando como si fuéramos otros, podemos descubrir más cosas acerca de nosotros mismos. Este proceso comienza a edades muy tempranas, imitando a mamá y a papá: una manera obvia de aprender qué significa ser adulto (o no...). Incluso cuando pensamos que ya hemos madurado, continuamos utilizando un sistema de roles para desarrollar habilidades y crear una imagen de nuestra experiencia. Por ejemplo, muchos directivos en el mundo de los negocios no reciben demasiado entrenamiento acerca de cómo dirigir. En su lugar, lo aprenden directamente de sus propios jefes. «Actúan» como si fueran directivos, hasta que tienen suficiente experiencia como para asumir ese papel de forma permanente.

Una buena idea...

Ve al zoo y trata de aprender acerca del lenguaje corporal, las expresiones faciales, los gestos, el comportamiento social, la forma de comer, las actividades y sus respectivas metas, el deseo y las ganas de jugar, y luego intenta aplicar todas estas cosas a tu propia vida. Durante un día, por ejemplo, compórtate como un insecto palo, quedándote muy quieto, intentando «mezclarte» con el fondo. Al día siguiente, conviértete en un gorila: colócate siempre en medio, quédate mirando a la gente, emite ruidos al comer y ráscate de forma permanente. Ah... ya lo habías probado antes...

A los seres humanos les encanta copiarse unos a otros. Cuando hablamos con alguien que tiene un marcado acento regional, a veces terminamos hablando de la misma manera. En ocasiones, adoptaremos de forma casi inconsciente sus gestos y sus tics verbales. A pesar de estos actos naturales de mímica, fingir ser otra persona no está demasiado bien visto en nuestra sociedad. Comportarse como si fuéramos otras personas se considera una falta de sinceridad, propia de personas enrevesadas. Adoptar una falsa identidad es una práctica realizada por criminales y gente desequilibrada... Y aún peor, ¡por actores! De esta manera, cuando te indicamos que resulta positivo jugar a representar distintos papeles, damos por supuesto que es algo que vas a hacer de forma subrepticia, a menos que un grupo de personas decidan experimentar con esta situación (como si se tratara de una compañía de teatro).

El tipo de actuación al que nos referimos no implica el uso de pelucas ni maquillaje. Se trata de un elemento interno, una forma de proyección creativa en la que debes considerar de qué manera se desarrollarían las situaciones si estuvieras en el lugar de otra persona. Por ejemplo, en el caso de una reunión particularmente estresante, si alguien te acusa de haberlo fastidiado todo, podrías ponerte a la defensiva y mostrar un comportamiento susceptible (como Tim). Pero si decides comportarte como una persona más silenciosa y relajada (como es el caso de Rob), casi con toda seguridad terminarás la reunión en una posición totalmente distinta. Se trata de la forma en que reaccionas ante los acontecimientos. Este ejercicio, por tanto, implica que asumas la personalidad de «otro», lo cual arrojará luz sobre tu propia forma de ser.

Otra idea más...

La representación de un papel también puede implicar un simple cambio de perspectiva. En este sentido, te recomendamos que consultes la IDEA 11, *Mira las cosas desde otro ángulo.*

A lo mejor, tienes más de un único «yo» normal, dependiendo de con quién estés y de lo que estés haciendo. En cualquier caso, escoge una personalidad determinada. Dite a ti mismo: «Hoy voy a hacer del petulante niño que mi madre conoce tan bien» u «Hoy me voy a comportar como un genio y mañana lo haré como una persona a la que le encanta criticar».

Otra forma de violentar las cosas consiste en experimentar con tus propios prejuicios acerca del comportamiento basado en el género. Si eres un hombre, dedica un tiempo a pensar cómo te comportarías si fueras una mujer. En caso de que seas una mujer, intenta pensar como un hombre (créenos, en ocasiones, los hombres piensan)...

En Internet, mucha gente oculta su verdadero sexo y chatea con extraños, utilizando el nombre de Glenda por ejemplo cuando en realidad se llaman Glenn. En la mayor parte de los casos, esto no produce daño alguno, y cabe aprender algunas cosas (no todas las personas que mienten cuando se comunican a través de Internet son pedófilos o maníacos sexuales).

La frase

«El juego constituye la celebración de lo posible».
MARTIN BUBER, filósofo

En nuestro caso, creamos un personaje femenino totalmente falso, llamado Caroline Close, que tenía su propia webcam, y estaría dispuesta a comunicarse por correo electrónico diariamente si encontrara a alguien que la escuchara. Se trataba de una especie de dramatización interactiva, pero para mucha gente que se implicó en el juego, también se convirtió en una especie de juego de roles creativo en el que podían ensayar cuestiones relacionadas con la amistad con un desconocido en la red, sin tener que experimentar las consecuencias en sus vidas. Si te apetece, estás invitado a jugar: www.onlinecaroline.com.

Ponerte en la piel de otro puede resultar de mucha ayuda cuando se trata de desarrollar un nuevo trabajo. Por ejemplo, si tuvieras que diseñar una jaula para pollos, obviamente intentarías que resultase atractiva para el propietario del pollo que pagará por la jaula. Pero un buen diseñador de jaulas trataría de ponerse en la piel de otras personas que pudieran tener influencia en la compra: el socio, el hijo o el vecino. Y el mejor diseñador de jaulas intentaría incluso pensar como si fuera un pollo... ¡Y como si fuera un zorro! Intenta siempre permanecer alerta, pensando en todos los posibles actores que pueden participar en una determinada situación.

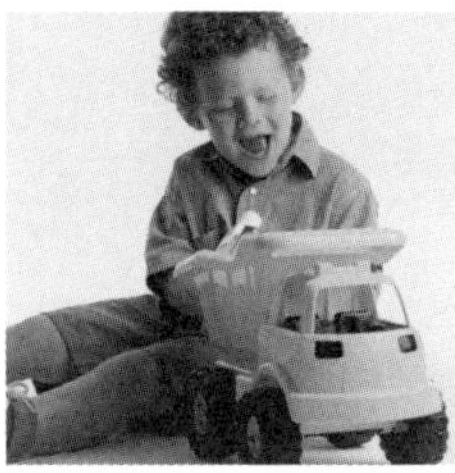

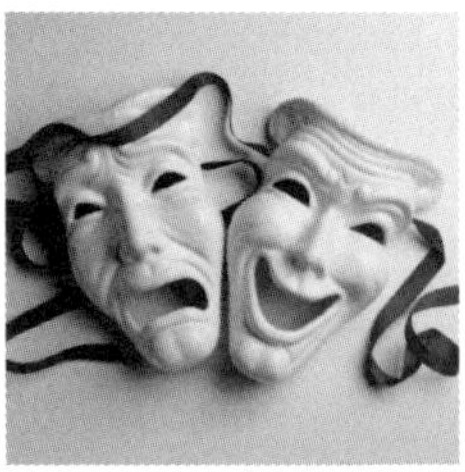

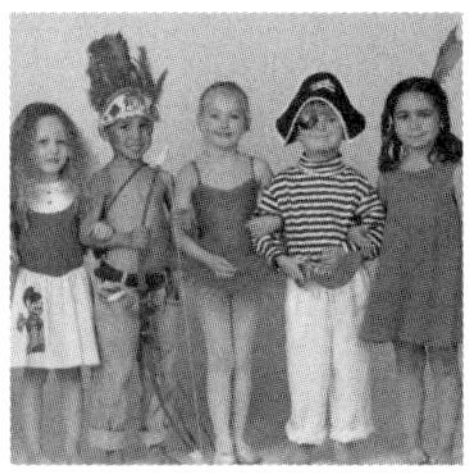

P **Este juego de representar papeles hace que me sienta como si estuviera haciendo el tonto o estuviera loco. ¿Lo estoy haciendo bien?**

¿Cuál es tu duda?

R *No tienes que dejar de ser quien eres por completo. Actúa de forma más subrepticia. Piensa como si fueras un músico que intenta tocar con un determinado estilo durante un periodo de tiempo específico. Así, por ejemplo, ¿desearías tocar el bajo como Paul McCartney o como Bootsie Collins? (si no sabes quién es Bootsie Collins, ¡averígualo!). Sea cual sea tu elección, esto no modifica el hecho de que eres tú quien toca. Simplemente, estás experimentando con el estilo de otra persona. Eso es todo.*

P **Actuar me hace sentirme completamente estúpido y me gustaría volver a ser yo mismo. ¿Puedo parar ahora mismo, por favor?**

R *Tómatelo con calma. Quizá podrías experimentar con el vocabulario que utilizas. Presta atención a las palabras que usas con mayor frecuencia, y luego, erradícalas por completo. Emplea palabras que no suelas utilizar. No se trata de algo excesivamente difícil o estúpido, y bien puede lograr que te conviertas en un comunicador más conciso y ameno.*

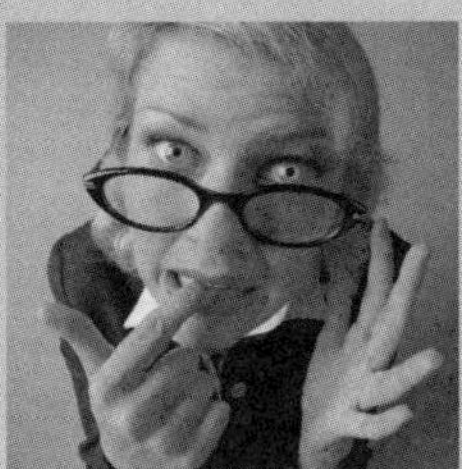

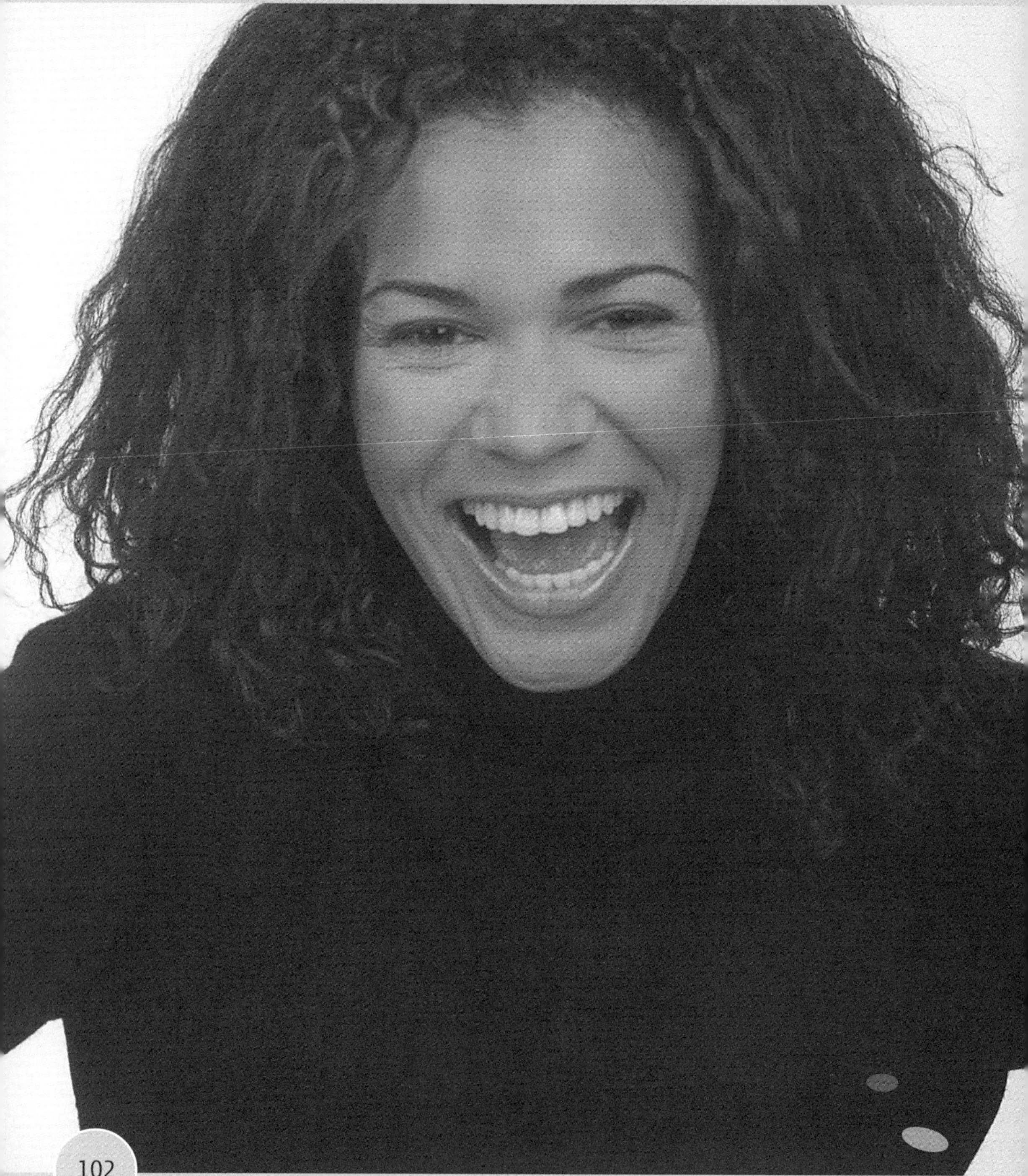

24

Ríete siempre

Estrategias para reírte sin convertirte en el payaso de la clase, pero sin pasar desapercibido en la fila de atrás...

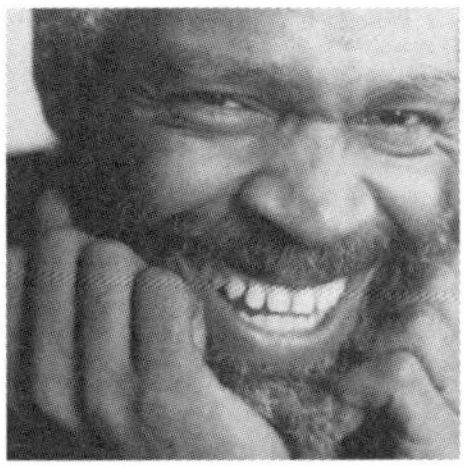

Si tu aspecto no refleja que disfrutas con tu trabajo creativo, es altamente improbable que los demás lo encuentren placentero.

La idea de que todas las grandes obras de arte implican la necesidad de que el artista sufra es un mito. La gente creativa tiende a mostrar un comportamiento sensible acerca del mundo que les rodea y suele tomarse muy en serio temas tales como la pobreza, el amor y la muerte. Pero esto no supone necesariamente que el artista sea una persona mustia y triste. Nada más lejos de la realidad. Basta observar el comportamiento de la clase de gente que suele congregar la presencia de artistas.

Siempre que se intenta reunir gente alrededor de un proyecto creativo, se trata de inyectar algo de «fiesta» en el ambiente. A los seres humanos nos encanta reír. Siempre que se le pide a la gente que describa a su pareja ideal o que haga un listado de las razones por las cuales se enamoró, el atributo personal citado con mayor frecuencia es que «él (o ella) me hace reír». Los adultos se ríen aproximadamente diecisiete veces por día (aparentemente...). Sin embargo, los niños se ríen, como mínimo, el doble de ocasiones. Aún no se ha explicado por qué a medida que crecemos nos reímos cada vez menos.

Una buena idea...

Pon en marcha un club de la risa. Creados por Madan Kataria, un médico hindú, los clubes de la risa se han convertido en un fenómeno popular en la India, donde la gente se reúne en el exterior de las casas muy temprano durante quince o veinte minutos para practicar el «yoga de la risa». La conocida risa «jo jo ja ja ja» se acentúa mediante palmas para mejorar el riego sanguíneo, repitiendo el movimiento a intervalos regulares. Asimismo, puedes probar el cóctel de la risa (se trata del tipo de risitas que emitimos cuando bebemos). O la risa del león (coloca la lengua afuera, las manos como si fueran las patas de un león y ponte a rugir).

Parece un elemento muy natural, pero la risa constituye una respuesta compleja al mundo que nos rodea y es un elemento del cual carecen el resto de las especies. Así que apréciala en lo que vale. Asimismo, se trata de un fenómeno social. Si bien resulta posible que te rías en soledad cuando lees un libro divertido o ves una película graciosa, expertos en el mecanismo de la risa como el profesor Robert R. Provine indican que la gente se muestra veinte veces más propensa a reírse cuando se encuentra en compañía de otras personas.

Además, la risa es contagiosa. En ocasiones, puede llegar incluso a ser peligrosa. En el año 1962, en Tanganica, un grupo de colegialas se rió de tal manera y durante tanto tiempo que contagió no sólo a toda la comunidad local, sino a varios pueblos colindantes. La epidemia resultó tan severa que requirió el cierre de las escuelas por espacio de seis meses (no es para tomárselo a risa).

Si bien no estamos sugiriendo que tú o tu trabajo deban provocar esta clase de reacción, fomentar la risa constituye una buena táctica. La mayor parte de las presentaciones y las comunicaciones con éxito, ya sea a la hora de compartir ideas o de vender un determinado producto, son aquellas en las que todas las personas que están presentes en la sala se lo pasan bien, aquellas que incluyen momentos de seriedad y episodios humorísticos, que hacen que la gente se ría en compañía.

A menudo, el humor se produce como consecuencia de la combinación de cosas que normalmente no van unidas: lo serio y lo estúpido o lo lógico y lo absurdo (lo que la gente «seria» conoce como «incongruencia»). De manera similar, muchos chistes se basan en el principio de que la audiencia espera algo concreto y se encuentra con otra cosa: es la sorpresa lo que nos hace reír.

Otra idea más...

Si realmente te sientes deprimido y no tienes ganas de reír, no fuerces la situación. En su lugar, consulta la IDEA 49, *Vuelve por la mañana*, en la que te recomendamos que retomes tu trabajo al día siguiente.

Hay muchas razones por las cuales reímos y no todas ellas son de carácter positivo. Analiza la diferencia que existe entre reír *con* alguien y reírse *de* alguien. Deberías evitar esta última opción, si bien contar una historia graciosa acerca de alguien (preferiblemente alguien que no esté en la misma habitación, que haya tenido un comportamiento estúpido o haya experimentado un caso de mala suerte sangrante) suele producir cierta sensación de unidad. La sensación de superioridad que produce pensar que otro es objeto de broma concentra la atención y hace que te ganes la lealtad de tu audiencia. No obstante, ten cuidado a la hora de escoger con quién te metes.

Por otra parte, el humor constituye un sistema ideal para relajar la tensión en una situación difícil. En el cine, por ejemplo, se suele crear una atmósfera de tensión o suspense, rompiendo el ritmo con un comentario o incidente cómico (acuérdate de las tonterías que suele decir James Bond después de cada escena de lucha). Este mecanismo permite que el espectador libere la tensión acumulada y se prepare para la siguiente escena intensa.

La frase

«Tan pronto como tengas un pensamiento, ríete de él».
LAO TZE

En mayor o menor medida, todas las historias o situaciones crean tensión. La risa constituye un sistema natural para «limpiar» nuestro sistema. Se trata de un mecanismo antiestrés muy saludable. También puede ser una poderosa herramienta para extender el desorden (como ocurrió en Tanganica) y minar los principios de la autoridad (como ocurre en la sátira). Si sientes que tu vida creativa está reprimida porque trabajas en un entorno demasiado ordenado y seguro, el hecho de hacer un poco el payaso puede contribuir a desarticular los mecanismos rígidos de forma muy eficaz.

Mucha gente considera que los payasos de circo constituyen una amenaza. El sentido de la anarquía propio del payaso suele tener la culpa de esto último. Por ejemplo, son los únicos actores del circo a los que se les permite trabajar fuera de la pista central, mezclándose con el público. ¿Acaso tienes una «pista central» dentro de la cual actúan todas las personas que conoces? ¿Qué ocurriría si sales de la pista?

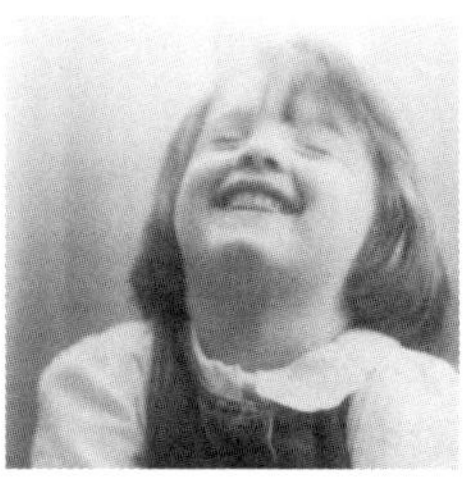

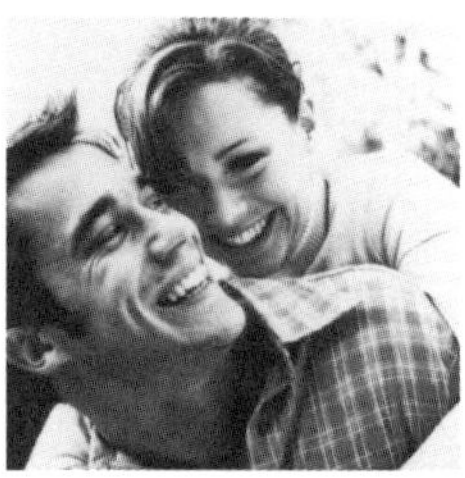

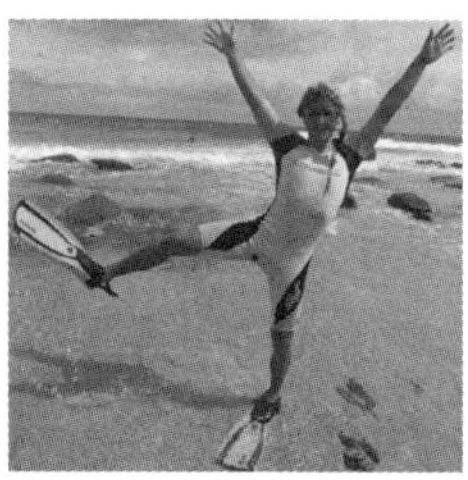

P **Si estoy riendo a todas horas y haciendo el payaso, ¿cómo me van a tomar en serio?**

¿Cuál es tu duda?

R *Hacer el «tonto» tiene siglos de tradición y, ciertamente, constituye un asunto muy serio. Los reyes y reinas utilizaban bufones porque deseaban experimentar cierto desasosiego y combatir la complacencia de los cortesanos. Los bufones y los tontos podían aportar consejos distintos y sabiduría, de manera muy diferente a los consejos de los genuflexos que suelen rodear a la gente con poder. ¿Te ves en ese papel? En lugar de hacer el tonto sin más, ¿podrías reírte, haciendo al mismo tiempo una observación?*

P **No soy divertido. Puedo resultar tan frívolo como una piedra. ¿Qué debería hacer?**

R *¿Por qué no formas equipo con alguien que sí sea divertido? Quizá tu talento radique en representar el papel de «hombre/mujer» serio(a). Morecambe & Wise, probablemente el dúo de comediantes con mayor éxito del Reino Unido, comenzó copiando los diálogos humorísticos de Abbot & Costello, y Eric Morecambe representaba el papel del hombre serio. Sólo cuando invirtieron sus papeles comenzaron a tener éxito.*

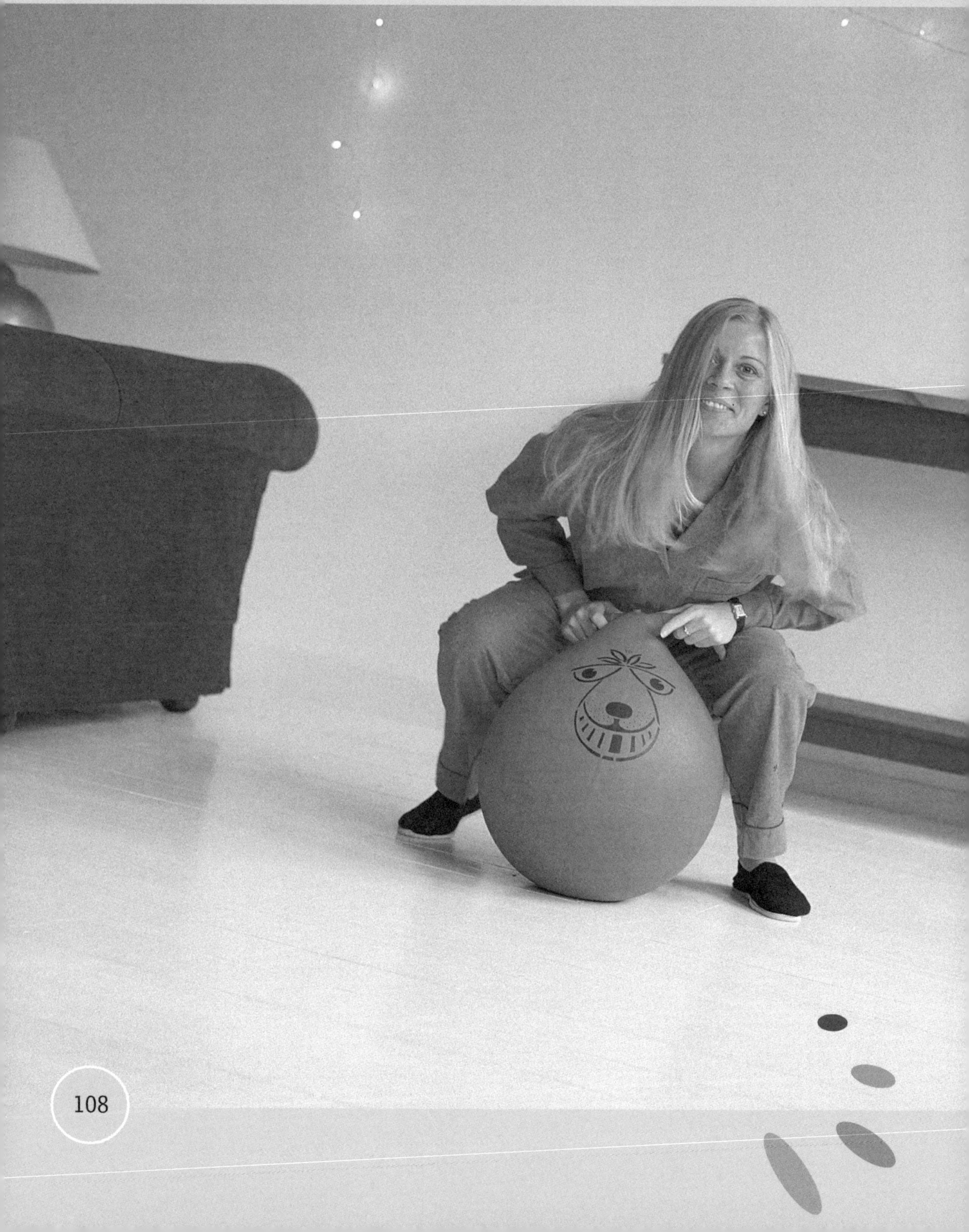

25

Compórtate como un niño

Descubre la diferencia entre la diversión para adultos y la diversión infantil (y dicen que el tamaño no importa...).

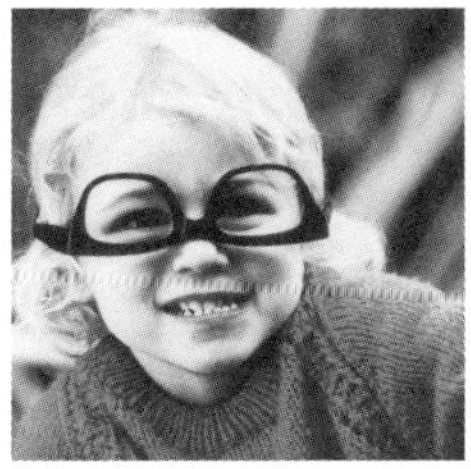

En tiempos, eras un niño. No estoy bromeando. Y nunca deberías olvidar este hecho.

De hecho, deberías recordar no sólo que eras un niño, sino que también deberías recordar cómo te sentías y cómo te comportabas. Si te resulta difícil, observa a los niños pequeños y fíjate cómo se comportan. Naturalmente, con permiso de sus padres... Particularmente, observa cómo juegan y trata de relacionar esto último con las técnicas de juego que te gustaban cuando eras un niño.

La parte más interesante de este proceso consiste en darse cuenta de que una gran parte del trabajo creativo como adulto reproduce un montón de cosas que te gustaba hacer cuando eras niño de una manera u otra. No sólo utilizas las mismas fuentes de inspiración (puede que de forma subconsciente), sino que, probablemente, te siguen atrayendo la misma clase de espacios creativos, las mismas situaciones e, incluso, la misma clase de gente con la que solías jugar antaño.

Una buena idea...

Regresa al pasado y observa los sitios en los que te gustaba jugar. No te dejes atrapar por la nostalgia, simplemente piensa en ello. Debes observar qué es lo que sigue siendo igual y qué es lo que ha ido cambiando a medida que has crecido. ¿Acaso te gustaba jugar en algún sitio específico? ¿Estaba situado fuera de la casa, en el jardín? ¿Estaba en el dormitorio, dentro de la casa? ¿Se encontraba en el colegio? Mientras estábamos escribiendo esta idea, ambos confesábamos que cuando éramos niños nos gustaba jugar en el exterior, entre las flores y los arbustos, creando escenas de guerra con soldados de juguete. Quizá esta experiencia compartida (al mismo tiempo, remota y algo megalomaníaca) relacionada con nuestra infancia, constituya la auténtica razón que explica por qué trabajamos juntos.

También existen ciertos aspectos del comportamiento infantil que has perdido al convertirte en adulto, tanto en lo que respecta a elementos positivos como negativos. Por ejemplo, puede que hayas perdido cierto poder de concentración, que sería estupendo recuperar: la facultad de estar obsesionado por algo y pasar todo el día centrado en el juego con un determinado juguete, un vaso de leche, una canción, una historia....

Asimismo, has aprendido a moderar tu carácter y ya no te agarras tantos berrinches ni arrancas los timbres a los cochecitos. Habitualmente, esto es un paso positivo. Pero una vez más, deberías tener más berrinches como adulto para asegurarte de que dispones del espacio necesario para ser creativo (en este caso, se trata de espacio mental).

Ciertamente, habrás ampliado tu vocabulario, lo cual te resultará útil como persona creativa. Sin embargo, no confundas esto último con ser un comunicador más eficaz. Si oyes cómo hablan los niños —en el transporte público, en las casas de otras personas o en tu propia casa—, observarás rápidamente que tener un vocabulario limitado no impide que expresen conceptos realmente complejos. De hecho, el uso que hacen de palabras de carácter simple, la jerga, los gestos, las repeticiones y la música de sus voces constituyen ciertamente un reto para tus ideas como adulto acerca de la eficacia de la comunicación.

De la misma manera, muchos pintores abstractos suelen emplear la simplicidad infantil para expresar emociones y pensamientos muy complejos. Y ¿cuál es la reacción habitual ante esta clase de arte? «Mi hijo de cuatro años podría hacerlo».

Otra idea más...

Intentar explicar tus ideas creativas a un niño pequeño constituye un sistema ideal para obtener una nueva perspectiva de tu trabajo. Si deseas consultar otras posibilidades, pasa directamente a la IDEA 11, *Mira las cosas desde otro ángulo.*

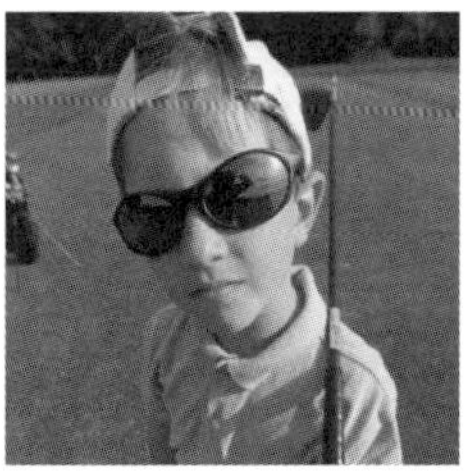

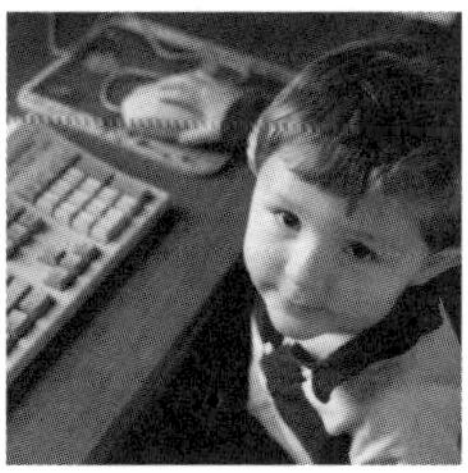

La frase

«Mira la vida con los ojos de un niño».
HENRI MATISSE

¿Cuál es tu duda?

P Deseo crear obras para adultos, no cosas para niños. ¿Por qué debería experimentar una regresión?

R *Probablemente, J. K. Rowling comenzó a escribir exclusivamente para niños, pero eso no ha impedido que millones de adultos lean Harry Potter. A menudo, no existe una distinción entre el trabajo creativo para adultos y para niños (dejando a un lado el sexo y la violencia).*

P ¿Puedo aplicar un enfoque infantil a mi lugar de trabajo como adulto?

R *Algunos expertos en creatividad hablan recurrentemente acerca de la idea de los adultos regresando al arenero como sistema ideal para lograr ideas realmente novedosas. Cuidado con esto. Lógicamente, a los niños les encanta jugar en los areneros (y en la arena de la playa), pero no se trata simplemente del disfrute que produce la arena. El placer siempre está relacionado con las personas presentes en el arenero, la posición del propio arenero en relación con la gente que te hace sentir seguro (como tu casa o tu familia) y la clase de juguetes y herramientas que te rodean. Los «areneros» corporativos nunca lograrían recrear estos sutiles matices. Y, en cualquier caso, mientras el juego puede compartirse, el disfrute del juego constituye un elemento personal e intransferible.*

P Cuando he actuado como un niño, todos me trataban como tal. ¿Por qué razón no me siento bien?

R *A pesar de nuestro obvio entusiasmo por la energía y la inocencia de la juventud, debemos reconocer que ser un niño no resulta totalmente positivo. Por ejemplo, la mayor parte de los niños no tienen ni el poder ni la autoridad necesaria como para lograr que ocurran las cosas, y eso es algo que debes valorar adecuadamente. Asimismo, como adulto dispones de una experiencia y de unas habilidades que un niño nunca podría tener, al tiempo que tienes más paciencia y resistencia. Si conservas estas cualidades propias de un adulto, es poco probable que otras personas te mangoneen.*

26

Los juguetes de los niños y los artilugios de las niñas

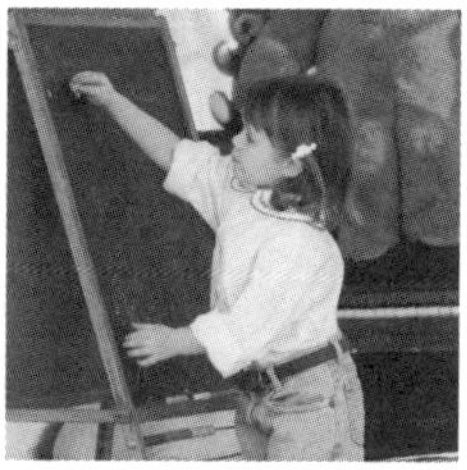

¿Es un mapa digital lo que tienes en tu bolsillo o simplemente te alegras de verme? Toma tus artilugios de adulto y empieza a tratarlos como al resto de los accesorios que utilizas.

Ha llegado el momento de revisar tus juguetes. Fíjate bien en las cosas que llevas cotidianamente en tu cartera, el bolso de mano y en el bolsillo.

En un día normal, llevamos un montón de cosas con nosotros. Muchos elementos constituyen «equipo esencial» (cartera, llaves, tarjetas, etcétera), mientras que otros elementos no resultan tan imprescindibles (maquillaje, libros, juegos, etcétera). Ha llegado el momento de que realices una auditoría de todos estos pequeños accesorios portátiles y determines cuidadosamente con qué frecuencias los utilizas y para qué los empleas. Particularmente, deseamos conocer cuál es el papel que cumple tu teléfono móvil o tu agenda electrónica. ¿Se trata de un elemento esencial o constituye un lujo para ti? ¿Los utilizas a menudo o sólo cuando resulta absolutamente necesario? ¿Los empleas por negocios o por placer?

Una buena idea...

Si aún no te apasionan los artilugios móviles, pruébalos. No se trata de una excusa para generar o recibir más mensajes de voz. Hoy en día, cabe la posibilidad de utilizar estos elementos para muchas aplicaciones: creación de textos, fotos, juegos, reproducción de música, navegación web, correo electrónico, transferencia de archivos, etcétera. Así que ve a la tienda y cómprate alguno de estos artilugios tan pronto como puedas. ¿Te parece extravagante? Piensa en este aparato como si compraras un nuevo par de zapatos o un lápiz de labios caro. Como ocurre en el caso de los zapatos, se te permite tener más de un teléfono. Y, en el futuro, estos sistemas se incluirán en la ropa. Los teléfonos se convertirán en pendientes, tu reloj se convertirá también en cámara y los reproductores de mp3 estarán cosidos directamente en las chaquetas. Ya hay amantes de la tecnología que utilizan memorias USB como collares. ¡Es verdad!

Te pedimos que hagas esto porque tu respuesta emocional ante estos artilugios de tamaño de bolsillo y el uso que hagas de ellos dice mucho de la clase de persona creativa que eres.

Así que extrae de tus bolsillos todo aquello que sea pequeño y portátil y déjalo sobre una mesa. Ahora, anota en un papel cuántas veces utilizas cada cosa durante el día, ordénalos por orden de importancia y coloca una marca sobre cada elemento, basándote en los lazos sentimentales que te unan al mismo (por ejemplo, las fotos de tus seres queridos). De esta manera, debes construir una imagen detallada de tu relación personal con tus pertenencias. También resulta importante que identifiques las cosas que usas de diversas formas para distintas tareas, y aquellas que utilizas para una tarea específica. Por ejemplo, probablemente consideras las llaves de la puerta de tu casa como elementos que exclusivamente sirven para abrir puertas, pero, a menudo, la gente las utiliza para abrir otra clase de cosas, como es el caso de botellas y cajas de cartón (y también puedes usarlas como serrucho para cortar cuerdas: un consejo aportado por Tim).

Lo que estamos intentando es que tengas un conocimiento más profundo acerca de cómo utilizas los accesorios en tus procesos creativos. Todos lo hacemos. Decoramos nuestra existencia con procesos de comunicación aleatorios e interacciones que, a menudo, implican introducir nuestras manos en los bolsillos o extraer algo de nuestros bolsos y, considerando la revolución de la tecnología móvil que se está produciendo en el momento presente, estamos viviendo una era en que los accesorios serán cada vez más variopintos y tendrán un carácter cada vez más complejo.

Otra idea más...

Si estás al corriente de la rapidez con que evoluciona el mundo de la tecnología, obtendrás un gran número de juguetes y conceptos con los que podrás jugar. En este sentido, consulta la IDEA 46, *Herramientas del comercio y la tecnología.*

La frase

«Un nuevo artilugio que dura sólo cinco minutos vale más que un trabajo inmortal que aburre a todo el mundo».

FRANCIS PICABIA, pintor, ilustrador y diseñador francés.

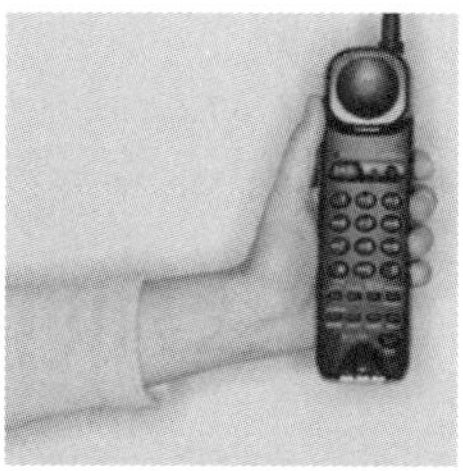

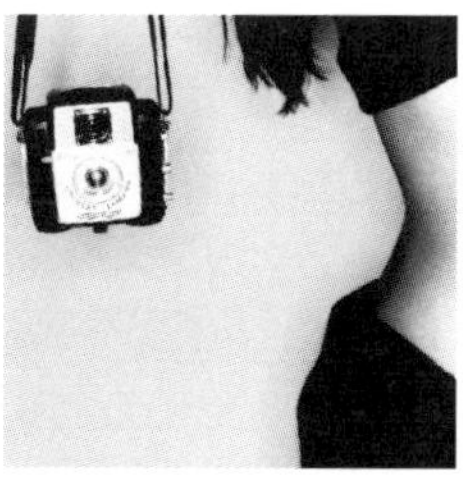

¿Cuál es tu duda?

P **Los artilugios son sólo para los chicos, ¿no es así?**

R *En absoluto. Los aparatos móviles también constituyen un accesorio natural para las mujeres. Dada su forma y la facultad que tienen de vibrar en lugar de sonar simplemente, constituyen un elemento atractivo para las mujeres que están rodeadas de hombres (piensa en ello). Y en el futuro, es más probable que las mujeres «vistan» ropas que incluyan sistemas móviles a que lo hagan los hombres (ya puedes dejar de pensar en ello). Asimismo, la tecnología móvil está cambiando las relaciones entre los hombres y las mujeres, ya que las tecnologías de los mensajes de texto y las redes inalámbricas, tales como BlueTooth, se utilizan para encuentros de sexo virtual, citas a ciegas y encuentros clandestinos con extraños en trenes. Asimismo, las mujeres utilizan las cámaras móviles y agendas electrónicas para llevar un registro de dónde están en cada momento (apuntando, por ejemplo, el número de la matrícula del taxi en el que viajan). En este caso, se trata de un sistema de seguridad personal. A las adolescentes les encantan los sistemas de texto y los sistemas que les permiten chatear. ¿Hace falta decir más?*

P **El problema con los sistemas móviles es que interrumpen mi concentración con mensajes y llamadas no deseadas. ¿Se trata de un elemento contraproducente?**

R *Es cierto que mucha gente de cierta edad desconecta sus teléfonos móviles, a menos que vayan a efectuar una llamada. Pero si quieres estar «siempre conectado», entonces debes estar dispuesto a que te interrumpan. La gente más joven suele organizarlo mejor. En lugar de hacer un plan el lunes para encontrarse la noche del miércoles, organizan su vida social en el momento con mensajes de texto o llamadas telefónicas, sondeando el lugar en el que están los demás y la actividad que están realizando, creando así oportunidades para efectuar encuentros* ad hoc. *Pruébalo. En el futuro, podrás dejar mensajes de voz y mensajes de texto en determinados sitios, como una especie de rastro que reflejará los lugares en los que has estado para que otros puedan seguirlo más tarde. La gente creativa descubrirá la posibilidad de hacer cosas maravillosas con estas nuevas tecnologías.*

27

Cómo guardar todo en cajas

Si tienes más ideas y momentos de inspiración de los que tu falta de tiempo te permite desarrollar, averigua dónde guardar todo el material que no has podido elaborar.

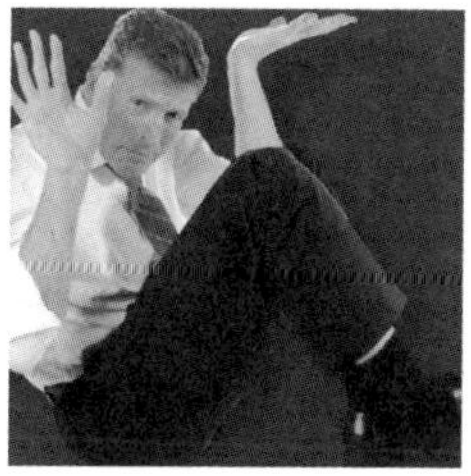

El sistema más conocido para clasificar las ideas en categorías y almacenarlas es el archivador. El problema radica en que llevar un archivo, tal y como lo conocemos, es una de las actividades más aburridas que existen.

Gran parte del material que guardamos en un archivador nunca vuelve a ver la luz. La razón principal es que nunca nos molestamos en tomar notas acerca del por qué hemos archivado algo. Además, nunca asociamos una acción con los objetos guardados. En la mayoría de los casos, decidimos activamente no hacer nada en absoluto en relación con los objetos que, en un momento dado, decidimos rescatar de la papelera. Si no tienes cuidado, guardar un montón de recortes de periódico sólo te aportará eso, la pila de recortes, pero ninguna idea.

Una buena idea...

Si las pantallas de ordenador no son lo tuyo, vuelve a los viejos archivadores. Los coleccionistas del pasado utilizaban vitrinas para almacenar y mostrar grandes cantidades de piedras, conchas, insectos y mariposas. A muchas personas les gusta decorar sus casas con esta clase de objetos. Crea tu propia vitrina con todo lo que consideres interesante o bello, o guarda los objetos como si se tratase de talismanes. También puedes iniciar una colección de cualquier cosa que te atraiga. Tim empezó a coleccionar las pegatinas de las frutas y descubrió en la red a otra persona que hacía lo mismo de un modo más exhaustivo.

Una forma de realizar esta tarea es convertir tu archivador en un área de juegos. Es crucial que asocies mentalmente todos los objetos que almacenas en cajas pequeñas, al tiempo que deberás desarrollar ciertas técnicas y herramientas para relacionar tus recortes, organizándolos en grupos temáticos o creando un diagrama para localizarlos.

La tecnología puede resultar muy útil en este caso. Existen herramientas muy prácticas que permiten aprovechar su estructura de base de datos para introducir el material, clasificándolo y etiquetándolo de la manera deseada. Mediante un clic se puede cambiar el modo de visualización de la base de datos, para que los elementos aparezcan en pantalla de un modo distinto, acorde con tu línea de pensamiento en un momento dado, destacando ciertos elementos y ocultando los menos relevantes. Las herramientas de música digital como iTunes funcionan de un modo muy similar, en la medida en que permiten generar listas de reproducción aleatorias de tu colección, basadas en tipos de música, gustos personales, número de veces que hayan sido reproducidas recientemente, la longitud de los temas, etcétera (en realidad, no resulta tan aleatorio, pero seguro que sabes a qué nos referimos).

Para que este sistema de archivos y recuperación de material sea realmente útil, tienes que anotar y etiquetar todo el material de trabajo a medida que lo guardas. Para comprender el funcionamiento, puedes entrar en la tienda en línea de Amazon (www.amazon.com) y empezar a añadir objetos a tu «lista de deseos». No tienes que comprar nada, basta con marcar todo el material que te interese y, a medida que avances, tu lista crecerá. Puedes marcar los ítems y agregar las razones por las cuales deseas tenerlos.

Otra idea más...

¿Qué puedes hacer con todo el material recopilado durante las vacaciones: las fotos, las postales, los souvenirs? En la IDEA 33, *Turismo creativo*, te explicamos cómo hacerlo.

Muy pronto habrás creado una lista personalizada de todo aquello que te interesa en un momento dado. De esta manera, podrás establecer vínculos entre todos los elementos y, puesto que la lista está en Internet, todos tus amigos podrán saber rápidamente qué regalarte por tu cumpleaños. El fenómeno electrónico del blogging sigue un proceso muy similar.

En este punto, te estarás preguntando qué tiene que ver todo esto con las cajas. En realidad, de lo que hablamos todo el rato es de guardar cosas y jugar con ellas dentro de paneles digitales en pantalla, en lugar de usar cajas de madera o de metal.

La frase

«Las cajas de títeres son teatros poéticos en los que se metamorfosean los elementos de nuestra infancia pasada».
JOSEPH CORNELL

¿Cuál es tu duda?

P En mi caso, guardar las cosas en una caja limita mi creatividad, en lugar de darle alas. ¿No se trata de una práctica restrictiva?

R Sí y no. Es verdad que guardar las cosas en cajas implica, en cierto modo, deshacerse de ellas o acabar con ellas (es como arrojarlas a la papelera o guardarlas en un ataúd). Pero también puede constituir una manera de dejar que reposen y maduren, como si de un buen vino se tratara. Otra posibilidad es contemplar esta práctica como cerrar un capítulo, trazando una línea en la arena, como diciendo «Hasta aquí. No desarrollo más esta idea». Muchos grandes artistas han hecho grandes cosas creativas con cajas. Joseph Cornell y Joseph Beuys son artistas de gran influencia en este terreno. Ellos utilizan «recintos cerrados» para encapsular un momento o elemento específico, o bien para destacar algo de un modo particular. Asimismo, recurren a las cajas para «congelar» sus ideas acerca de un tema particular en varias dimensiones. ¿Podrías hacer esto?

P No podemos llevar un registro de todo lo que hacemos en la vida, ¿o sí?

R Probablemente no. Pero, ciertamente, puedes intentarlo. Piensa en el proyecto My Life Bits *(Los bits de mi vida), respaldado por Microsoft, que guarda todo el material relacionado con la vida de un hombre llamado Gordon Bell, y que consta de artículos, libros, fotos, imágenes, presentaciones, películas caseras, conferencias grabadas en vídeo y grabaciones de voz, todo ello almacenado digitalmente. Se trata de un hombre que prescinde por completo del papel y que hace poco ha empezado a guardar llamadas telefónicas, transcripciones de mensajería instantánea, programas de televisión y radio, etcétera. Hace falta mucha tecnología para poder realizar todo esto. Pero dentro de poco tiempo, será posible guardar grabaciones de sonido de cada minuto de nuestras vidas en un disco duro, para su consulta posterior. Ahora bien, habrá que recurrir a la magia para que todo este material resulte interesante.*

28

Ve a la deriva

Aprender el arte de deambular sin rumbo y encontrar cosas en el camino sin proponértelo puede desatar tu creatividad, independiente de dónde estés.

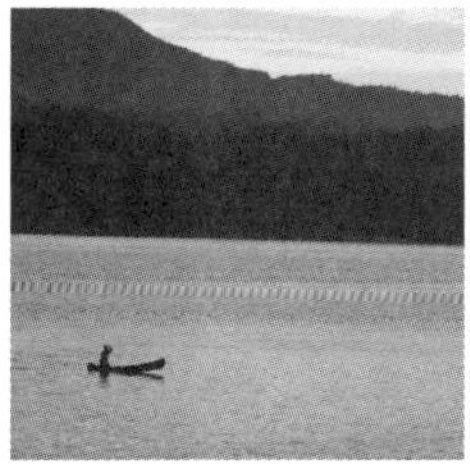

Éste es el ejercicio creativo más sencillo que hay. Basta deambular en cualquier dirección y hacer que parezca que realmente no sabes lo que estás haciendo.

Por supuesto, para muchos de nosotros se trata de una práctica habitual por las mañanas.

Existe una tradición artística relacionada con el hecho de vagar sin rumbo, sin embargo, la idea de ir a la deriva (o *dérive*) ha sido explicada y puesta en práctica por Guy Debord, intelectual francés y fundador del movimiento artístico conocido como Internacional Situacionista. Ir a la deriva suponía para Debord vagabundear ebrio por las calles de París, siguiendo deliberadamente una serie de reglas ambiguas.

Una buena idea...

Date un paseo por Internet. Usa un sistema arbitrario de clics y enlaces para perderte por completo en la red y haz frente a todo el material estimulante que puedas manejar.

Entre estas reglas, se incluyen las siguientes:

- Deja a un lado tus razones habituales para desplazarte, actuar, relacionarte, trabajar y descansar.
- La duración media de una *deriva* es un día, entendida como el tiempo que transcurre entre dos periodos de sueño.
- El ámbito espacial de la *deriva* puede delimitarse con precisión o puede ser ambiguo.

Si bien puedes llegar a pensar que todo esto no tiene demasiado sentido, este aspecto constituía una reivindicación política durante los disturbios ocurridos en París en 1968.

Al aparentar deliberadamente que carecía de cualquier propósito creativo específico, Debord y otros intelectuales intentaban apartarse de la «locura» de la vida cotidiana, así como de la necesidad capitalista de convertir todo trabajo creativo en un producto comercial y de dar sentido a la vida sólo a través del consumo. Si evitas clasificar tus experiencias en categorías tradicionales como los estudios o el trabajo, puedes percibirlas como algo más auténtico y «real». Esta idea tiene sus raíces en el surrealismo y en otros movimientos intelectuales franceses. En realidad, no te recomendamos que te tomes todo esto demasiado en serio (de hecho, Debord, terminó estableciendo vínculos con grupos terroristas, cayó en el alcohol y acabó suicidándose).

La frase

«La idea es no tener idea alguna. Piérdete. Piérdete en el paisaje».
MALCOLM MORLEY, pintor y escultor.

En cualquier caso, hay dos conceptos básicos que debes tener en cuenta. El primero consiste en desdeñar lo correcto y constreñido y optar por lo lúdico y alternativo. Aprende a valorar las divagaciones asociativas. El segundo consiste en jugar con mapas inútiles y con elementos psicogeográficos: «El estudio de efectos específicos del entorno geográfico, conscientemente organizado o no, sobre las emociones y el comportamiento de los individuos». El ejemplo de Debord de las excursiones psicogeográficas implicaba usar un mapa de Londres como herramienta para explorar una región de Alemania. Mediante esta práctica, no sabía realmente a dónde se dirigía, por lo que su trayecto era aleatorio y su respuesta a la geografía de la localidad alemana, espontánea.

Otra idea más...

En la IDEA 22, *El recreo permanente*, te indicamos cómo aprovechar cualquier momento para jugar.

El artista y músico británico Bill Drummond también disfruta jugando con estas ideas (puedes ver su trabajo en www.penkiln-burn.com). Así, planificó una gira para la banda Echo & the Bunnymen basada en la idea de que su ruta trazaría un par de orejas de conejo gigantes en el mapa del Reino Unido.

Otro grupo de artistas, la familia Boyle, lanzaba dardos sobre un mapa del mundo y, hasta el momento, ha viajado a todos los países que resultaban elegidos, sacando fotografías de las zonas geográficas correspondientes y luego creando una réplica exacta utilizando resina y fibra de vidrio.

No pretendemos que vayas tan lejos, pero podrías intentar programar en tu propia casa una ruta diferente a la habitual, que no esté basada en una función normal, como «Tengo que lavarme los dientes, así que iré al baño», sino en otra que establezcas tú mismo. Por

La frase

«Como puedes ver, la imaginación implica pasar largos ratos holgazaneando, entreteniéndote con cualquier cosa que se te ocurra».
BRENDA UELAND, escritora.

ejemplo, sigue la guía de un museo grabada en cinta y úsala para deambular por tu casa: mientras la cinta dice «Delante de usted hay una maravillosa escultura del siglo XIX», tú puedes situarte justo delante del televisor de tu salón. La indicación «Gire a la izquierda y entrará en un precioso jardín» podría llevarte al lavabo que está en la planta baja de tu casa. Esto podría ayudarte a ver el mundo que te rodea de un modo totalmente distinto, permitiéndote establecer conexiones entre los distintos espacios geográficos.

Alternativamente, podrías grabar tus propias cintas en las que describas tu ruta favorita en términos generales, y luego aplicarla a otros trayectos en lugares que en realidad no te gustan tanto.

Scott Paterson ha experimentado durante años con la idea de utilizar tecnologías móviles para trazar mapas de las grandes ciudades en relación con su experiencia personal y sus reacciones emocionales (en lugar de intentar localizar la zapatería más cercana). Puedes visitar el sitio www.pdpal.com.

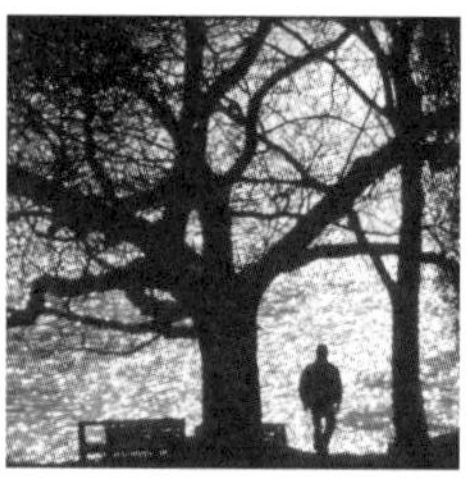

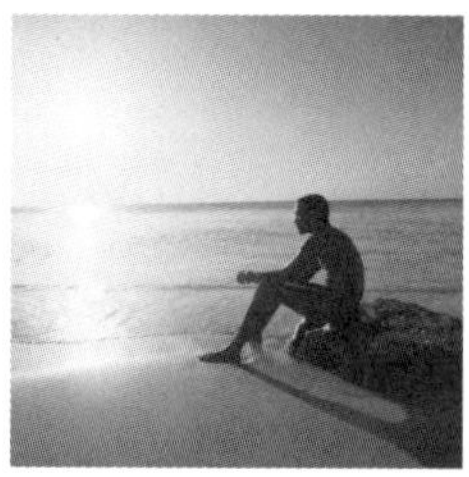

P ¿Qué sentido tiene tanto deambular? Yo me perdí y tardé una eternidad en encontrar el camino de vuelta a casa.

¿Cuál es tu duda?

R Si todo lo que te preocupa es saber dónde te encuentras y cómo volver a casa, entonces no has captado el espíritu del ejercicio. La idea es vagar sin sentido para dejar de preocuparte de a dónde vas o de a dónde vas a parar finalmente.

P No resulta fácil encontrar tiempo para «ir a la deriva». ¿Existe algún atajo?

R Éste será siempre un problema para las personas que aspiran a ser creativas y que tienen una familia y un hogar. Tal vez podrías realizar un «viaje a la deriva» de una hora, digamos, en el parque. Si puedes dedicar tiempo para ir al gimnasio (o al bar), seguro que encontrarás un rato para practicar esto que te proponemos. Mejor aún, invita a tus amigos y familiares a participar en esta experiencia... salir con la familia sin rumbo ni planificación... ¡eso sí que es coquetear con el peligro!

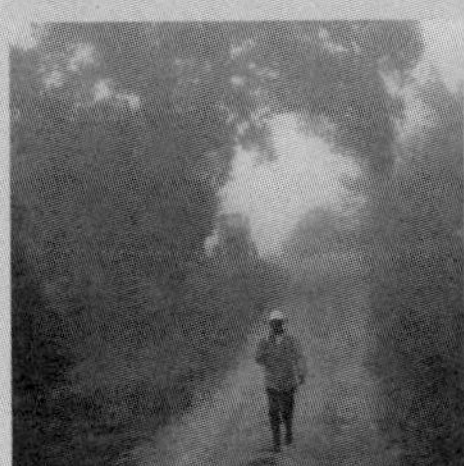

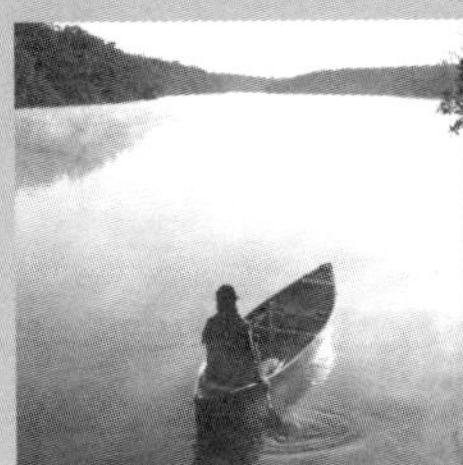

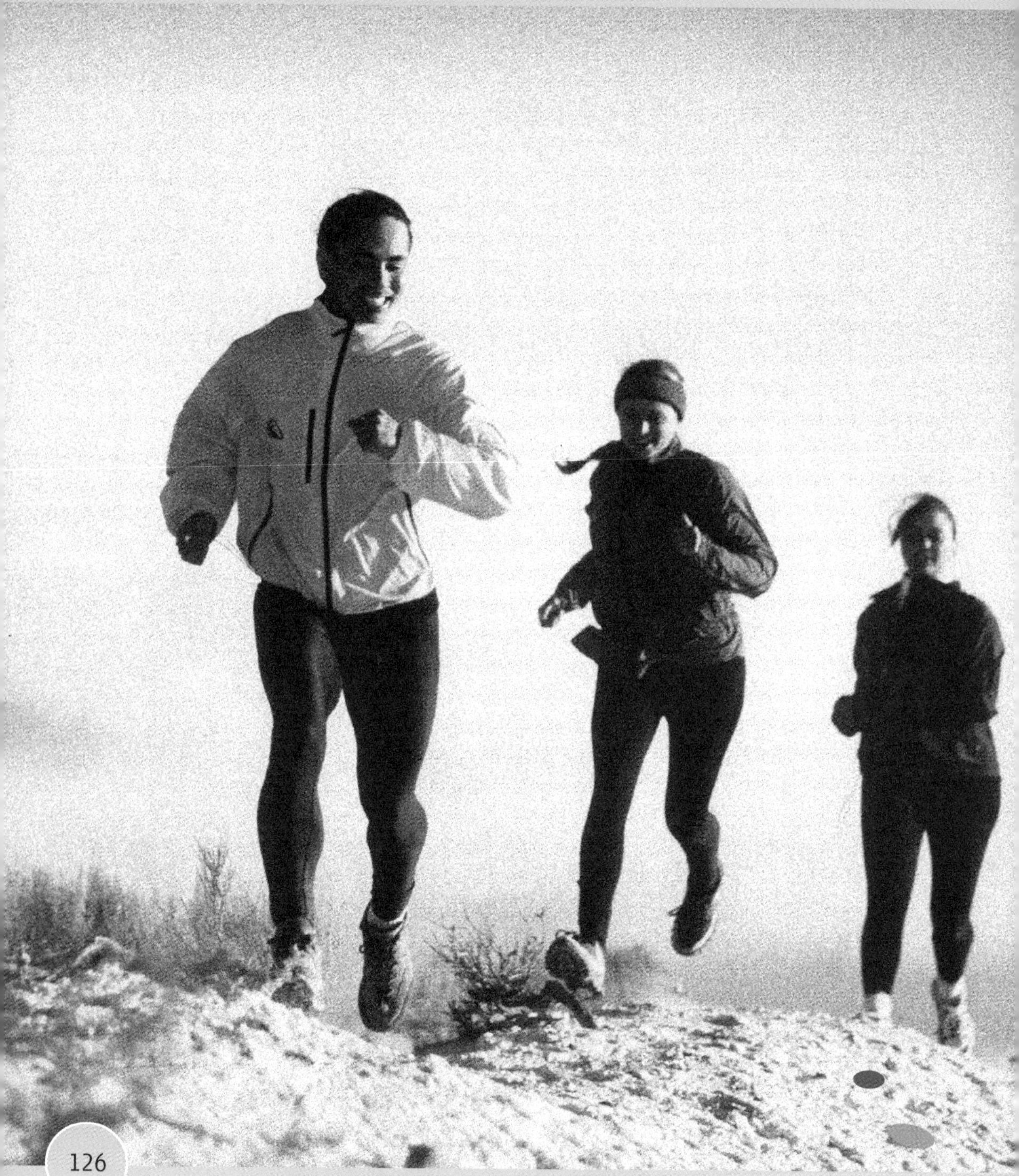

29

Rutas y trayectos conocidos

Usa otro camino para ir al trabajo, cambia de trayecto para volver a casa... o no vayas a casa siquiera.

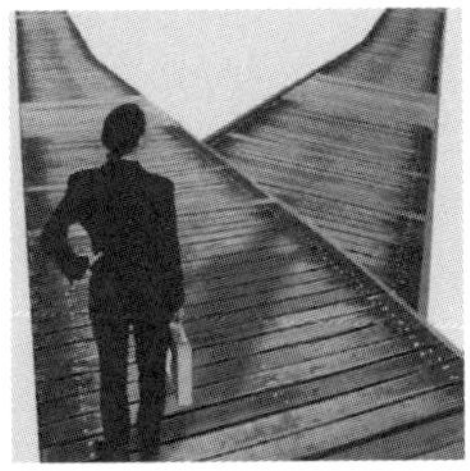

Ahora ya lo sabes todo acerca de cómo recorrer caminos distintos de los trillados. Esta vez, piensa en otras maneras de recorrer los trayectos que ya conoces de sobra.

Muchos de nosotros recorremos diariamente trayectos rutinarios sin pensar en ello realmente. Si tienes que viajar por carretera todos los días para ir al trabajo, sabes a qué me refiero. Con frecuencia, sientes que viajas con el piloto automático. Sabes cuál es el camino más adecuado para llegar a la estación de tren, sabes exactamente a qué hora llegarás al trabajo con un margen de medio minuto, ya sabes en qué bar o cafetería vas a parar en el camino... Todo esto no es bueno para una persona creativa. De hecho, es el equivalente creativo de la antimateria. Por esta razón, conviene que te animes a concebir nuevas maneras de romper con la rutina y, por lo tanto, de evitar constantemente los modelos de pensamiento habituales.

Una buena idea...

Dirígete a varias personas y pídeles indicaciones para ir al mismo sitio. Fíjate en que cada persona tiene su propia manera de describir el mismo trayecto, centrándose en distintos detalles del paisaje y utilizando atajos diferentes. ¿En qué medida resultan similares o diferentes a los tuyos los puntos de vista de otras personas?

La manera más sencilla de hacer que un trayecto conocido resulte un poco novedoso consiste en viajar utilizando un medio de transporte diferente. En lugar de conducir, usa el tren; en lugar del tren, utiliza el autobús; en lugar de viajar en autobús, hazlo en bicicleta. O tal vez deberías decidirte a ir al trabajo haciendo footing.

Intenta también intercambiar los elementos que están asociados a los distintos medios de transporte. Por ejemplo, mucha gente lee el periódico en el tren y es poca la que habla en él. En un autobús, resulta mucho más habitual conversar (no sabemos por qué, además de que la gente mira por la ventana con mayor asiduidad). En los coches, los pasajeros miran mucho por la ventana, pero se suele considerar poco adecuado leer el periódico, especialmente si eres el conductor del vehículo. Ahora bien, en el metro, nadie se plantea hablar por el móvil y el espacio es reducido, por lo que la gente opta por leer libros de bolsillo o escuchar música por los auriculares. Todos éstos son hábitos a combatir. Intenta charlar en el tren y mirar por la ventana en el metro.

Todos los pequeños rituales de un día típico también merecen tu atención. ¿Por qué adquieres siempre la misma marca de café o lees siempre el mismo tipo de libro, escrito por el mismo tipo de autor? ¿Por qué compras siempre la prensa local al regreso del trabajo, en lugar de hacerlo en el trayecto de ida? (La idea resulta bastante obvia, no cabe duda).

La frase

«Haz como el zorro, que recorre más rutas que las necesarias, algunas en la dirección equivocada».
WENDELL BERRY, agricultor y escritor.

Observa los rituales de otras personas. Aunque no lo hayas advertido aún, hay mucha gente que recorre el mismo trayecto que tú. ¿Hacia dónde se dirigen? ¿Qué hacen en el camino? ¿Cuáles son sus costumbres? Toma apuntes. Incluso, por qué no anotar todas las veces que tus compañeros de viaje aparecen y desaparecen. De esta manera, se convertirán en personajes. Los cambios que se produzcan en sus hábitos tendrán gran significado para ti. Puedes imaginar las razones por las que han decidido cambiar el horario de sus trayectos, identificar su comportamiento general, observar cómo se peinan y, antes de que te lo plantees, habrás elaborado una historia. Siempre y cuando no seas entrometido, podrías incluso seguirlos furtivamente. Podrías, por ejemplo, seguir a una persona que lleve ropa de color rojo hasta que te cruces con otra que lleve una prenda del mismo color, saltando de una persona a otra. Se han filmado excelentes películas basadas en esta idea: por ejemplo, *Slacker*, de Linklater, *Short Cuts*, de Robert Altman, y *Stalker*, de Tarkovsky. Si la idea te resulta un tanto escalofriante, es porque ciertamente lo es. Las personas que observan a otras producen un poco de miedo, especialmente aquellas que acechan al prójimo. Por esta razón, te recomendamos que tengas cuidado y respetes la privacidad y el espacio personal de cada uno.

Otra idea más...

Intenta dar un enfoque más lúdico a tus rutinas cotidianas. En la IDEA 22, *El recreo permanente*, en la que afirmamos que todo momento es tiempo de juego, te sugerimos más ideas al respecto.

La frase

«El enfoque creativo, es decir, el correcto, resulta aparentemente sencillo: evita el lugar común e intenta algo distinto. Para las personas creativas, el cambio por el cambio no es un ejercicio sin sentido: constituye un método sistemático para lograr mejores resultados».

MARTIN HOLLOWAY, diseñador.

¿Cuál es tu duda?

P ¿Existe algún modo de hacer estas cosas sin parecer un chiflado o un bicho raro?

R En la novela de Mark Haddon, The Curious Incident of the Dog in the Night-time, *su personaje central describe una manera de ubicar un lugar trazando una ruta en espiral efectuada mediante giros hacia la izquierda. Intenta llevar esto a cabo la próxima vez que salgas por ahí. Nadie lo notará (a menos, por supuesto, que alguien te siga), pero lo cierto es que constituirá un desafío mental para ti. Alternativamente, intenta no pisar las grietas del suelo mientras caminas. El pasatiempo favorito de Tim es caminar a un ritmo determinado que le permita llegar a todos los pasos de peatones con el semáforo en verde mientras se dirige a un sitio. Detenerse o acelerar la marcha repentinamente podría resultar extraño si él no se hubiera converti-do en un experto en parar en seco simulando que se ha interesado por algún objeto del paisaje o simplemente dando la impresión de que acaba de recordar qué hora es y que tiene que ir más rápido para llegar a tiempo. Tim se concentra de lleno en esta actividad, actúa un poco y disciplina su comportamiento mientras vive el presente –tres elementos excelentes para una persona creativa (por cierto, él no hace esto todos los días).*

P Por hacer estas cosas, un día me extravié y llegué tarde al trabajo. ¿Va a ocurrirme esto todas las veces?

R Bueno, es cierto que muchos peatones que han seguido el camino trazado por las ovejas han llegado finalmente a un prado lleno de hierba fresca en lo alto de una colina, en lugar del bar al que pretendía dirigirse. Pero ten en cuenta que la idea que proponemos es ir de un lugar a otro en un tiempo determinado, sólo que siguiendo una ruta distinta.

30

Genio sobre la marcha

La naturaleza se manifiesta en cualquier parte y en cualquier momento. Sigue este consejo y usa la parte trasera de un taxi, la parada del autobús o la sala de espera de un aeropuerto como estudio de creación.

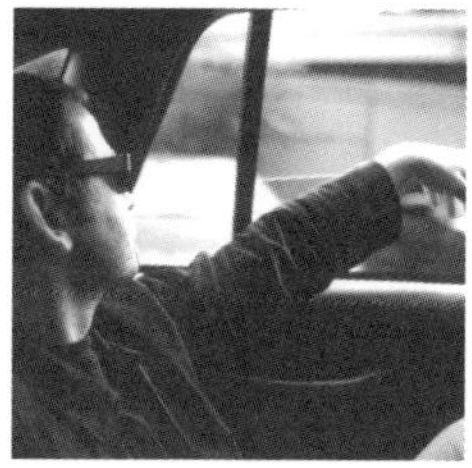

Hace algunos años, el famoso comisario de arte Hans Ulrich Obrist organizó una conferencia con toda la infraestructura habitual —fiestas, charlas, comidas y recibimientos en los aeropuertos—, pero sin celebrar la conferencia propiamente dicha.

Al parecer, esta práctica resultó ser todo un éxito e incitó a muchos a colaborar.

Además de demostrar que las redes informales pueden resultar enormemente productivas, las conferencias de Obrist demuestran que hay espacios distintos de los lugares de trabajo habituales en los que también resulta posible sacar adelante el trabajo.

Una buena idea...

Dirígete al aeropuerto un día que no tengas que tomar un avión. Los aeropuertos son lugares apasionantes, llenos de gente en tránsito de todas partes del mundo, muchos de los cuales acaban de llegar de una zona horaria distinta, por lo que incluso el concepto de día y noche se desdibuja. Los aeropuertos grandes nunca duermen, por lo que visitarlos en medio de la noche para pasar un rato podría resultar interesante. En lugar de ser un viajero que está de paso, imagina que eres simplemente un ciudadano que va al aeropuerto. Siéntate durante unas horas y ponte a trabajar en cualquier cosa.

Si desarrollas tu trabajo en lugares poco habituales, tendrás más probabilidades de conocer personas de ámbitos diferentes, recibiendo estímulos creativos que, de otra manera, no obtendrías si estuvieras en tu estudio u oficina. La forma más sencilla de alimentar esta idea es identificar algunos lugares por los que pasas sin detenerte y permanecer en ellos durante un rato. De forma similar, deberías esforzarte por ser productivo en los lugares en los que simplemente esperas y «matas el tiempo».

Por supuesto, los avances de la tecnología móvil permiten que hoy en día se puedan hacer muchas más cosas en itinerancia. No obstante, está claro que, en muchos casos, usamos esta tecnología para realizar tareas poco útiles relacionadas con la comunicación, como decir a nuestros seres queridos que estamos en el tren, reorganizar archivos o redactar un correo electrónico que, de otra manera, ni siquiera nos molestaríamos en escribir.

Evita usar tu teléfono móvil de manera que te impida percibir el sentido real de pertenecer al espacio que has elegido ocupar. La comunicación más creativa que podrías establecer desde el asiento trasero de un taxi es con el taxista y no con alguien que esté al otro lado de la línea telefónica. Además, parte de la idea de ocupar espacios transitorios e «intersticiales» es precisamente vivir situaciones nuevas y poco habituales, no sólo repetir los procesos que vives en casa o en la oficina.

Parte de la cuestión de salir al mundo tiene mucho que ver con el hecho de estar disponible para los extraños (si bien, no de un modo arriesgado, ya me entiendes). En la parada del autobús y en el propio autobús, apaga el teléfono móvil y sintoniza con todo lo que te rodea: mira por la ventana, contempla la escena, escucha a escondidas las conversaciones de otros pasajeros, habla con el pasajero de al lado, etcétera.

Otra idea más...

Ya te hemos advertido sobre el hecho de que conviene no abusar de la tecnología móvil. Pero, lo más probable es que la uses. Te invitamos a que eches un vistazo a la IDEA 46, *Herramientas del comercio y la tecnología* en la que explicamos el uso de las últimas herramientas tecnológicas.

Si no se te da muy bien hablar con extraños, provoca situaciones en las que no tengas otra opción que hablar. Pregunta cómo llegar a un lugar o la hora, o bien cuándo llega el próximo autobús... pregunta cualquier cosa que pueda dar lugar a un encuentro nuevo e interesante. No te preocupes si la conversación es breve y superficial. Como ocurre con los autobuses, en cualquier momento pasará otro.

La frase

«Cuando estoy, por así decirlo, completamente solo y de buen humor, supongamos, viajando en un carruaje o yendo hacia algún suculento banquete, mis ideas se estructuran mejor y fluyen a raudales».

WOLFGANG AMADEUS MOZART

Si trabajas desde casa y no tienes forma de usar el transporte público, sigue habiendo espacios intersticiales en los que puedas actuar. Por ejemplo, el jardín, la cocina, el porche, el parque, la plaza, la entrada de la escuela, la tienda de la esquina, el bar, la oficina de correos, el coche, la acera de enfrente, etcétera.

¿Cuál es tu duda?

P **Mi trabajo suele realizarse en equipo. ¿Cómo puedo desempeñarlo adecuadamente si estoy siempre de viaje o sentado en una parada de autobús?**

R *Siempre puedes quedar con tu equipo en estos espacios intersticiales, en lugar de ir a tomar un café o reunirte con ellos en la mesa de juntas. Prueba a verlos en la parada del autobús o en el asiento trasero de un taxi. O elige un lugar turístico o un monumento conocido. Si todo lo que requieren las reuniones es un poco de charla y tomar notas de un modo informal, ¿por qué no hacerlo mientras visitáis una galería de arte o dais un paseo con el perro?*

P **Soy demasiado tímido como para pasar mucho tiempo en espacios públicos, tal como sugerís. ¿Es imprescindible que lo haga?**

R *¿Qué crees que podría ocurrir si entablas una conversación con un extraño en un lugar público? ¿Crees que será grosero o que se reirá de ti? Sinceramente, la mayoría de las personas son increíblemente amables y sociables, y están probablemente tan nerviosas como tú a la hora de iniciar una conversación. Siempre y cuando seas una persona abierta y educada, nada te ocurrirá si desarrollas un poco tus habilidades sociales.*

P **Me gusta separar por completo el ocio del trabajo. Esto me ayuda a relajarme. ¿Tengo que prescindir de ello necesariamente?**

R *Tenemos razones para creer que estos espacios intermedios sólo nos estimulan precisamente porque aportan un área de descanso entre los espacios críticos de nuestras vidas. Razón de más para pasar tiempo allí, para que dispongas de un territorio neutral en el que puedas explorar lo que podría ocurrirte si las cosas empezaran a perder cierta rigidez.*

31

El amor a la soledad

¿Acaso trabajar en soledad es bueno para ti? ¿O sería mejor que criaras miles de narcisos dorados como en la poesía de Wordsworth?

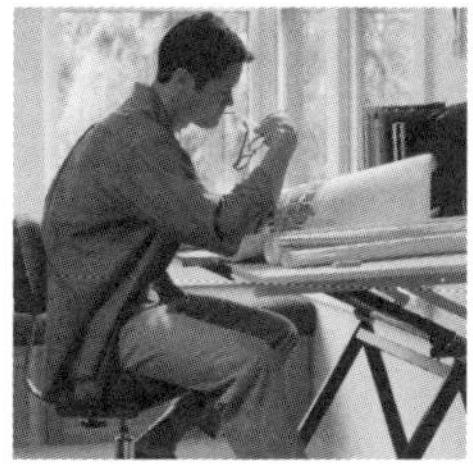

¿Quién está en lo cierto? ¿Kafka o Miller? ¿Necesitas estar totalmente solo o te hace falta asistir a fiestas divertidas para ser creativo?

La tradición romántica del artista solitario «vagando solo como una nube» sigue pesando mucho en la actualidad, a pesar de que muchas personas creativas se nutren de la compañía de otras.

Muchos de nosotros sobrevivimos intelectualmente gracias a la gran cantidad de estímulos externos y fuentes de información que no estarían a nuestro alcance si estuviéramos encerrados en una buhardilla en medio de la nada. Tienes en tus manos un ejemplo clásico de un proyecto que no habría llegado a buen término de no ser porque sus autores decidieron pasar una temporada en el campo para terminar la parte que les correspondía del presente libro. Habiendo dicho esto, muchas de nuestras mejores ideas se han gestado en talleres improvisados en graneros, refugios de montaña y minas de sal reales (no es broma, ni siquiera en lo que a la realeza se refiere). Por ello, escapar a un sitio tranquilo tiene claras ventajas.

Una buena idea...

Practica tu propia versión del Sabbath. En la actualidad, está cada vez más de moda tomarse un día a la semana para «desconectar» de los datos: ese día, apaga los aparatos electrónicos, evita la televisión y la radio, no contestes al teléfono y resiste la tentación de correr hacia el primer ordenador que veas para revisar tu correo electrónico.

¿Cuáles son esas ventajas? Bueno, para empezar, apartarte del mundanal ruido definitivamente te dará tiempo para concentrarte y evitar las distracciones. Si eres de esas personas a las que les cuesta un poco concentrarse, ir a un lugar en el que no haya nada que atraiga tu atención salvo el trabajo que haces resultará muy positivo.

Sin embargo, elegir un lugar mal comunicado con el mundo exterior (es decir, un lugar sin cobertura móvil, y a unos kilómetros de la tienda más cercana), puede convertirse en un arma de doble filo. Ciertamente, es bueno reducir las posibilidades de experimentar interrupciones, pero resulta poco deseable tener que subir una cuesta de medio kilómetro para dar las buenas noches a tus hijos por teléfono.

Buscar la soledad en el extranjero puede resultar estimulante. Irte a un lugar en el que desconoces el idioma puede constituir una buena manera de aislarte. No obstante, si necesitas la asistencia de un médico, por haber bebido agua del grifo al no querer interrumpir tu trabajo para ir a la tienda más cercana situada a tres kilómetros de distancia, o bien si sólo deseas saber dónde está el restaurante más cercano, podrías tener serias dificultades.

La frase

«Sé una persona tranquila y solitaria. El mundo se abrirá ante ti sin más. No tendrá otra opción. De hecho, caerá rendido a tus pies».
FRANZ KAFKA

Así que, si estás convencido de que te sentará bien recluirte en un lugar apartado (como podrás comprobar, no estamos plenamente convencidos de ello), asegúrate de que llevas contigo todo el material que necesitarás: tus herramientas de trabajo, cámaras de fotos, bolígrafos, material de papelería, impresoras, etcétera. Y lleva muchos libros, CD, DVD y todo aquello que pueda mantenerte entretenido durante las largas noches en las que no tengas absolutamente nada que hacer. Por otra parte, podrías seguir el consejo de Henry Miller y organizar una fiesta que dure toda la noche...

Si dispones de poco tiempo, no tiene demasiado sentido que regreses totalmente exhausto por haber estado trabajando sin solución de continuidad. Siempre es necesario crear una estructura diaria para el día y asegurarte de que incluye actividades alternativas (se me viene a la mente una visita al ático para ver los excrementos de los murciélagos, o visitar una mina abandonada con extrañas batas de color púrpura guiado por un robot. Éstas son dos actividades de las que Rob y Tim han disfrutado durante algunos de sus memorables retiros creativos).

Otra idea más...

Si te recluyes en un lugar en el que aspectos tales como la alimentación, la bebida y la lavandería están resueltos, las cosas te serán más fáciles a la hora de ponerte a trabajar. Sin embargo, de acuerdo con lo que indicamos en la IDEA 51, *Bucles de distracción*, en relación con los elementos repetitivos de distracción, esas pequeñas tareas pueden proporcionarte los descansos que, en ocasiones, requiere cualquier trabajo creativo.

La frase

«Interésate por todo lo que ocurre en tu vida: la gente, las cosas, la literatura, la música... El mundo es tan rico, que abunda en palpitantes tesoros, almas bellas y gente interesante. Olvídate de ti mismo».

HENRY MILLER

¿Cuál es tu duda?

P **¿Tengo que retirarme a un lugar apartado completamente solo o puedo ir acompañado de un amigo?**

R *¿Qué grado de amistad te une a esa persona? ¿Y qué clase de trabajo creativo vais a desarrollar juntos? Hablando en serio, tal vez no desees estar rodeado de otras personas si lo que deseas es ponerte a trabajar tranquilamente. Por otra parte, es bueno aceptar visitas, especialmente si pueden ofrecerte una visión diferente acerca de tu obra, o proporcionarte una crítica valiosa de tu trabajo. Cada vez que salgas, debes plantearte un límite de tiempo o, lo que es más importante, un objetivo en relación con lo que deseas lograr. Tener cerca a alguien a quien dar cuenta de tus avances podría resultar muy útil.*

P **Resulta toda una hazaña ordenar mi escritorio para irme de vacaciones y, ni qué decir tiene, para realizar un retiro creativo. ¿Puedo dejar esta tarea para la vuelta?**

R *Un aspecto importante de los retiros creativos es hacer un uso eficaz del tiempo antes de partir. Siempre hemos advertido que emprender un viaje nos obliga a realizar un montón de tareas (escribir apuntes, organizar el trabajo, realizar copias de seguridad, ordenar el espacio de trabajo, etcétera.) que, de otra manera, pospondríamos durante semanas. Por esta razón, organizar un retiro podría servirte para aprender a destinar más tiempo a tus vacaciones.*

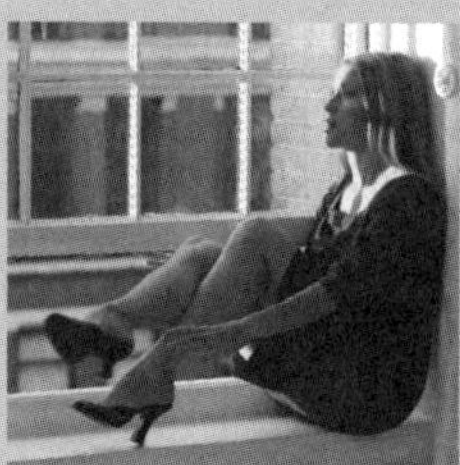

32

Bitácoras de viaje

Escribir apuntes de tus viajes (y penalidades) constituye una práctica útil y entretenida. Comparte y compara tu bitácora de viajes con las de otros.

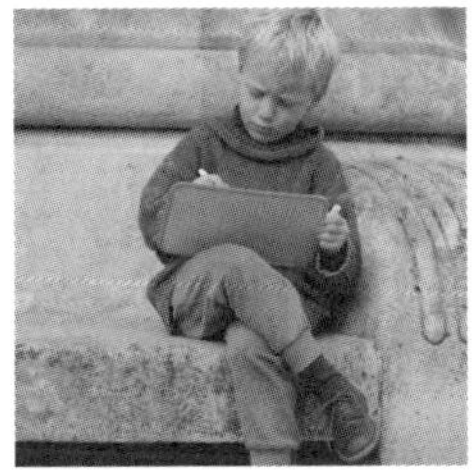

Lo más probable es que en la escuela te pidieran alguna vez que hicieras una redacción acerca de tus vacaciones. Anotar tus experiencias de viaje siempre genera ideas interesantes, proporcionándote gran cantidad de material de investigación.

También te ayudará a recordar cosas que, de otra manera, podrían perderse en la noche de los tiempos.

Ahora bien, la manera en que compartes estos pensamientos y apuntes de viajes es otra cuestión. No todos nacemos con esta habilidad. Por otra parte, crear una entretenida bitácora de viaje podría constituir una buena manera de iniciarte en la aventura de contar historias, a la vez que te serviría para estructurar una presentación creativa de tu trabajo. Podría tratarse de una práctica tan cursi como mostrar las diapositivas de las últimas vacaciones a los vecinos, o bien, podría tratarse simplemente de llevar un riguroso diario de todas tus andanzas (por ejemplo, en Internet).

Las bitácoras en línea de distintos temas gozan de enorme popularidad en la actualidad y su manifestación más extendida se conoce como *weblogging* o *blogging*. Esta idea se

Una buena idea...

Busca en Google información sobre el *blog* de Jill Walker y te harás una idea muy precisa de lo que es el *blogging*. Jill Walker, académica de los nuevos medios, tiene cosas interesantes que decir sobre cómo los textos encadenados pueden llegar a cambiar radicalmente tu forma de concebir la escritura.

generó a partir de un concepto muy sencillo, que era llevar un registro («log» en inglés) de tu actividad en la red —qué lugares has visitado, a quién has conocido, así como tus pensamientos y reacciones— y luego publicar todo el material conjuntamente con una serie de enlaces y comentarios para que estén disponibles para otras personas, de manera que puedan utilizarlo como una especie de instantánea temática de la actividad web que has desarrollado en un momento dado.

La nueva generación de software de publicación personal de empresas tales como Google y Six Apart ha demostrado que la construcción de blogs requiere muy poco conocimiento de programación HTML o de diseño web para colgar material en Internet. Se pueden introducir cambios y actualizaciones con gran rapidez y con la frecuencia deseada, por lo que los blogs son sitios con una gran capacidad de actualización para reflejar los acontecimientos.

Asimismo, resulta muy fácil encontrar blogs, puesto que otro aspecto que los caracteriza consiste en las numerosas maneras de vincularse a otros blogs, recibir alertas sobre las actualizaciones, permitirte publicar blogs propios y, en general, unirte a la comunidad de bloggers.

De esta manera, otras personas podrán seguir tu trayectoria creativa, al tiempo que tendrás algo que te permita contemplar tu propio trabajo retrospectivamente. Resulta muy fácil crear un blog, además de económico. Consulta www.blogger.com o www.typepad.com.

La frase

«Al igual que otros grandes viajeros, he visto más de lo que recuerdo y recuerdo más de lo que he visto».
BENJAMIN DISRAELI

Existen dos razones importantes para llevar un registro o blog de tus aventuras en Internet:

1. ARCHIVAR TU MATERIAL

En otra sección del presente libro, hemos mencionado la importancia de llevar un registro de tus experiencias, pensamientos e ideas para usarlas posteriormente. La inmediatez y la facilidad que supone realizar esta tarea indica que no hay excusa para no hacerlo. Con seguridad, puedes guardarlo todo en tu cuaderno con tapas de cuero, en tu grabadora de casete o en tu cámara, pero si guardas el material en un servidor remoto de Internet, sabrás que está a buen recaudo y que no lo perderás fácilmente. Nadie que conozcamos ha podido hacer una copia de seguridad de su cuaderno con tapas de cuero. Además, escribir con el teclado en un marco limitado te permite concentrarte en lo que haces. Dadas las restricciones de tiempo y espacio, pronto aprenderás a etiquetar y a llevar un registro de todo el material que te interesa.

Otra idea más...

Incluso los trayectos cotidianos aparentemente triviales pueden escribirse en una bitácora. En la IDEA 29, *Rutas y trayectos conocidos*, te indicamos cómo hacerlo.

2. COMPARTIR EL MATERIAL

Crear una bitácora de viaje no sólo te beneficiará a ti. Es bueno compartirla con otros. Este nuevo modelo de lectura y escritura, que implica la participación de otros, no sólo te hace elaborar cuidadosamente la presentación de tu trabajo, sino que te permite recibir respuestas, comentarios y mensajes de correo electrónico. Cada uno de los lectores de tu bitácora también es un «viajero» y puede aportar sus propias historias sobre el mismo tema que tú tratas. Te resultará muy interesante aprender de su experiencia y aprovechar sus investigaciones creativas. Por esta razón, destina un espacio en tu blog para que otros respondan a tu trabajo, además de participar en los de otras personas.

La frase

«Con demasiada frecuencia, en lugar de ensanchar la mente, los viajes sólo alargan la conversación».
ELIZABETH DREW, autora.

En lo que a los blogs se refiere, hay que «pensar en red» tanto como sea posible.

¿Cuál es tu duda?

P **Estoy demasiado ocupado disfrutando de mi «viaje» como para molestarme en tomar apuntes. ¿Por qué estropearlo?**

R *A veces, es importante vivir por y para el momento. No querrás ser de estas personas que quieren vivirlo todo a través de una cámara. Tal vez, la mejor estrategia consiste en combinar registros en línea con otros que no estén en Internet. Ten a mano una libreta y, cuando tengas un momento, escribe lo que te ha ocurrido, lo que piensas y sientes. Luego, haz un resumen en una entrada de blog. Muchas personas escriben sus diarios al final del día, no mientras ocurren las cosas. Haz lo mismo con tu blog.*

P **Escribir lo que me ha ocurrido durante el día puede resultar poco interesante, ¿no crees?**

R *No te detengas describiendo todos los detalles que hayas vivido en un solo día, ni redactes un texto similar al de las tarjetas postales que envían a casa los chavales. Piensa en tu público potencial. ¿Qué te ha ocurrido este día que podría resultarnos útil a todos? ¿Qué partes crees que merecen guardarse para la posteridad?*

P **¿No es caro y difícil crear un blog propio?**

R *Ciertamente, no lo es. Se trata de un medio sencillo y económico. Sólo te costará un par de euros al mes en espacio en disco, y además, inicialmente, puedes usar plantillas de diseño que no requieren configuración alguna. La mayoría de las empresas administradoras de blogs ofrecen un periodo de prueba de treinta días, por lo que no tienes que pagar nada de entrada.*

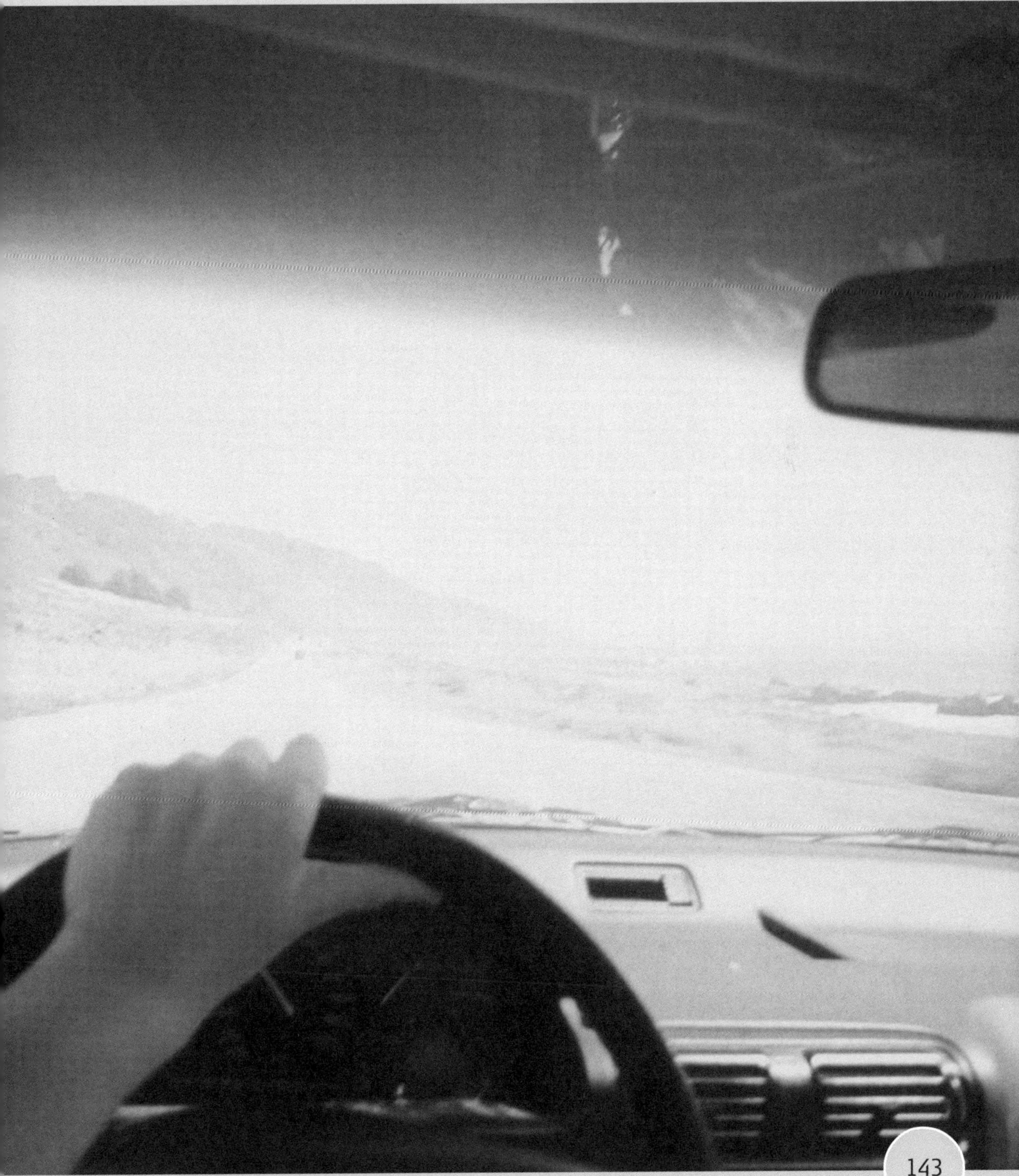

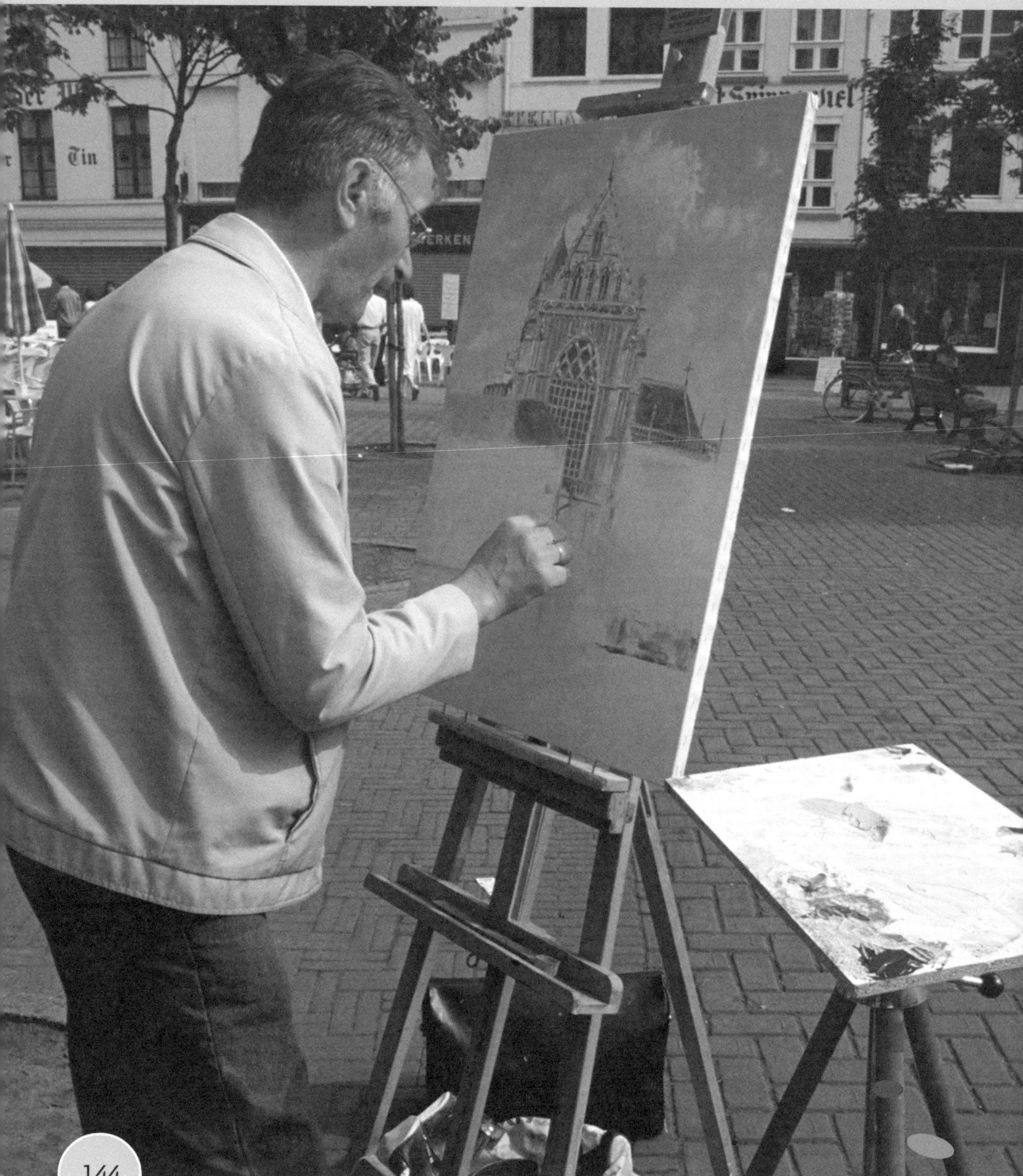

33

Turismo creativo

Guía alternativa para viajar al extranjero, ya que estar de vacaciones no significa dejar de ser creativo.

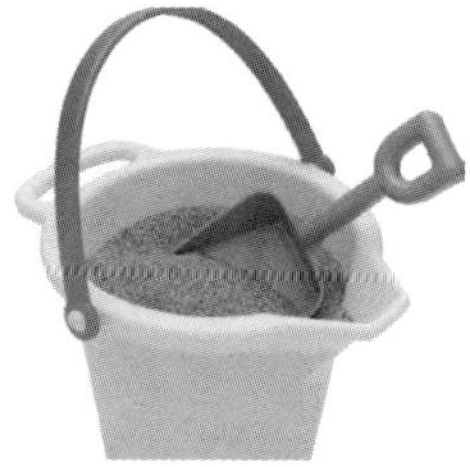

Cuando vamos de vacaciones, solemos generar una gran cantidad de ideas creativas en un corto espacio de tiempo (a menudo, ni siquiera somos conscientes de ello...).

Planificar tus vacaciones y desplazarte a tu lugar de destino no sólo implica un gran esfuerzo mental y una gran cantidad de energía, sino que además, una vez que estás allí, pasas la mayor parte de tiempo haciendo cosas propias de un artista: sacas fotos, ruedas secuencias de vídeo, escribes (postales), recopilas objetos (regalos) y piensas en tu público (¿quién te escribirá?, ¿para quién comprarás los regalos?).

En tu tiempo libre, si es que dispones de él, te sumergirás en otras formas de cultura: disfrutarás la comida, contemplarás los paisajes, intentarás dominar el idioma y aprender la historia local. Si elaboras una lista de todas las tareas de carácter creativo que realizamos en vacaciones, resulta realmente extraño que no regresemos completamente exhaustos.

Una buena idea...

En la obra 45, *Postkarten aus Berlin* (Postales desde Berlín), la artista Kirsten Pieroth envió una serie de postales sin nada escrito que encontró en las tiendas «Todo a 100» de Berlín, dirigiéndolas a sus puntos de origen. Cada una de las postales fue enviada al sitio que aparecía representado en la tarjeta (si escribes en Google «Pieroth Postkarten», encontrarás más detalles al respecto) y se solicitaba a los destinatarios que contestaran, describiendo el aspecto que tenía cada sitio. Intenta hacerlo tú. Envía una postal del Palacio Real al rey de España y pídele que te conteste...

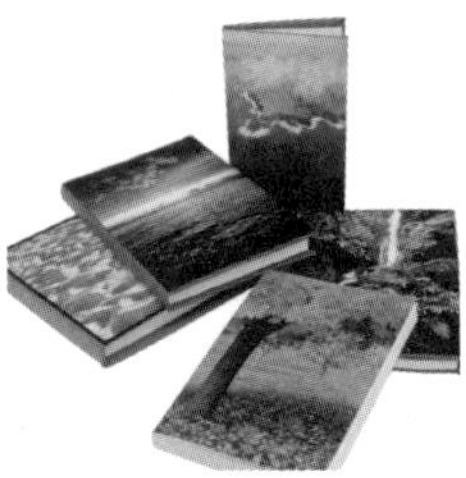

Puesto que el periodo de vacaciones está repleto de oportunidades para desplegar todo tu talento, te daremos una serie de ideas acerca de cómo comportarse de forma creativa mientras descansas.

POSTALES

Al parecer, las postales causan cierta fascinación en los artistas. Por ejemplo, Joseph Beuys solía crear toda clase de postales, utilizando desde madera o vinilo, hasta elementos magnéticos o vitriólicos. He aquí un ejercicio muy interesante: cuando te vayas de vacaciones, no te limites a adquirir postales en las tiendas sino que dedícate a crear unas cuantas. Asume el reto de llevar al límite el concepto de postal, intentando toda clase de combinaciones, que puedan «viajar» por el sistema postal por lo que cuesta un sello.

FOTOS

Prácticamente, resulta impensable irse de vacaciones sin llevar una cámara de fotos. ¿Qué deseas obtener: la anticipación del celuloide o la gratificación instantánea de los sistemas digitales?

LOCALIZACIONES

Las modernas guías de viaje siempre recomiendan evitar los sitios que suelen visitar los turistas para conocer cosas distintas. Te recomendamos que vayas a los sitios más conocidos e intentes contemplar con otros ojos los paisajes familiares. Por ejemplo, ¿qué podrías hacer para visitar la torre Eiffel de forma diferente? (en principio, olvídate de hacer la cola).

Otra idea más...

Si tus vacaciones perfectas consisten en no hacer nada, consulta la IDEA 52, *No hagas nada*, en la que hallarás una serie de consejos al respecto.

VÍDEOS

Hoy en día, en todas partes siempre hay alguien que tiene una cámara de vídeo. A menudo, las filmaciones suelen centrarse en la captura de imágenes que convendría hacer con una cámara profesional, o bien en imágenes de gente haciendo señas (diciendo «hola» o «adiós» o «mira detrás de ti»). Otra opción implica la captura de imágenes de niños corriendo, cayéndose por los suelos o comiendo de forma graciosa. Si tienes a tu disposición una cámara de vídeo, intenta planificar lo que vas a rodar, como si se tratase de una especie de documental, una entrevista o una película.

Considera el viaje como una oportunidad de utilizar nuevas localizaciones para proyectos que no podrías filmar en casa. Y no olvides experimentar, probando todas las funciones de la cámara. Si el modelo que empleas permite filmar en la oscuridad, utilizando visión nocturna, busca una excusa para utilizar esta función.

La frase

«El ancho de banda del mundo es muy superior al de la televisión, Internet o incluso, al de una experiencia virtual que suponga una inmersión completa, que sea interactiva, dinámicamente renderizada, orientada a objetos, en tiempo real y con gráficos simulados».

BRUCE MAU, diseñador.

SONIDOS

El sonido ambiente es una de las fuentes de inspiración más subestimadas y, a la hora de viajar, tienes la posibilidad de registrar una amplia colección de ruidos exóticos y fragmentos de conversaciones en idiomas extraños. A veces, resulta más conveniente llevar una grabadora cuando vas de vacaciones, en lugar de llevar una cámara (si bien, ten en cuenta que lo mejor es llevar una toalla...).

SOUVENIRS

Las tiendas de regalos suelen ser sitios muy extraños, llenas de cosas que no comprarías estando en casa y cuya aplicación en el mundo real constituye un misterio. Entonces, piensa lo siguiente: si vendieras regalos a la gente que visitara tu casa o tu oficina, ¿qué clase de artículos habría en las estanterías de tu tienda?

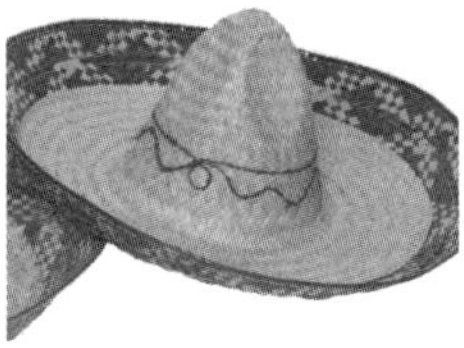

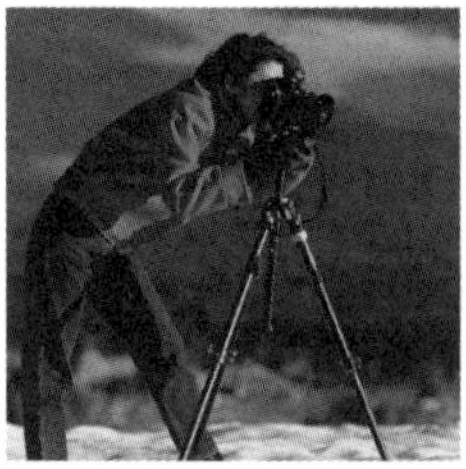

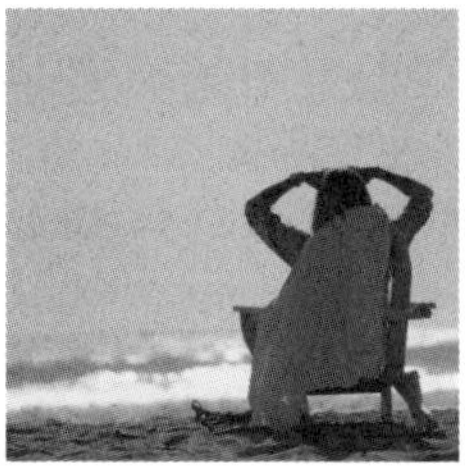

P **Nunca he tenido ocasión de viajar al extranjero. ¿Cómo podría ensanchar horizontes?**

¿Cuál es tu duda?

R *La web nos permite enviar postales, comprar regalos y viajar sin levantarnos del sillón. De hecho, los autores del presente libro, Rob y Tim, son especialistas en esta clase de viajes. Emprende un viaje de esta clase hoy mismo a la isla griega imaginaria de Monte Kristos (www.mountkristos.com) o envía un regalo virtual a través de otra dirección (www.it3c.co.uk). Si deseas participar en la construcción de una ciudad imaginaria, colaborando con postales, regalos y recuerdos, dirígete a Oldton (www.oldton.com).*

P **Mis vacaciones consisten en ir a un sitio totalmente deshabitado y no pienso llevar nada. ¿Cómo puedo jugar?**

R *¿Qué? ¿Ni siquiera piensas llevar un papel y un bolígrafo? No te creemos. ¿No te parece que sería estupendo registrar esta sensación de estar rodeado por la naturaleza y estar en paz con el resto del mundo, de manera que pudieras recuperarla más tarde? Por ejemplo, ¿nunca has pensado en escribir poesías? O si realmente te has vuelto un ermitaño, prueba a tomar algunas notas en tu brazo con un palo extraído de un arbusto.*

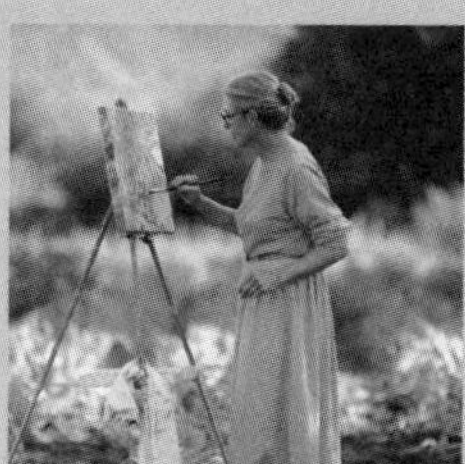

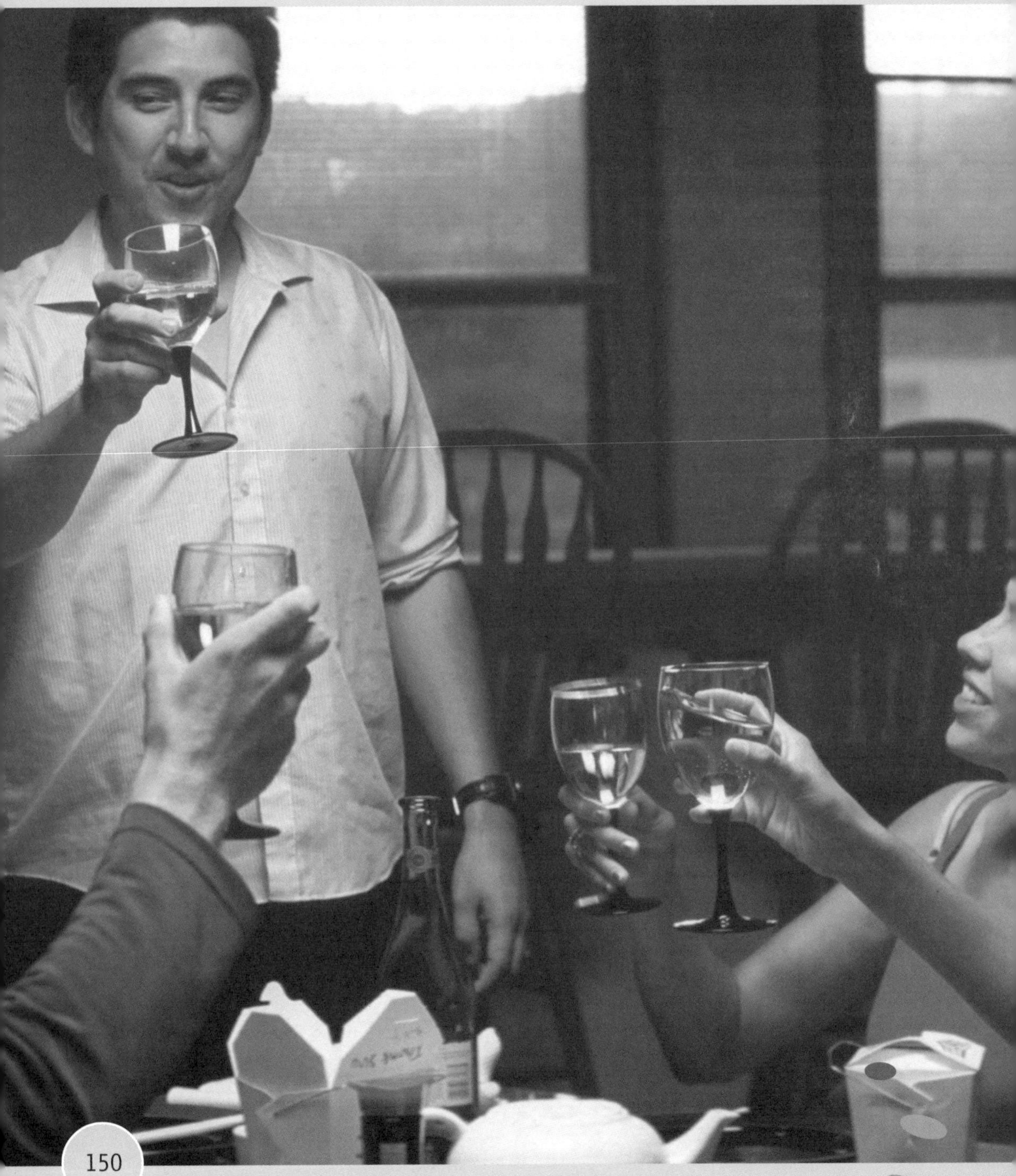

34

Red cercana, red lejana

Aprende a valorar a tus amigos... y a apreciar a tus enemigos.

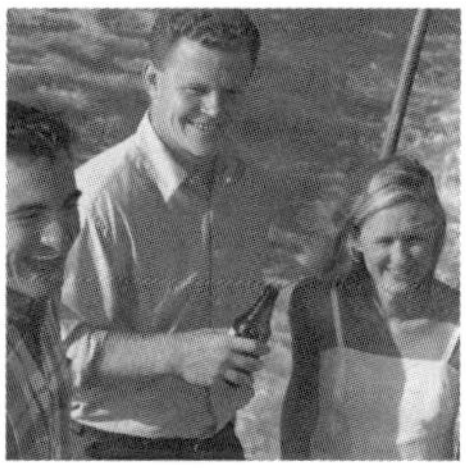

¿Sabías que la gente de mediana edad que no logra tener un elevado número de amigos y conservarlos en los años posteriores tiene una esperanza de vida más reducida?

Se sabe que tener una amplia red de amigos con los que hablar es bueno para tu salud. Los expertos japoneses en salud afirman que el contacto regular cara a cara con los amigos y los vecinos reduce el estrés y, de esta manera, reduce la posibilidad de padecer enfermedades relacionadas con el estrés.

En el Reino Unido, recientes investigaciones sugieren que particularmente los hombres de mediana edad tienen tendencia a la soledad (presumiblemente, aislados en sus cabañas). Y, por tanto, acortan sus expectativas de vida. Estadísticamente, se sabe desde hace mucho tiempo que los hombres casados, integrados en entornos familiares, viven más tiempo que los solteros. Todos estos datos prueban que si te esfuerzas por consolidar las relaciones humanas, no sólo lograrás ser más creativo, sino que tendrás una vida más saludable.

Sorprendentemente, la mayor parte de la gente tiene pocos amigos de verdad. Seguramente, tu libreta de direcciones y tu lista de correos electrónicos de clientes están llenos de nombres, pero ¿cuántos de estos nombres corresponden realmente a amigos de verdad?

Una buena idea...

Te recomendamos que juegues a juegos del estilo «Seis grados de separación», intentando conectar aleatoriamente a dos personas de entre aquellas que conozcas. Pero, al mismo tiempo, intenta jugar al juego «Seis grados de Kevin Bacon», el juego en el que conectas a actores a través de películas protagonizadas por Kevin Bacon. Si deseas consultar las reglas de este último juego, dirígete a www.louisville.com/loumag/mar/bacon.htm.

Una encuesta realizada por la BBC en Internet reveló que la gente suele tener una media de veinte amigos en sus libretas de direcciones aunque durante la semana sólo mantienen contacto con un número comprendido entre cuatro y siete amigos (por cierto, no existe una diferencia significativa entre las cifras que afectan a hombres y a mujeres).

Ahora que vivimos en un mundo «conectado», resulta más fácil que nunca incrementar tu círculo de amigos y conocidos mediante el uso del correo electrónico. Abre ahora mismo la bandeja de entrada de tu correo electrónico (suponiendo que tengas una cuenta de correo...). En caso contrario, ¡abre una ahora mismo! Tal vez, ya has caído en la cuenta de la cantidad de mensajes de correo electrónico que te han enviado y que han sido enviados simultáneamente a otras personas. Ahora, pregúntate lo siguiente: ¿con cuánta gente del listado a los que se envía copia del mensaje te has comunicado en realidad? Nos tememos que el número no sea muy elevado. Bueno, ha llegado el momento de empezar a hacerlo.

No te preocupes. No se trata de «correo basura», ya que te has conectado con estos supuestos extraños a través de correo electrónico compartido. Además, el propio correo electrónico te da un tema de conversación. Así que escoge alguna persona con la que nunca hayas contactado e inicia un intercambio epistolar mediante el correo electrónico. Empieza por una pregunta del estilo «¿Te conozco?» o «¿Puedes ayudarme?» o algo similar. Escribe de forma clara y concisa y en un tono amistoso. Evita ponerte pesado y preséntate a ti mismo como alguien interesante y útil. Permanece atento a las respuestas y lleva un registro de todo el proceso de intercambio.

¿Por qué hacer esto? Bueno, cualquier nuevo contacto que hagas expandirá tu conocimiento del mundo y puede llevarte a nuevas ideas o trabajos en colaboración. Según la teoría de los «Seis grados de separación», que defiende que dos personas en el mundo pueden conectarse a través de una cadena de conocidos que nunca supera los seis miembros, entrando en contacto con algunas personas de esta manera, podrás integrarte en una red mucho más amplia con gran rapidez.

Otra idea más...

Si encontrases a alguien famoso e interesante en la red con quien realmente te apetece colaborar, ¿qué harías? Si deseas saber más sobre el particular, consulta la IDEA 36, *¿Te gustaría trabajar con personas ricas y famosas? Simplemente, pídeselo.*

Como señala el periodista especializado en Internet y relaciones sociales Clay Shirky, «las herramientas sociales de Internet, aunque suelen tener un carácter superficial, resultan fluidas y fáciles de utilizar, alcanzando un punto que resulta imposible lograr mediante llamadas telefónicas. Así, puedes comparar el mínimo esfuerzo que supone copiar un mensaje para seis amigos para quedar e ir al cine con lo que supondría una comunicación telefónica para realizar la misma tarea.

Explotar y gestionar tu red de esta manera puede requerir también que estés alerta en el caso de que encuentres gente a la que no le gustes personalmente o a la que tu trabajo le resulte desagradable. «Mantén tus amigos cerca y tus enemigos más cerca aún», aconsejó Maquiavelo. Lo bueno es que, en una red bien gestionada, puedes saber perfectamente quiénes son los individuos potencialmente problemáticos e incluso puedes adelantarte a cualquier crítica de tu trabajo creativo, dándola por supuesto antes de que llegue a producirse.

La frase

«Mi padre me dijo hace muchos años: 'Intenta estar siempre con gente que sea más brillante y más inteligente que tú y ellos harán que te pongas a su nivel', lo cual resultó completamente cierto».
MICHAEL PATRICK CRONAN, diseñador.

¿Cuál es tu duda?

P **Siempre me pone nervioso conocer gente, incluso en Internet. ¿Cómo puedo superar mi timidez natural?**

R *Navegar por Internet puede ayudarte. Conocemos a un montón de gente que en la vida real es muy tímida, pero que en los chats o en los foros se comporta de forma muy extrovertida. Únete a un chat e inténtalo. En el mundo real, una buena solución consiste en compartir siempre los taxis o los coches con otras personas aunque no las conozcas demasiado. En este caso, tendrás que mantener un cierto grado de conversación (al tiempo que ahorrarás en transporte). En cualquier caso, asegúrate de que la otra persona va en la misma dirección que tú.*

P **¿Puedo realmente hacer contactos interesantes a través de las redes online? La gente que quiere ser amiga de todo el mundo es un poco superficial, ¿no es así?**

R *No estamos diciendo que debas hacerte amigo de todo el mundo, sino que, simplemente, intentes extender tu red de conocidos. Considera la posibilidad de conocer gente nueva para tu red, como si estuvieras desarrollando ideas. Algunas ideas requieren esfuerzo y otras simplemente se te ocurren de inmediato. Algunas duran mucho tiempo y llegas a tener una relación intensa con ellas. Otras son flores de un día o incluso, son rechazadas. Esto no significa que no debas respetar todas las ideas en su conjunto. Tampoco implica que tengas que conservar todas las ideas durante toda tu vida.*

35

Descubre tus limitaciones

Si realmente deseas centrarte en aquello en lo que eres bueno, debes descubrir qué es lo que falla y cuáles son tus limitaciones.

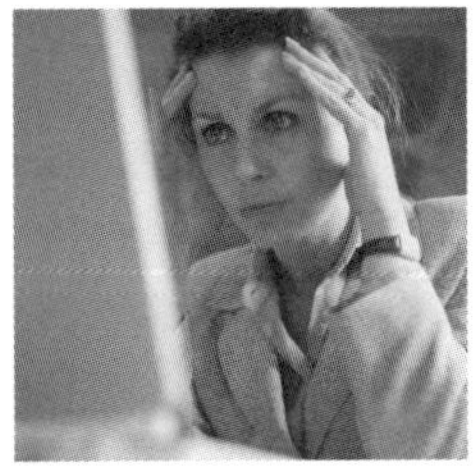

Curiosamente, el hecho de eliminar de la lista las cosas que no se te dan especialmente bien puede resultar muy liberador. La gente creativa suele tener tendencia a controlar cada uno de los aspectos de su trabajo. Pero como resultado de este proceso, la calidad del trabajo puede verse resentida.

La frase «no intentes hacerlo todo tú solo» parece realmente obvia. Pero si sientes que nadie te presta apoyo, que nadie entiende realmente lo que intentas hacer o no confías suficientemente en otra persona, hacerlo todo solo resulta realmente tentador.

El problema es que muy poca gente (prácticamente nadie) tiene la capacidad necesaria para hacer todas las cosas con un alto nivel de calidad. En cualquier caso, la vida humana no dura lo suficiente como para aprender a desarrollar las habilidades necesarias para convertirse en un «experto en todo».

Una buena idea...

Las empresas tienen un montón de herramientas (por ejemplo, tests de personalidad) para identificar los tipos de personalidad básicos y evaluar a los potenciales empleados para así poder crear equipos. Adopta las mismas tecnologías (irónicamente) para comprenderte mejor a ti mismo. En la red encontrarás un montón de tests de esta clase (visita los sitios www.personalitytype.com y www.humanmetrics.com). Utilízalos para añadirlos a tu lista de puntos fuertes y puntos débiles.

En mayor o menor medida, todos somos especialistas. Quizás nunca has pensado sobre ti mismo desde esta perspectiva. Tal vez deberías hacerlo. La forma más sencilla de comprender cuáles son tus especialidades consiste en hacer un listado de las mismas. ¿Acaso algún aspecto de tu creatividad llama especialmente la atención? ¿Tienes algún talento especial que hace que tanto tú como lo que haces sobresalga sobre lo que hace el resto de la gente? ¿Acaso otras personas siempre te consultan sobre un determinado tema en el que eres experto? ¿Has ganado algún premio por alguna cuestión en especial? ¿Acaso tus padres o tu público te han comunicado que les gustan ciertos aspectos de tu personalidad o de tu trabajo?

En un nivel más general, deberías conocer en qué cosas eres bueno y en qué otras no lo eres. Así que, adelante. Escribe un listado detallado de tus puntos fuertes y tus puntos débiles.

La frase

«La creencia de que un maestro es una persona 'refinada' resulta errónea. Los maestros están llenos de fallos. No han aprendido todo y lo saben perfectamente».
ROBERT HENRI, artista.

Admitir que no eres bueno en una determinada cuestión no es tan sencillo como parece. Bueno, vale, puedes decir «soy muy malo dibujando», sintiendo prácticamente lo que estás diciendo, pero si otra persona te dice «la verdad es que eres un desastre dibujando», tu respuesta natural sería algo así como «sí... bueno, tampoco es que sea *tan* malo». Pensar de esta manera es lo que hace que cuando se trata de dibujar algo, intentes hacerlo tú mismo, en lugar de pedir ayuda a alguien que claramente dibuja mejor.

A la vez que escribes crudamente cuáles son las cosas que no sabes hacer, añade a la lista todas las cosas que, en realidad, no te *gusta* hacer. Es muy probable que si hacer una determinada tarea no te produce placer alguno, no la hagas demasiado bien. Recuerda la forma en que los niños se asean después de cenar, fingiendo que están sufriendo un verdadero martirio.

Otra idea más...

La idea implícita en la búsqueda de las cosas que no haces bien del todo consiste en localizar personas que tengan la capacidad de realizarlas correctamente. Para ello, consulta la IDEA 36, *¿Te gustaría trabajar con personas ricas y famosas? Simplemente, pídeselo.*

Aclaremos una cosa. No solamente estamos hablando de cosas de carácter práctico, como puede ser la escritura, el dibujo, la composición musical (o el aseo...). Queremos que también tengas en cuenta cosas más importantes relacionadas con la clase de personalidad que tienes. ¿Eres una persona sociable? ¿Tienes mal temperamento? ¿Tienes un carácter analítico? ¿Impulsivo? ¿Convencional?

Ahora, tu lista debe ser bastante larga. No te deprimas. Lo único que dicha lista pone de manifiesto es que probablemente necesitas empezar a colaborar estrechamente con un montón de gente si deseas que tus ideas creativas levanten el vuelo. Deja que se ocupen de las cuestiones menores (para ti), mientras tú te concentras en lo verdaderamente importante.

La frase

«Apenas conocemos una ínfima parte de lo que podríamos saber».
THOMAS EDISON

¿Cuál es tu duda?

P **He escrito un listado de todas las cosas que no puedo hacer y esto me deprime. ¿Qué me cabe esperar?**

R *En lugar de considerarlo una cuestión humillante, piensa que se trata de una especie de proceso liberador. No digas «soy tan inútil que no puedo hacer ninguna de estas cosas», sino «no necesito perder mi tiempo con esta clase de cosas y encontraré a alguien que me ayude». Uno se define a sí mismo tanto por las cosas que puede hacer como por las que no puede hacer. Cada aceptación de quién eres, de lo que puedes hacer y de lo que* no puedes *hacer es un paso adelante, así que acéptalo y continúa tu camino. No adoptes la postura propia de un juez. No hay nada en tu persona que resulte positivo o negativo para tu creatividad* per se. *Además, al menos ahora sabes que eres una persona muy competente en lo referente a crear listados...*

P **Ya soy muy consciente de mis limitaciones, así que este ejercicio no ha supuesto sorpresa alguna. ¿Creéis que he perdido el tiempo?**

R *¿Has pedido tu opinión a otra persona acerca de esta cuestión? A menudo, estamos tan enfrascados en nosotros mismos que nos resulta difícil ver con claridad qué aspecto damos al mundo exterior. La gente con una personalidad especialmente fuerte suele ser la última en darse cuenta de cosas que el resto de la gente ve a simple vista. Por ejemplo, puede que, a la hora de trabajar, creas que eres un gran estratega, mientras que el resto de tus compañeros que te conocen desde hace años piensan todo lo contrario. Intenta encontrar el tiempo y la oportunidad de que otra persona te diga honestamente lo que piensa de ti. Si nadie quiere hablarte de este tema, tal vez conviene que consultes a un terapeuta.*

36

¿Te gustaría trabajar con personas ricas y famosas? Simplemente pídeselo

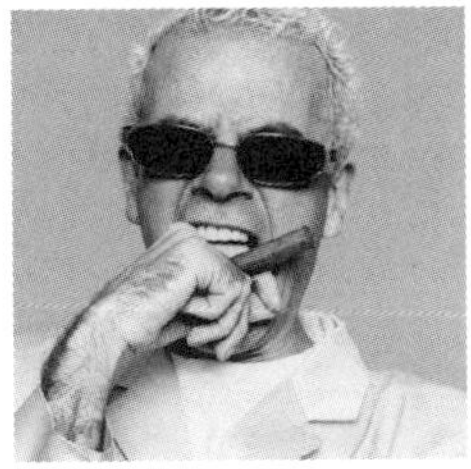

Si deseas dar un gran impulso a tu proyecto, haz que colabore en él gente con mucho talento. Lo único que tienes que hacer es aprender a convencerlos para que participen.

Una manera estupenda de poner en forma tu propia creatividad consiste en trabajar junto con gente que tenga mucho talento. La forma más obvia de crear un equipo consiste en pagar a otros para que participen en tus proyectos.

Pero hay gente en el mundo con la que seguramente te gustaría trabajar que no está especialmente interesada en el dinero. Algunos están más interesados en lo que pueden aprender que en lo que pueden ganar haciendo un determinado trabajo. Otros puede que se muestren encantados con la clase de trabajo que les estás ofreciendo, el público al que puede llegar tu trabajo o la clase de red social que estás configurando.

Una buena idea...

Investiga acerca de la persona o personas con las que estés intentando contactar. Pero, por lo que más quieras, evita aparecer como un fan obsesivo. Déjale bien claro que entiendes perfectamente la razón por la cual su trabajo puede suponer un elemento importante en tu obra. Si es posible, toma una de sus obras y muéstrale de qué forma se presta a desarrollar tu propia visión. Por ejemplo, si estás hablando con un músico, utiliza su propia música como banda sonora de tu presentación.

Algunas personas simplemente juegan en otras ligas (tienen demasiado éxito o son demasiado famosos como para «bajar» a tu nivel). Rob, uno de los autores del presente libro, por si lo habías olvidado, tiene la teoría de que la gente menos dispuesta a colaborar en tu proyecto son aquellos que tienen un solo nombre, ya que eso constituye una imagen de marca que prueba su éxito como producto único (piensa en Madonna, Spielberg, Rob... bueno, en este último caso, estamos trabajando en ello).

En cualquier caso, no hay nada que te impida pedirle a alguien increíblemente famoso que trabaje contigo si realmente piensas que la colaboración podría resultar fructífera para ambos. Los autores del presente trabajo han vivido una serie de experiencias que implican conocer a un buen número de personas importantes y, en muchos casos, a la hora de pedirles colaboración, respondieron positivamente. Esto no debería sorprendernos, ya que las personas famosas suelen continuar siendo individuos creativos y las buenas ideas les atraen. Incluso en las ocasiones en que la respuesta fue negativa (como fue el caso de Harrison Ford, a pesar de que tiene nombre y apellido), el proceso que implicó la preparación de materiales para los potenciales encuentros supuso un estímulo realmente positivo para el trabajo en general.

El principio que subyace bajo todo esto resulta obvio: puede que a la postre, la gente con la que realmente deseas trabajar no esté tan ocupada, ni sea tan famosa o inabordable como podría parecer en un principio. Así que basta con que se lo pidas. El reto verdadero consiste en aprender a pedírselo de la forma adecuada.

A las personas famosas, por ejemplo, no les gusta que contactes con ellas a través de su correo postal o correo electrónico, que puedes haber obtenido en el sitio web de un merodeador (Tim podría contarte una amarga experiencia al respecto con Supertramp...). A veces, si has creado una red profesional sólida, puedes obtener una dirección de correo electrónico a través de medios legítimos, en cuyo caso, utilízalo libremente. Pero asegúrate de que escribes algo conciso y que vaya directo al grano, con la intención de continuar la comunicación utilizando procedimientos más formales.

Otra idea más...

A menudo, lograr que la gente se interese por tus ideas requiere que se hable mucho de ti. Pero puede resultar igualmente importante sentarse y escuchar lo que tengan que decir las otras personas. Consulta la IDEA 37, *Relájate y escucha*.

Generalmente, si estás tratando con alguien que tiene éxito, puede que tengas que realizar el contacto a través de un agente, un asistente personal, una productora o algún sistema de representación comercial. Naturalmente, esto implica que corres el peligro de verte apartado por lacayos o gente que recibe un sueldo para evitar que gente como tú se acerque al «elegido». En tal caso, lo que puede ayudarte a «meter un pie en la puerta» es tu historial, la calidad de la propuesta que vas a hacer y los materiales que utilices para apoyarla.

En rclación con los materiales que vas a generar para despertar el interés, ten siempre en cuenta que las personas creativas que contemplen tu proyecto desde fuera siempre se harán la misma pregunta: «¿Qué puede interesarme de todo ello?». En resumidas cuentas, si no eres capaz de explicar con claridad por qué vale la pena que esa persona trabaje contigo, el otro no será capaz de verlo por sí solo.

La frase

«La única pregunta tonta es la pregunta que no se formula».
PAUL MACCREADY, inventor.

¿Cuál es tu duda?

P Les he preguntado y han dicho «no». Así que ¿cuál es el siguiente paso?

R *No importa. Si has logrado «empaquetar» tu idea hasta el punto de que puedes explicársela a otra persona y pedir su ayuda, esto significa que la idea en sí ha progresado de forma sustancial. Un buen consejo es que si alguien declina colaborar contigo, puedes preguntarle si conoce a alguien que pueda estar interesado en el tema. Utiliza siempre esta experiencia «negativa» para que te conduzca a otra positiva. La ayuda puede llegar de muchas formas. Así, puede que hayas estado buscando a alguien que colabore en una determinada producción, pero en su lugar, tal vez esta persona está dispuesta a apoyar públicamente lo que estás haciendo, o bien indicarte potenciales fuentes de financiación.*

P Me han pedido que trabaje con otras personas, pero eso implicaría abandonar mi propio proyecto. ¿Qué debería hacer?

R *Esto ocurre muy a menudo. Vas a un encuentro esperando que alguien colabore en tu proyecto y, a fin de cuentas, intentan emplear tu propio talento en* sus *proyectos. Tu trabajo creativo constituye un muestrario de tu propio talento y bien puede suceder que tu talento sea más comercializable que tu trabajo. El cálculo que debes hacer es descubrir si, sacrificando parte de tu tiempo para trabajar en otra cosa, finalmente puedes conocer gente y obtener apoyo para tus propios proyectos.*

37

Relájate y escucha

Adoptar una actitud pasiva también puede formar parte del proceso creativo.

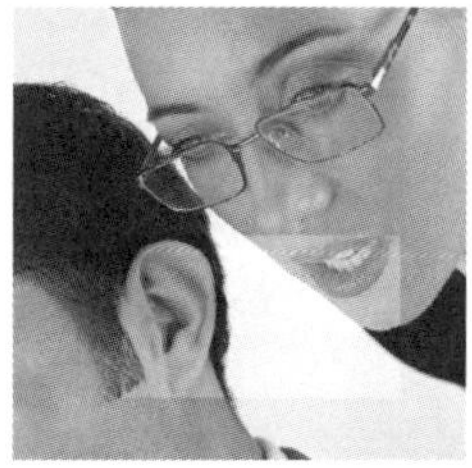

El hecho de que no estés haciendo nada en particular o pronunciando una frase ingeniosa no significa que no estés avanzando en la dirección adecuada.

Si formas parte de un equipo creativo, resulta importante que estés dispuesto a asumir el papel de persona que escucha, ya que a todo el mundo le gusta (incluso necesita) que le escuchen en algún momento. Todo el mundo necesita un público. El problema radica en que muchos entornos creativos están llenos de gente batalladora, dogmática, que genera «ruido blanco» e interferencias de todo tipo, y que las «cajas de resonancia» no terminan de funcionar del todo. Por tanto, resulta importante crear una cultura de escucha, que anime a la gente a trabajar en los problemas sin interrupciones y a proponer una solución antes de que cualquier otro aparezca con sus propios puntos de vista y sus consejos de andar por casa. Francamente, si haces un buen trabajo a la hora de escuchar, resulta mucho más probable que te escuchen cuando llegue tu turno. Asimismo, el resto de los miembros del equipo estarán más dispuestos a participar en este proceso si sienten que se les escucha (particularmente, cuando se trata de sus superiores).

Escuchar también implica tener empatía con el que está hablando: se trata de aprender a contemplar el mundo desde su perspectiva. Si puedes desarrollar esta habilidad, la gente estará encantada de estar contigo.

Una buena idea...

He aquí una serie de consejos para *no* escuchar: 1) habla todo el tiempo; 2) cuando no estés hablando, piensa en lo que vas a decir a continuación; 3) interrumpe a los demás frecuentemente; 4) mira hacia otro lado; 5) nunca, bajo ninguna circunstancia, pidas que te aclaren una cuestión. Cortesía de www.businesslistening.com.

Si estás en una situación en la que conviene que escuches, en lugar de hablar, existen ciertas cuestiones que debes tener en cuenta para ser realmente eficaz. Deja siempre que la otra persona aclare sus puntos de vista antes de hacer uso de la palabra. Incluso aunque muestres tu acuerdo, lo que en realidad estás haciendo es poner tu ego en primer lugar («Oh, *estoy* de acuerdo...», «lo mismo me ocurrió a *mí*...», etcétera).

- No intentes arreglar las cosas demasiado rápido. Si la otra persona está exponiendo un problema, lo primero que necesita es tu simpatía y tu apoyo, de tal manera que adquiera más confianza para exponerte su caso.

- No te «alejes» del lugar de la conversación con suspiros audibles, bufidos, risitas o gestos faciales.

- Si tienes que hacer uso de la palabra, utiliza en primer lugar preguntas abiertas que requieran algo más que un simple «sí» o un «no». De esta manera, la persona se mostrará más dispuesta a explayarse.

- No aburras a la gente con historias acerca de lo que hiciste o de lo que harías en una situación similar.

Sobre todo, intenta concentrarte en escuchar fundamentalmente. No utilices el ordenador, no hagas garabatos, no te muestres inquieto ni leas cosas mientras otra persona te está hablando. (¿Acaso tus padres no te enseñaron buenos modales?). La gente se da cuenta si no le prestas atención y evitará dirigirse a ti en el futuro. Al mismo tiempo, pensarán que eres un maleducado.

En lo que a ti respecta, corres el peligro de oír simplemente una parte de lo que te dicen o, aún peor, fingir escuchar, cuando realmente estás pensando en cualquier otra cosa. Así que, cuando tengas una reunión importante, escucha con atención, intenta minimizar las interrupciones del exterior. Elimina cualquier ruido de fondo (como es el caso de la música), apaga el móvil y, si es necesario, desplázate a un lugar reservado.

Otra idea más...

A veces, el ruido que producen otras personas puede resultar una terrible fuente de distracción y todo lo que deseas hacer es escapar de allí y dirigirte a un lugar tranquilo (consulta la IDEA 31, *El amor a la soledad*).

La frase

«Antes, solía hablar mucho, pero ahora dejo que el cliente se explaye a gusto».
ALEXANDER ISLEY, diseñador.

Para comprobar si, en realidad, estás escuchando o no, cuando la otra persona deje de hablar, intenta recordar los puntos clave de lo que ha dicho y trata de resumir el contenido emocional de la conversación en unas pocas palabras (por ejemplo, «Así que estás enfadado con Rob...»). De esta manera, serás consciente del valor de lo que te han comunicado e impresionarás profundamente a la otra persona por tu capacidad de escucha.

No olvides el lenguaje corporal, como es el caso del contacto visual, las pausas y las posturas. No se trata sólo de parecer interesado, sino que también la postura del que habla te dirá muchas cosas acerca del contenido de la conversación. A menudo, lo primero que la gente trae a colación cuando tiene algo que decir no suele ser el elemento central de su discurso. Y, en ocasiones, el punto central nunca aparece de forma explícita. Una buena táctica requiere oír lo que *no se dice*.

La frase

«Tenemos dos orejas y una boca, así que deberíamos escuchar el doble de lo que hablamos».
EPÍCTETO

¿Cuál es tu duda?

P La gente que estoy obligado a escuchar cambia sus historias y sus ideas de semana en semana. ¿Qué sentido tiene escucharles?

R Tal vez deberías registrar lo que se dice. Si lo escuchas bien y lo resumes adecuadamente, generar un registro te resultaría fácil y, de esta manera, sería más difícil que la gente cambiara sus versiones en otras reuniones. Mediante el control temporal de los encuentros creativos e, incluso, el diseño de alguna clase de plan de acción, se minimizan las posibilidades de que la comunicación con el equipo resulte poco fructífera y, al mismo tiempo, evitarás generar resentimientos hacia personas que te utilizan como una especie de psicoanalista pasivo.

P Soy tan bueno escuchando que nunca llego a hablar... ¿Cuándo llegará mi turno?

R Bueno, siempre puedes escucharte a ti mismo. Hablando en serio, mantener una conversación contigo mismo puede constituir un elemento terapéutico. Así lograrás sacar las cosas fuera del contexto habitual y, mediante la articulación de tus pensamientos y sentimientos, lograrás identificar cosas acerca de ti mismo que seguramente no habías percibido con anterioridad. La alternativa es una terapia en toda regla.

P ¿Acaso tengo que escuchar *todo* lo que la gente tiene que decirme?

R No. Si alguien escurre el bulto o te hace perder el tiempo, no le prestes demasiada atención. Lleva la conversación a término (con delicadeza) y queda para otro momento en que estés de humor para escuchar. En cualquier caso, sé siempre honesto contigo mismo acerca de las razones por las cuales no quieres escuchar en un momento dado. Puede que, en realidad, haya algo más en tu cabeza y la razón última de tu actitud no tenga nada que ver con la otra persona.

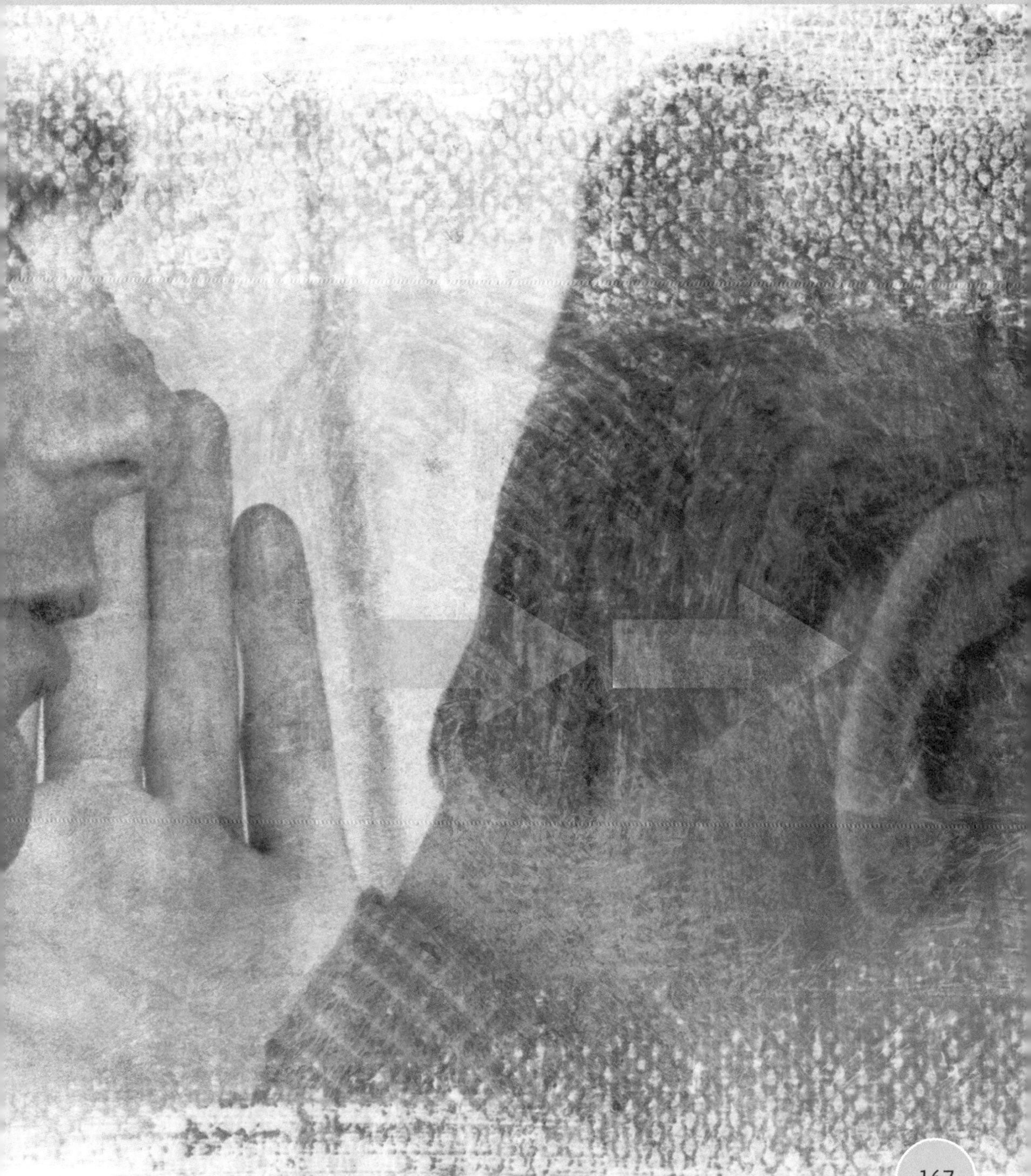

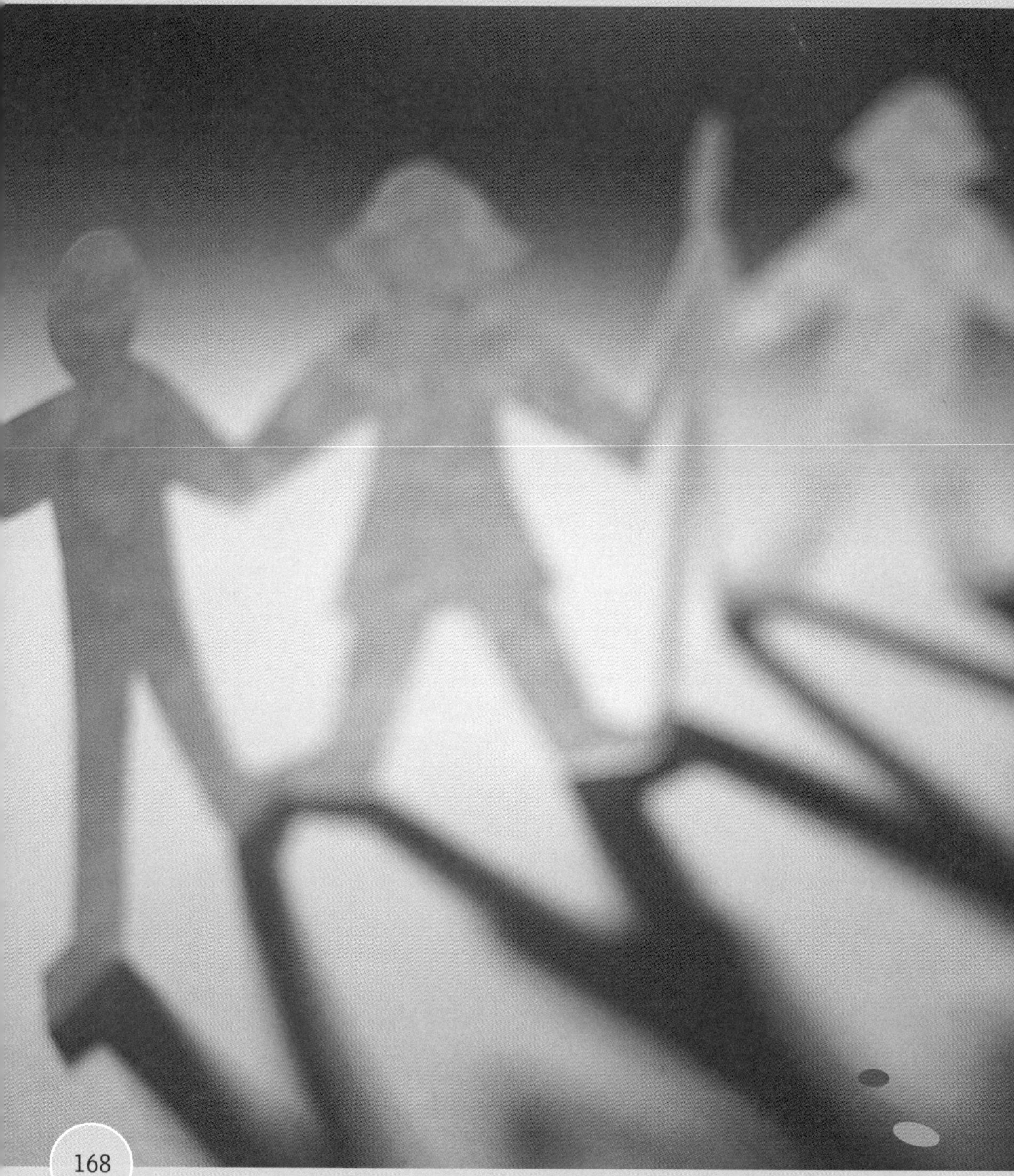

38

El juego de las consecuencias

Transmite una serie de ideas a lo largo de una cadena de personas y comprueba cómo cambian y se combinan.

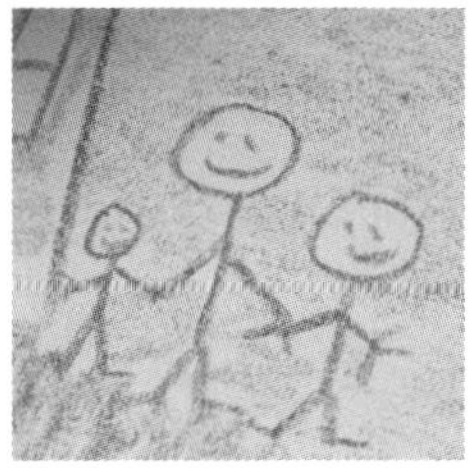

Seguramente habrás jugado a un juego similar. Alguien dibuja una cabeza, dobla el papel y lo pasa a otra persona. La siguiente persona de la cadena dibuja el cuerpo, dobla el papel y lo pasa. La tercera dibuja las piernas y así surge una extraña bestia generada en colaboración.

En realidad, la versión del juego que genera un monstruo estilo Frankenstein de esta clase se llama «el cadáver exquisito» y fue utilizado por personajes clave del movimiento surrealista, como André Breton y Marcel Duchamp. En principio, lo desarrollaron como un método para ensamblar palabras en frases antes que como un método para dibujar imágenes. El nombre de «cadáver exquisito» procede de una frase que surgió cuando se jugó a este juego por primera vez en francés: «*Le cadavre exquis boira du nouveau vin*» («El cadáver exquisito beberá vino joven»).

La idea básica que subyace en esta clase de ejercicio es lograr que un grupo de personas escriba secuencialmente, de tal manera que cada persona pueda ver exclusivamente el final de lo que escribió la persona anterior. Pruébalo con un grupo de amigos y comprueba qué ocurre.

Una buena idea...

Si no tienes a nadie con quién colaborar o jugar a determinados juegos, puedes probar la magia del azar por ti mismo. Por ejemplo, la técnica del recorte, muy aprobada por William Burroughs, constituye un sistema estupendo para generar desorden. Escribe en un papel una secuencia de texto aparentemente normal y luego recórtala en palabras o frases. Luego vuelve a ensamblar las partes, siguiendo un orden aleatorio. Si escribes canciones como David Bowie, esta técnica puede resultar muy útil para «descubrir» letras que no necesariamente tienen sentido, pero que van bien con la música. Al menos, pensamos que ésta es la explicación de letras como *The Secret Life of Arabia*.

La frase

«Cuando llegues al final de un camino, modifica tu trayectoria: cambiando de sentido, lograrás atravesarlo».
Extraído del *I Ching*.

Sólo en una canción, los autores del presente libro creamos un verdadero poema con rima de esta manera:

Carlos Alvear, Carlos Alvear
¿realmente crees en la energía nuclear?

No es gran cosa, lo sabemos, pero demuestra que algo puede surgir de este proceso que implica trabajar juntos en una «semioscuridad».

Muchas colaboraciones de carácter creativo en realidad funcionan de esta manera. En nuestro caso, así es. Puesto que Rob es fundamentalmente diseñador y programador, y Tim destaca principalmente como escritor, a veces resulta duro para cualquiera de los dos *ver* lo que está haciendo el otro. Tim envía a Rob guiones que su cerebro de carácter no lineal procesa a duras penas. Por su parte, Rob envía a Tim imágenes y secuencias interactivas que le producen una gran confusión. Sin embargo, intercambiamos documentos y archivos que se supone deben ser reelaborados por el otro y esperamos que aparezca algo extraño y bello (o, normalmente, «corto, divertido e inteligente», como pidió el cliente).

Por tanto, resulta interesante considerar toda la producción de carácter creativo que envías a otras personas como un *turno* de un juego antes que como una obra de arte terminada que otros deben alterar por su cuenta y riesgo. Asimismo, este enfoque evita que consideres que debes hacerlo todo de buenas a primeras. En su lugar, puedes concentrarte en ofrecer un punto de partida, indicando una especie de dirección a la siguiente persona y permitiéndole que continúe donde tú lo dejaste. Alternativamente, puedes considerar este proceso como si se tratara de dejar un espacio en blanco en una parte de tu obra que otra persona se encargará de rellenar.

De hecho, se trata de una serie de formas de permitir que en tu trabajo surja lo inesperado, lo aleatorio y lo surrealista.

Otra idea más...

Si te atrae esta clase de juegos, te recomendamos uno llamado «bola ensalivada», que aparece descrito en la IDEA 40, *Escúpelo*.

La frase

«Solía pensar que todo aquél que hacía algo extraño era una persona extraña. Ahora sé que la gente que considera a los otros como extraños es en realidad la extraña».

PAUL McCARTNEY

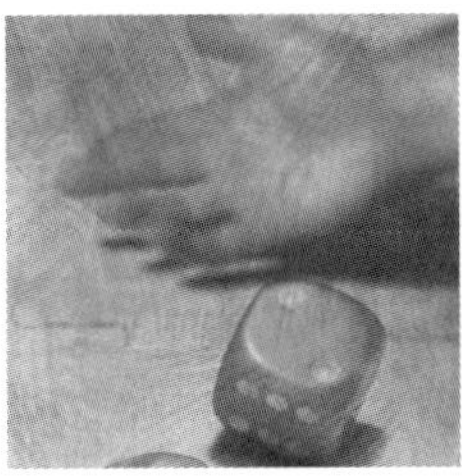

¿Cuál es tu duda?

P **No me gustan los resultados aleatorios que produce este juego. ¿Cómo podría atenuar estos resultados?**

R *El elemento aleatorio suele ser un componente relacionado con la capacidad inventiva e intuitiva de los jugadores. Si pruebas este método de trabajo con las mismas personas durante un largo periodo de tiempo, pensamos que finalmente surgirá una suerte de comprensión innata que garantizará, en mayor o menor medida, la obtención de resultados interesantes. Pruébalo. ¿Acaso no te sientes bien haciendo algo que implica que ninguna persona pueda contemplar la obra como un todo? Una alternativa consiste en utilizar en su lugar el método de los «susurros chinos», donde la primera persona susurra una palabra o una frase en el oído de la segunda persona, que, a su vez, comunica lo que cree que ha oído a la tercera persona, y así sucesivamente. Trabajando con este modelo, sabes exactamente con qué empezaste y sólo tú, siendo el primer jugador, puedes entender con claridad las distorsiones que se han producido al transmitir la información.*

P **Me parece que cuando jugamos a esta clase de juegos, particularmente con la misma gente, tienden a aparecer un cierto número de temas o símbolos comunes. ¿Esto es bueno o malo?**

R *Buena pregunta. ¿Por qué no intentas probar ciertas variaciones? Haz un listado con los temas o símbolos comunes y luego juega, escogiendo sólo temas de la lista. Luego vuelve a jugar, pero, en este caso, no utilices los temas de la lista. ¿Qué versión ha producido resultados más interesantes? Es probable que la versión «limitada» con el tiempo produzca resultados más interesantes.*

39

¡Llega la revolución!

Cómo acabar con las jerarquías y los peces gordos.

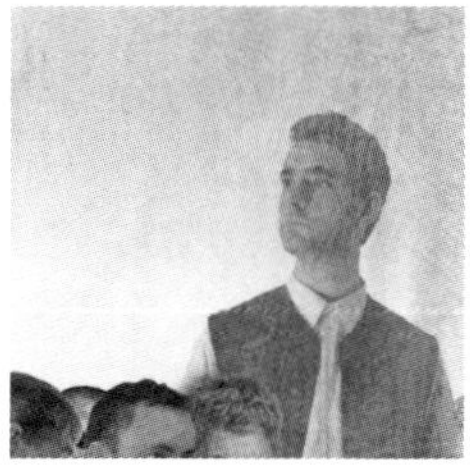

Todo el mundo sabe que el control férreo es para los «contables sin rostro», mientras que los entornos creativos son abiertos, se comparte todo y están libres de jerarquías y rangos. Esto es tan cierto como que los salmones viven en los árboles y se alimentan de lápices...

A mucha gente creativa le gusta pensar que trabaja en un entorno desprovisto de jerarquías en donde no existe un jefe, todo el mundo puede expresar su opinión libremente y el proyecto tiene una «autoría compartida». En el 99,99 por ciento de los casos esto es una ilusión como un piano...

Bueno, vale, si trabajas solo y eres autónomo es probable que seas tu propio jefe y trabajes en una cultura abierta de libre intercambio (fundamentalmente, contigo mismo). Una vez dicho esto, ten en cuenta que algunos de los megalómanos más conservadores que hemos conocido eran autónomos que no podían siquiera soportar la idea de tener un jefe.

Una buena idea...

Crea un sistema informal de gente (colegas, familiares...), de manera que cada individuo asuma la culpa de «todo» por turnos. Si te toca a ti, entonces tendrás que pedir disculpas por todo lo que ocurre, desde el estado del tiempo, el hecho de que se haya acabado el café o no haber cumplido con una determinada fecha de entrega. Para investigar un poco más a fondo acerca de las jerarquías invisibles, pruébalo tú mismo: puede que te sorprenda quién lo encuentra divertido y quién no.

En realidad, no está demostrado que las estructuras no jerárquicas generen colaboraciones más creativas. Las factorías de la creatividad industrial, como es el caso de Disney o Dreamworks, o muchas de las grandes agencias de publicidad del mundo, tienen estructuras de dirección y de toma de decisiones muy claras, incluso aunque algunas adoptan un discurso estilo *New Age* para intentar convencer de que son «otra cosa». Si te interesa el tema, consulta la dirección www.stlukes.co.uk.

Los lectores de este libro bien pueden proceder de distintos estratos de la jerarquía creativa y, por tanto, tendrán distintas opiniones acerca de si constituye una buena idea democratizar el mando o incluso hacer que todo esté en sus propias cabezas.

Lo que está en cuestión es el principio de autoridad. Y no se trata sólo de la autoridad de los demás, sino de la tuya propia. Pregúntate a ti mismo: ¿qué es lo que te otorga el derecho a tomar decisiones, estar al mando o incluso ser creativo?

¿De qué forma obtienes el mejor rendimiento del equipo creativo contemplado como un todo?

SI ERES EL JEFE

Si estás en la cúspide de la organización creativa, se trata de escuchar a la gente que está en escalafones inferiores y fomentar una cultura que consiste en «dar la vuelta a la tortilla». Es decir, se trata de permitir que la gente ponga sus ideas en práctica, sin tener en cuenta sus respectivos estatus dentro de la organización o en el equipo.

Otra idea más...

Si no puedes ser el jefe, al menos encuentra la forma de compartir tus ideas. Consulta la IDEA 45, *Regálalo todo.*

SI ERES UN DIRECTIVO

Tienes que pensar en modificar las «reglas de compromiso» en términos de cómo organizas los equipos y los roles dentro de los equipos. Las reglas que pueden haber tenido éxito en el pasado tal vez hoy en día ya no resulten aplicables. Así que prepárate para prescindir de ellas y comienza de nuevo. Revisa la forma en que se hacen las cosas tantas veces como puedas.

SI ERES UN TRABAJADOR

Desafortunadamente, si estás en la parte inferior de la jerarquía, resulta muy difícil violentar el entramado jerárquico, particularmente en el entorno laboral. Sin embargo, puedes utilizar las reuniones de «tormenta de ideas» y los encuentros fuera de la empresa para demostrar tu carácter independiente, cuestionar las estructuras actuales de la empresa y dejar clara tu opinión. En cualquier caso, no esperes una acogida particularmente calurosa por parte de los directivos (¿tal vez ha llegado el momento de que te conviertas en un *freelance*?).

La frase

«Si a dos o tres personas les otorgaran grandes poderes de carácter espiritual y material, el mundo entero caería en sus manos como un melocotón maduro».
RALPH WALDO EMERSON

«No se ejerce el mando pegándole a la gente en la cabeza. Eso es una agresión y no un liderazgo».
DWIGHT D. EISENHOWER

SI ERES UN ADMINISTRADOR

En este caso, tienes la potestad de modificar muchas cosas dentro de una organización creativa, ya que los cambios en los sistemas administrativos a menudo conducen a un cambio radical de la cultura. Por ejemplo, cuando los contables decidieron que era una buena idea entregar a los periodistas ordenadores, en lugar de máquinas de escribir, cambiaron el equilibrio de poder en relación con los subeditores y los tipógrafos, modificando, de esta manera, para siempre, la industria de los periódicos.

SI ERES UN REBELDE

Las organizaciones de tipo creativo admiten la existencia de individuos rebeldes de forma indefinida si creen que dichos individuos tienen talento, lo que explica la carrera de muchos directores creativos. Pero no adoptes esta actitud porque sí. Si no tienes una buena razón para mostrar un carácter contestatario, puede que finalmente acabes en la calle.

SI ERES UN GANSO

Finalmente, sea cual sea tu papel dentro de la organización, te sugerimos que intentes actuar como lo hacen los gansos. Cuando vuelan hacia el sur en invierno, los gansos utilizan la conocida formación en «V». Los gansos más fuertes y mejor dotados vuelan en la parte frontal de la «V», cortando el viento y protegiendo a los demás. Cuando los líderes se cansan, otros gansos toman su lugar. En el transcurso del vuelo, los gansos intercambian posiciones muchas veces para ayudarse entre sí. Si un ganso está realmente cansado, aterriza para descansar y se adhiere a la siguiente formación en «V» que aparece en el cielo.

Se trata, por tanto, de un modelo de apoyo mutuo y de un equipo de trabajo de carácter no jerárquico. Y ¿de qué manera establecen esta organización? Pues, lógicamente, graznando frecuentemente a gran volumen.

Así que, si realmente deseas trabajar en un entorno más democrático, con personas que puedas respetar como tus iguales, asegúrate de que emites «graznidos» altos y claros con frecuencia, comunicando cómo te sientes, cuál es tu ubicación y tu función dentro del grupo. La comunicación eficaz es la clave.

Que te lo pases bien *graznando.*

P En nuestro entorno de trabajo, tenemos estructuras de información muy formales que debemos respetar al máximo. ¿Acaso se trata de un problema?

¿Cuál es tu duda?

R *Una estructura puede ser positiva. Y si la elaboración del informe realmente conduce a una comunicación eficaz y a la creación de documentación útil acerca de los procesos creativos, entonces no hay por qué quejarse. Quizá, el único problema que cabría señalar surgiría cuando se necesita algo de iniciativa rápida por parte de alguien que está situado dentro del equipo que da forma a la idea. Si todo el mundo espera el momento adecuado para informar de un problema de la forma «apropiada», nadie encontrará el momento oportuno para generar una llama creativa.*

P Hemos intentado que cada uno adquiriese una parcela de responsabilidad y se produjo una verdadera anarquía. Había demasiados *cocineros*... ¿Acaso deberíamos volver al modelo que sabemos que funciona?

R *Nunca hay demasiados* cocineros. *Lo único que necesitas es una cocina más grande, que esté mejor organizada, y con más ingredientes de alta calidad. Asimismo, los* cocineros *deben aprender a especializarse (salsas, masas, postres, etcétera) y saber cuándo deben solicitar los conocimientos expertos de otra persona.*

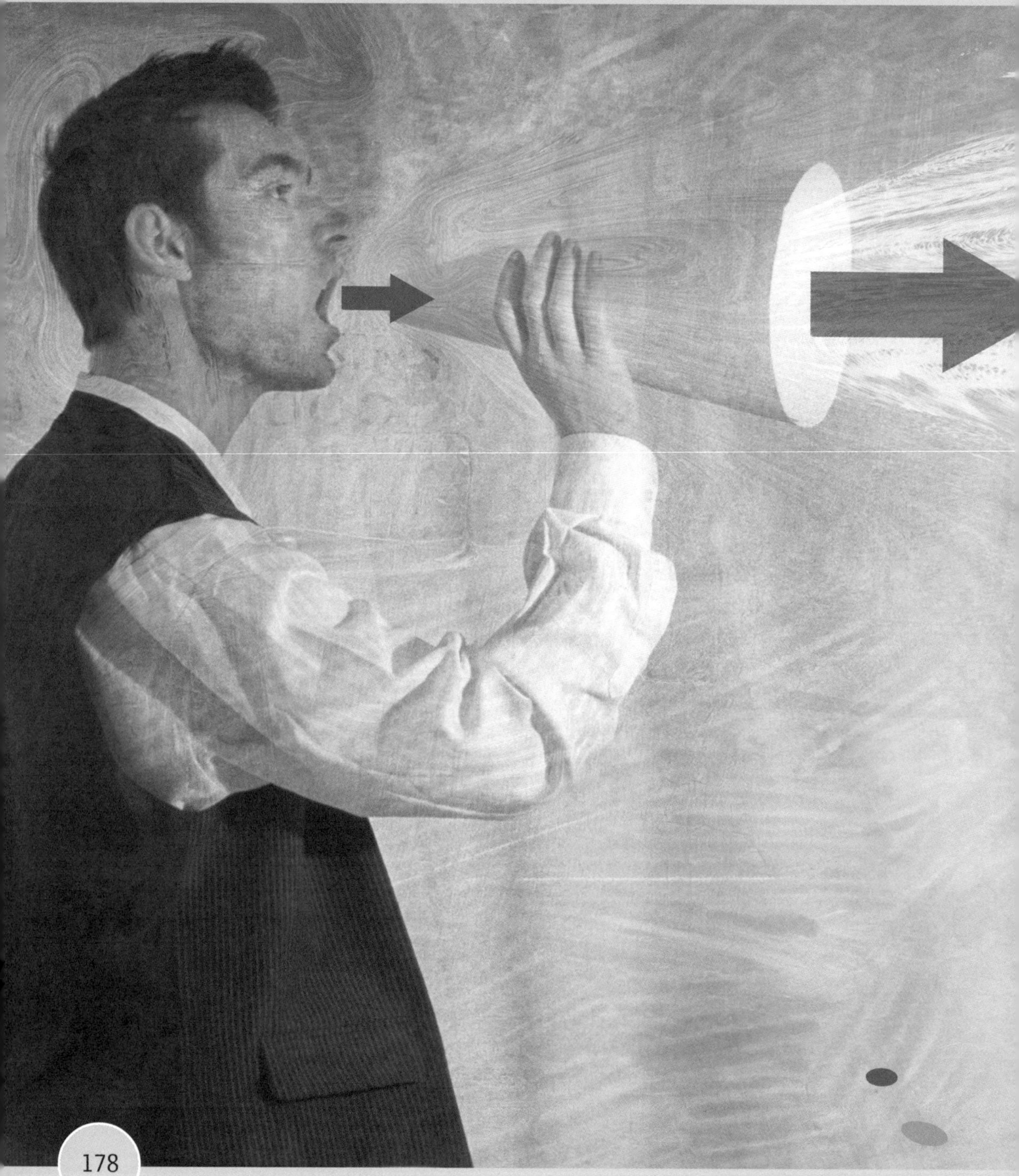

40

Escúpelo

¿Por qué escupir en público tal vez no resulta tan horrible? Incluso cuando lo haces una y otra vez.

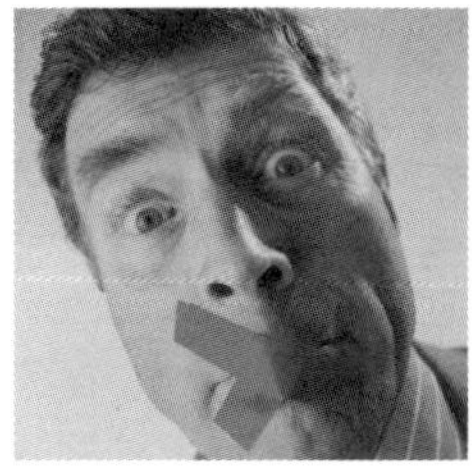

En la industria del cine, se utiliza la denominación «pelota ensalivada» para describir el proceso que tiene lugar antes de la generación de un guión, cuando el equipo toma asiento y los miembros empiezan a lanzarse ideas entre sí.

Es lo que podríamos llamar «tormenta de ideas», exceptuando el hecho de que, en esta ocasión, utilizamos un elemento de juego definido (la noción de «pelota ensalivada» procede del béisbol), en la que una persona «escupe» una idea hacia otra, de forma que ésta tiene que atraparla y correr durante un tiempo antes de que pueda volver a lanzarla. Este juego de lanzamiento y respuesta conduce a un desarrollo en colaboración de personajes, escenas y secuencias y, a partir de ahí, surge el guión de una película. He aquí cómo resume un guionista el contenido de una sesión de «pelota ensalivada»:

«Habitualmente, lanzábamos cualquier idea, tanto si se trataba de una idea pequeña o de una escena completa, al tiempo que también podía ser una historia. No las juzgábamos ni las categorizábamos de ninguna manera. Literalmente, lo que hacíamos era tomar notas y más notas, yendo todo lo lejos que podíamos. Luego, escribíamos un borrador extremadamente largo, que solíamos llamar *borrador de vómito* y nos dedicábamos a tallarlo, fabricando su contenido final».

Una buena idea...

En béisbol, «pelota ensalivada» se refiere a una pelota sobre la que se ha escupido o a la que se ha aplicado vaselina o cualquier otra sustancia extraña antes de ser lanzada. Piensa en este proceso como si lanzaras tus ideas: asegúrate de que, en cada ocasión, deliberadamente la empapas en una sustancia extraña.

Lo fundamental con respecto a la idea de la «pelota ensalivada» no sólo es el hecho de lanzar ideas e historias, sino que también hay que tener en cuenta la preparación de todos los que participan, pisando el mismo suelo una y otra vez. La clave está en la repetición.

En el proceso creativo de lanzamiento de ideas, la descripción de un personaje o una historia es repetida por cada persona cada vez que «atrapa la pelota». Se supone que el «receptor» debe pulir la idea o imprimirle un nuevo giro. Una vez hecho esto, procede a lanzar la «bola» al siguiente receptor. A su vez, éste puede eliminar alguna imperfección o reestructurar la idea antes de volver a pasar la «bola»... Contar una y otra vez la misma idea constituye una forma fantástica de escoger los puntos fuertes, descubriendo lo que falla y efectuando ciertos arreglos, hasta que surge algo que llama la atención de todo el mundo.

Incluso en el caso de que no tengas a nadie con quien hablar, puedes representar tus propias ideas para ti mismo en cada ocasión. Sea cual sea el ambiente que te rodea y tu estado de ánimo, hazlo una y otra vez. De esta manera, ciertos aspectos de la idea quedarán reforzados y otros perderán interés. Puede que empieces a mostrarte muy ingenioso en determinadas partes (quizá *demasiado* ingenioso...). De forma muy reveladora, también tropezarás una y otra vez con las mismas partes. Se trata de partes de las que no estás demasiado seguro y que requieren mayores dosis de pensamiento y elaboración.

La frase

«Me encanta jugar a la 'pelota ensalivada'. Ya sabes, se trata de sentarse en una mesa y lanzarse ideas unos a otros».
WILLIAM GOLDMAN, guionista.

Si puedes, siempre resulta mejor implicar a otras personas en este proceso. De hecho, siempre que tengas la oportunidad, comparte tu historia. Las reacciones que producen públicos distintos tienen un valor incalculable.

Al tiempo que implicas a otras personas en el proceso positivo de construir una idea, también deberías preguntar qué es lo que falla en tu idea, tal como se sugiere en la IDEA 16, *Intenta que te critiquen.*

Otra idea más...

En términos propios de la «pelota ensalivada», si juegas con gente nueva a la que no conoces demasiado bien, experimentarás la excitación añadida que te produce no saber qué es lo que te lanzarán ellos cuando les toque el turno. Tampoco sabes en realidad cómo recibirán tu idea, así que, incluso cuando estés hablando, al mismo tiempo puede que estés revisando y ajustando lo que vas a decir, basándote en la forma en que reaccionan tus compañeros de mesa (¿te están mirando con mucha atención, se muestran inquietos o simplemente miran por la ventana?).

El hecho de que se utilice otro término de béisbol para describir los momentos en que la «pelota ensalivada» se convierte en un genuino «lanzamiento», no es una mera coincidencia. La capacidad de realizar *lanzamientos* constituye una habilidad fundamental para todos aquellos que deseen vivir de su propia creatividad. Es un proceso que implica mucha repetición, tanto en términos de ensayo de los lanzamientos como en lo que respecta a ajustar los elementos más atractivos de tus ideas en relación con el público. También se trata de tener un objeto claro y definido: tienes que asegurarte de que el *lanzamiento* resulta relevante para el público y alcanza la *meta*. En relación con el público, debe quedar también muy claro que no pretendes cautivarles con tu idea jugando sucio, o aún peor, evadiendo tus responsabilidades.

«Escribe tu primer borrador con el corazón y vuélvelo a escribir con la cabeza».
De la película *Buscando a Forrester*.

La frase

¿Cuál es tu duda?

P La repetición me aburre. ¿Acaso tengo que continuar haciendo las mismas cosas *ad nauseam*?

R La explicación más probable de tu aburrimiento probablemente radica en el hecho de que la idea que estás repitiendo sea en sí misma un elemento aburrido. Asimismo, es probable que estés repitiendo lo mismo una y otra vez sin ningún sentido de cambio o desarrollo. El elemento fundamental de proceso consiste en representar y refundir las ideas con una nueva visión en cada ocasión. No se trata de considerarlas siempre bajo la misma luz. Piensa siempre cómo puedes forzar las cosas en cada ocasión, tanto en lo que respecta a ti mismo como al resto de la gente. Incluso aunque ocasionalmente te lleve a callejones sin salida, el viaje valdrá la pena.

P Efectuar *lanzamientos* delante de otras personas me pone realmente nervioso. ¿Podría hacer alguna otra cosa?

R No te des por vencido. Si sigues intentándolo, finalmente podrás dominar tus nervios y ganar más confianza. Ésta es otra razón que invita a la repetición constante: el proceso actuará como un bálsamo para ti.

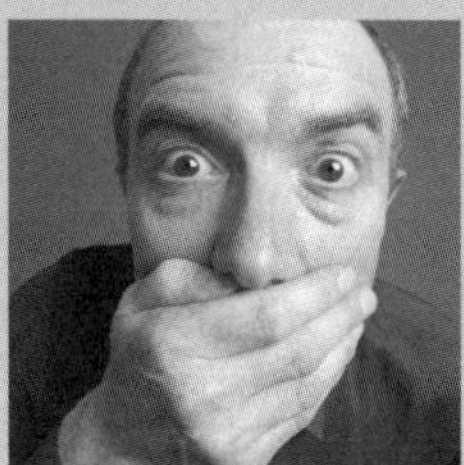

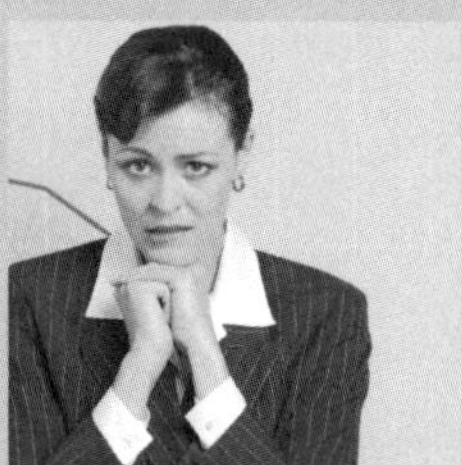

41

Miente, exagera, embellece y elabora

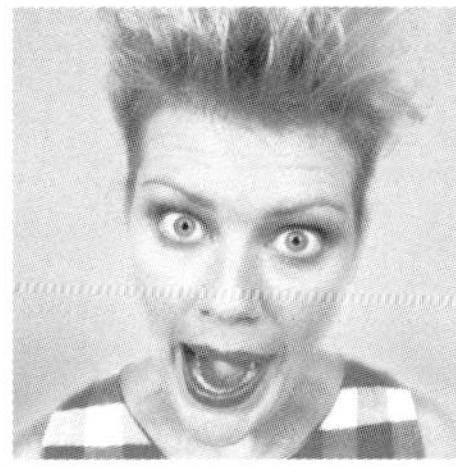

Exagerar puede llevar tus ideas al límite. Al mismo tiempo, puede poner de manifiesto tus puntos fuertes y tus debilidades.

A la gente creativa le encanta crear adornos. Otras personas lo llamarían «no decir exactamente la verdad», pero nosotros habitualmente no nos preocupamos por estos detalles menores.

Un poco de exageración puede hacer que una historia plana se convierta en algo importante y muy entretenido. De la misma manera, si afianzas la credibilidad de tus ideas, en realidad le insuflarás aire y vida. Por otro lado, puedes llevarlas hasta un punto de no retorno, pero, al menos, habrás localizado en dónde se encuentra dicho punto.

Debemos confesar que nos encanta el sinsentido. Por ejemplo, no tenía ningún sentido que el protagonista central de nuestra isla griega para entretenimiento online de Monte

Una buena idea...

Piensa en algo a lo que le estés dando vueltas –una propuesta, un primer borrador o presentación– y dale un tratamiento basado en el sinsentido. Te sorprenderá hasta qué punto dicho tratamiento puede refrescar tu percepción de lo que realmente estás haciendo.

Kristos fuera un fan obsesivo de Jim Morrison (exceptuando el hecho de que Tim pensaba que sería divertido y le recordaba la colección de discos de su hermana). Pero, a fin de cuentas, esta decisión totalmente irracional trajo consigo un montón de grandes ideas acerca de la ejecución musical, los reyes del rock, la identificación, la muerte prematura y la utilización de vestimentas divertidas, que realmente ayudaron a desenmarañar la naturaleza última del proyecto y proporcionaron a la pieza su forma final y su peculiar lógica.

Muy a menudo, basta con que uno exagere un aspecto de un trabajo serio y delicado para crear un gran efecto. Por ejemplo, en el mundo de los dibujos animados, es bastante habitual que los artistas exageren un rasgo facial de un personaje famoso para que queden expuestos ante los ojos del público. Piensa en la representación que Steve Bell hizo de Tony Blair con su único ojo, o la prolongación de la nariz de Richard Nixon que dibujó Gerald Scarfe.

La exageración se puede aplicar a todas las formas de la creatividad. Haciendo que las cosas sean más grandes o más pequeñas de lo que realmente son, se modifica el punto de referencia. Piensa en todas las películas de horror de los años cincuenta en las que aparecían arañas u hormigas gigantes. O en el *Viaje fantástico*, en el que una pequeñísima Raquel Welch viajaba por el cuerpo de un ser humano (la película resulta un fiasco, ya que apenas se ve nada picante...).

La frase

«No dejes de curiosear».
LEWIS CARROLL, *Alicia en el país de las maravillas.*

De hecho, la cuestión fundamental por la cual se generan adornos y se exagera radica en el deseo de que las ideas mejoren y suenen mejor que como sonaron la primera vez. Deseas que todo sea «más alto» y más brillante, más amplio y que tenga líneas más elegantes.

Otra idea más...

Construir cosas de forma que parezcan más grandes y mejores de lo que se supone que son –o incluso de lo que son en realidad– puede suscitar el apoyo del público. A este respecto, consulta la idea 12, *Arriésgate*.

Probablemente, deseas definir los límites de tu proyecto o de tu idea y, mediante su embellecimiento y la incorporación de nuevas características (imaginarias), puedes llegar rápidamente al punto en el que te das cuenta de que adquieren un carácter estúpido y ahí mismo debes parar.

Así que *estira* la credibilidad. Dile a la gente que estás dispuesto a crucificarte a ti mismo tan pronto como averigües cómo clavar el último clavo. Divaga hasta el punto de lo absurdo, imaginando cómo harías que Harrison Ford se pusiera un falso bigote y se encontrara contigo en un hotel. A la gente le encantan estas ideas. Te lo aseguramos. La gente se reirá (posiblemente se rían de ti antes que contigo, pero el caso es que se reirán), y puede ser que, entre todas estas mentiras y patrañas, llegues a descubrir tu próxima gran idea...

La frase

«El problema radica en la dualidad del hombre. No puede aprender verdades que sean demasiado complicadas y olvida aquellas verdades que son demasiado simples».
REBECCA WEST

La otra forma de entender el alcance de tu trabajo utilizando enfoques estúpidos consiste en entrar directamente en el terreno del sinsentido. El maestro de este enfoque es, sin duda, Lewis Carroll, autor de *Alicia en el país de las maravillas*, y también el hombre que nos proporcionó (en *Jabberwocky*):

«Twas brillig, and the slithy toves
Did gyre and gimble in the wabe.
All mimsy were the borogoves,
And the mome raths outgrabe».

(«Era la asarvesperia y los flexilimosos toves
giroscopiaban taledrando en el vade;
debilmiseros estaban los borogoves;
bramatchisilban los verdilechos parde»).

Claramente, se trata de un sinsentido, pero, de alguna manera, sabemos qué significa. Otros maestros en el arte de utilizar lenguajes sin sentido eran, por ejemplo, el catedrático Stanley Unwin, Groucho Marx o los españoles Tip y Coll.

La frase

«El hombre siempre ha sacrificado la verdad en beneficio de su vanidad, su comodidad y la consecución de ventajas. Vive... creando fantasías».
SOMERSET MAUGHAM

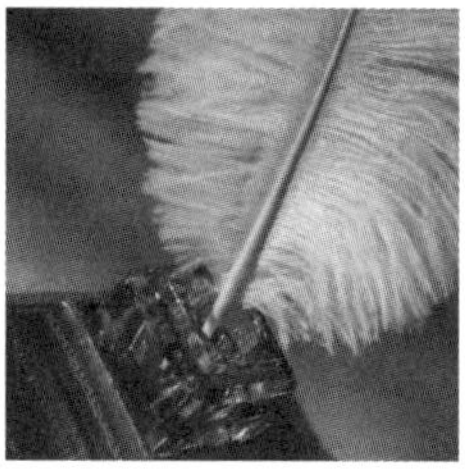

P **Odio mentir en cualquiera de sus formas. ¿No puedo dejar que sean los propios méritos de mi trabajo los que hablen por sí mismos?**

¿Cuál es tu duda?

R *No te estamos pidiendo que mientas de forma constante, sino que disfrutes de la construcción de una narración inofensiva con exageraciones, que podrías oír en cualquier bar de tu localidad (narraciones sobre caza o sexo). Si tu actividad creativa se centra en un trabajo documental o histórico, entonces, ciertamente te debes a la verdad de los hechos, pero incluso en estos casos, puedes utilizar la exageración en determinados puntos de forma explícita para resaltar un hecho específico.*

P **Me parece que me paso exagerando. ¿Es correcto este enfoque?**

R *Resulta tentador continuar añadiendo capa sobre capa al trabajo, ya que todas las posibilidades producen cierta excitación. Pero trabajando de esta manera, puede que termines con algo muy barroco. En algunos periodos de tu vida, tal vez te guste la idea de alcanzar semejante complejidad. En otros momentos, preferirás la simplicidad. Lo bueno de la exageración en los adornos es que aprenderás por ti mismo cuándo debes parar.*

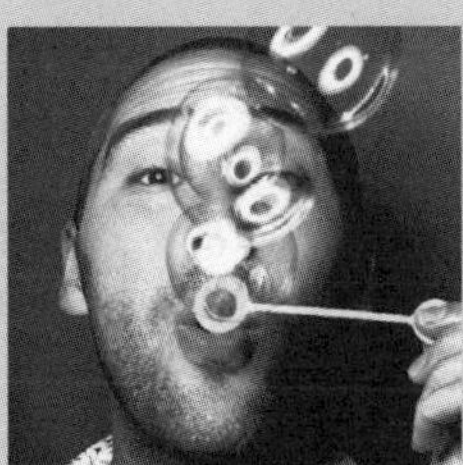

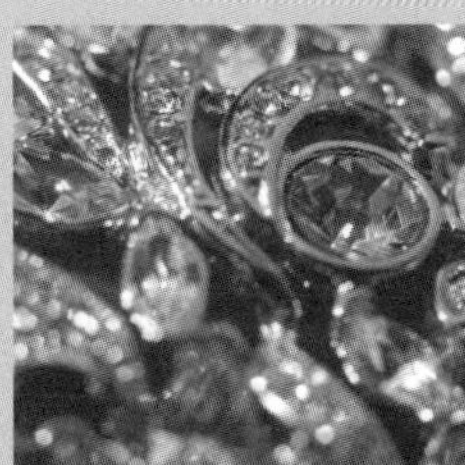

42

Sal en la foto

Te vas de vacaciones, tomas unas cuantas instantáneas, las revelas, las pones en un álbum y lo colocas en la estantería. Seguro que hay algo más en todo esto... ¿no es así?

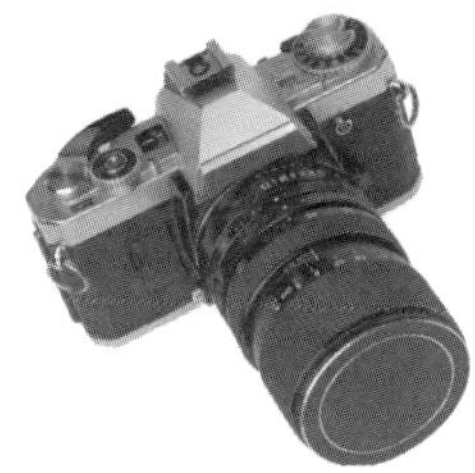

¿Por qué razón somos tan aficionados a las cámaras de fotos y realizamos instantáneas constantemente en las que aparece la gente con la que vivimos y los lugares que nos son familiares?

Se ha dicho muchas veces que fotografiamos para recordar y, hasta cierto punto, lo que nos hace actuar de esta manera, es decir, fotografiar compulsivamente, es el miedo a que podamos olvidar algo acerca de una determinada experiencia.

Las vacaciones constituyen un periodo especial en el que nos sentimos realmente desnudos si no tenemos a mano una cámara de fotos. Sin embargo, resulta divertido lo poco imaginativos que podemos ser a la hora de sacar fotos en vacaciones. Lógicamente, la cuestión principal en relación con las fotos de las vacaciones es quién las hace. Si tú mismo eres siempre el fotógrafo principal, esto querrá decir (desafortunadamente) que difícilmente estarás en la foto. Ésta es la razón por la que muchos padres se convierten en personajes que rara vez aparecen representados en los álbumes fotográficos.

Una buena idea...

Las fotos digitales se pueden editar de muchas maneras. Si las abres con aplicaciones informáticas como Photoshop de Adobe, podrás aplicarles un gran número de efectos especiales. En un nivel más simple, puedes proceder a recortar las imágenes, de manera que lo que constituía el centro de atención se convierta en algo periférico. A menudo, cuando se hace un retrato, se capta algo especial en el fondo, en cuya presencia no reparamos en un principio, pero que luego podemos destacar. En esencia, en el caso de cualquier foto digitalizada, existen cientos de «versiones» que tu ojo creativo puede poner de manifiesto.

La frase

«El mundo es demasiado grande y no cabe en el formato de una cámara de 35 mm».
W. EUGENE SMITH, fotoperiodista.

Una forma de contrarrestar esta situación consiste en aparecer en las fotografías de vacaciones de otras personas (el escritor Geoff Dyer escribió una novela sobre este tema llamada *La búsqueda*, en la cual reconstruye la tarde que pasó un hombre que después desapareció, utilizando cientos de fotografías tomadas por turistas). Si eres suficientemente caradura, ni siquiera pidas permiso para estar en la fotografía y lánzate sin más. De esta manera, en lugar de aparecer exclusivamente en tu propio álbum de fotos, lograrás crear tu propia muestra de imágenes distribuidas de ti mismo en colecciones repartidas por todo el mundo. Alternativamente, ofrécete a tomar fotografías de otras personas cuando están de vacaciones y luego haz fotografías que no se esperen... ¡en las que aparezcas tú!

Un hombre que conocimos en la Web decidió eliminar para siempre las fotos en las que aparecen otras personas. Simplemente, se dedicaba a sacar fotografías de cada una de las comidas que disfrutaba durante sus vacaciones y las colgaba en Internet.

En cierta medida, los álbumes de fotos constituyen otra versión de la manía por reunir y archivar información. ¿Cuántos tenemos una caja almacenada en algún sitio, repleta de fotos que nunca miramos? O tal vez tú representes el enfoque contrario y pasas horas organizando tu colección, colocando las fotos en pulcros álbumes.

Otra idea más...

Consulta la IDEA 11, *Mira las cosas desde otro ángulo*, y entrénate intentando buscar imágenes poco habituales.

Con la llegada de la tecnología digital, los problemas que suponía compartir fotos se han resuelto en gran medida. Ahora puedes enviar fotografías por correo electrónico a cualquier persona en cualquier parte del mundo, pocos segundos después de haber realizado la foto. Como alternativa, existen varios sitios en Internet que te permiten enseñar tus fotos de diversas maneras al resto del mundo.

Uno de los servicios online más solicitados del momento es Flickr, www.flickr.com. No sólo te permite utilizar su página para mostrar tus fotos en diferentes tamaños (tamaño reducido, medio o grande), sino que también deja que otras personas (si tienen derechos de acceso) escriban comentarios sobre lo que les parece cada foto. Asimismo, existe un sistema de chat, de forma que puedes hablar en tiempo real a través de Internet acerca de una imagen que acabas de capturar. Puedes transferir fotos desde tu cámara digital fácilmente, pero, si lo prefieres, puedes enviarlas por correo electrónico al sistema, o enviarlas directamente desde un teléfono provisto de videocámara. Por último, puedes enviar cualquiera de tus fotos de Flickr directamente a tu weblog.

Antes de que esto empiece a parecer un anuncio publicitario, conviene recordar que no tiene demasiado sentido realizar todo este esfuerzo para permitir que la gente vea tus fotos si, en realidad, no son tan buenas. Sin embargo, si vas a tomarte todo el esfuerzo que supone organizar tu colección, es muy probable que te vuelvas más selectivo acerca de lo que estás en condiciones de mostrar. Y no hay excusa: con una cámara digital no tienes que revelar todas las fotos, de forma que puedes desechar las tomas malas sin que nadie se entere.

La frase

«En cada fotografía siempre hay dos personas: el fotógrafo y el espectador».
ANSEL ADAMS

¿Cuál es tu duda?

P Todas mis fotos están desenfocadas y no valen para nada. Desde un punto de vista experimental, para lo único que sirven es para desarrollar nuevos métodos de arrojar los objetos a la papelera. ¿Debería darme por vencido?

R La mayor parte de las nuevas cámaras digitales tienen una nueva configuración automática que compensa tus limitaciones como fotógrafo. Lee el manual (ya sabemos que es una medida un poco radical) y comprueba que has ajustado la cámara adecuadamente. En cualquier caso, las fotos desenfocadas no tienen por qué ser inútiles. Pueden constituir perfectos fondos para diapositivas con texto o pueden conformar un punto de partida ideal para pensar sobre imágenes más abstractas en términos más generales. Con la generalización de las videocámaras, el desenfoque de una imagen, de hecho, es un elemento fundamental que prueba la «actualidad» de la foto en cuestión.

P Me gusta la idea de «exposición distribuida» de mis imágenes, pero preferiría ver los resultados por mí mismo, en lugar de que las imágenes formen parte de la colección de otra persona. ¿Alguna idea?

R ¿Por qué no intentas colocar tus imágenes en el creciente número de comunidades de colecciones de fotos de la Web? El proyecto Mirror, una comunidad creciente de personas con ideas afines que han hecho autorretratos fotográficos sobre toda clase de superficies reflectantes, constituye un excelente punto de partida. Si estás interesado, consulta www.mirrorproject.com.

43

Juega al Jenga

A los ingleses les gusta jugar al Jenga, en el que aparecen famosos; pero no sólo se trata de construir cosas para después destruirlas por un placer de carácter sádico...

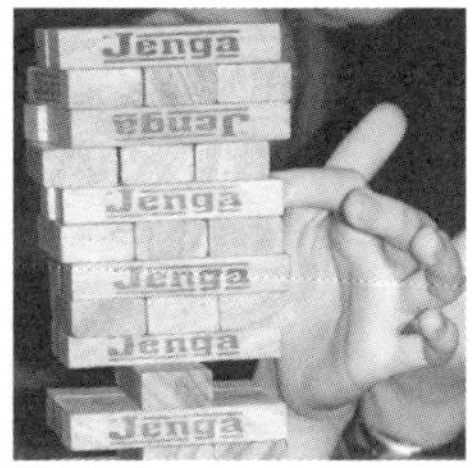

Si no conoces el Jenga, ve a la juguetería más cercana y cómprate uno.

Realmente se trata de un juego muy sencillo. Se trata de construir una torre con una serie de ladrillos de madera. Luego, los jugadores empiezan a extraer los ladrillos de uno en uno, intentando evitar que la torre se caiga.

Nos gusta este juego no sólo porque resulta increíble la variedad de torres que se pueden construir utilizando el mismo conjunto de bloques, sino también porque muestra que las estructuras que tienen éxito se basan tanto en lo que estamos dispuestos a eliminar como en lo que decidimos dejar en su sitio (ah, y también porque hace ruido...).

En una ocasión, fuimos a una charla que daba Jason Swinscoe, de la Cinematic Orchestra, en la que describía algunos de los métodos que utilizaba para componer música. Swinscoe afirmaba que empezaba con una muestra o un bucle procedente de alguna obra de compositores de bandas sonoras concidas (por ejemplo, Bernhard Herrman) y

Una buena idea...

Escoge una obra que realmente te guste y elimina una parte. Ahora, añádele algo que no tenga nada que ver y comprueba si la pieza resultante se sostiene o, por el contrario, cae por su propio peso. En el caso de que el conjunto se caiga, ¿lo hace rápidamente?, ¿lentamente?, ¿cae toda la estructura a la vez?, ¿se van cayendo las partes una a una? ¿Y qué patrón conforma el elemento roto (o nuevo trabajo) cuando finalmente todo cae en pedazos? Incluso en estos momentos de destrucción, es posible que encuentres algo interesante y bello.

luego construía capas de sonidos, secuencias y otros bucles que se agregaban al conjunto. Cuando consideraba que había terminado su tarea creativa, le faltaba una última cuestión: eliminar el bucle original, la fuente de inspiración de toda la pieza, para ver si lo que quedaba podía sostenerse por sí solo.

Este proceso nos recuerda mucho al Jenga. Pronto caímos en la cuenta que se trata de un método que podemos aplicar a muchas otras áreas de la creatividad. Observa tu propio trabajo creativo y comprueba si puedes aislar los «ladrillos» básicos, tanto en términos de elementos o atributos que puedan percibirse (secciones específicas, palabras, colores, columnas), como en términos de ideas y conceptos que ayuden al trabajo a adquirir carta de naturaleza. De esta manera, deberías contemplar tu trabajo desde una perspectiva distinta, ya que aparecería como una serie de dependencias y piezas interrelacionadas, en lugar de constituir un todo.

Una vez que hemos repasado y catalogado todas las piezas, comencemos a eliminar algunas. Si estamos mirando, por ejemplo, una fotografía, podríamos recortarla físicamente, de forma que nos quedáramos con dos tercios de la misma. Si es una imagen digital, podríamos eliminar un conjunto de píxeles específico, o bien prescindir de ciertas partes de las imágenes (por ejemplo, borra la cara de la persona que aparece en el retrato que estabas realizando y deja un espacio vacío). ¿La foto se sigue sosteniendo como una especie de bodegón? ¿Acaso la ausencia del modelo deforma la pieza?

Naturalmente, cuando te pones a cortar, llegas a un punto en el que prácticamente no queda nada y sólo obtienes una masa informe. Pero, en cualquier caso, se trata de información. Ahora sabes mucho más sobre lo que realmente funciona en tu obra. Y he aquí una cuestión: si repites el proceso eliminando las mismas partes, pero siguiendo un orden *distinto*, ¿la pieza se viene abajo en el mismo punto?

Otra idea más...

Romper cosas deliberadamente o hacerlas pedazos no tiene que ser considerado forzosamente como un acto destructivo. **Consulta la IDEA 10, *Destrózalo todo*.**

Llevando la analogía un paso más allá, ¿qué ocurre si apuntalas tu torre con algo que no sea un ladrillo? Si juegas al Jenga, se trata de una trampa, pero no hay nada como las trampas en el terreno de la creatividad personal. Se trata de atajos y nuevas formas de contemplar las cosas.

O ¿por qué no jugar a un tipo distinto del Jenga, en donde, en lugar de extraer piezas, en realidad las reemplazas con algo que no tenga nada que ver? El resultado no sólo tendrá un aspecto distinto en cada ocasión, sino que el punto en que la torre se caerá será cada vez más impredecible.

La frase

«Debes romper las viejas estructuras, desarrollar estructuras más amplias, volver a romper estas últimas y desarrollar estructuras aún más amplias».
RAM DASS

¿Cuál es tu duda?

P **Es un concepto muy estimulante, pero no veo cómo jugar al Jenga con fragmentos de escritura o un grupo de dibujos. ¿Podéis ilustrarme al respecto?**

R *En ambos ejemplos, deberías elaborar un listado de los bloques de construcción. En el caso de la escritura, se trataría de palabras, frases o incluso letras del alfabeto. En el caso de los dibujos, jugaríamos con los colores utilizados, el grosor de la pintura, el tipo de pincel, y así sucesivamente. Ahora eliminemos algo. Por ejemplo, toma la famosa frase de Wordsworth: «He vagado en soledad como una nube». Elimina las palabras «soledad» y «como» y te quedará «He vagado en una nube». Volviendo al caso de las pinturas, ¿cuál sería el efecto de eliminar nubes de algunas de las pinturas de Constable? ¿O recortar la pintura para eliminar todo el cielo? Siguiendo la regla de sustitución del Jenga, si reemplazamos la nube del texto de Wordsworth por la nube pintada de Constable, ¡obtendremos un poema visual! ¿Acaso se trata de algo estúpido? ¿O simplemente muestra a las claras los elementos compositivos y su interdependencia?*

P **Pero ésta no es la forma en que se juega al Jenga. No se trata simplemente de extraer bloques de la torre, sino que sigues colocando bloques, hasta que la torre se cae, ¿no es así?**

R *Bueno, vale, nos hemos tomado ciertas libertades para explicar este determinado tema. Pero piensa en tu idea como si se tratara de una estructura. ¿Qué ocurre si tomas un elemento clave de los cimientos y lo añades a uno de los bordes? Convierte el elemento central de tu argumento en una nota a pie de página. Haz que la imagen a página completa sobre la que estás basando el diseño se convierta en una imagen reducida situada en una esquina. ¿Hay otro elemento que pueda ser mejor y pueda ocupar su sitio?*

44

Imítalo

Cómo apropiarse del talento de otras personas sin que se enfaden. «Te copiaré si tú me copias...».

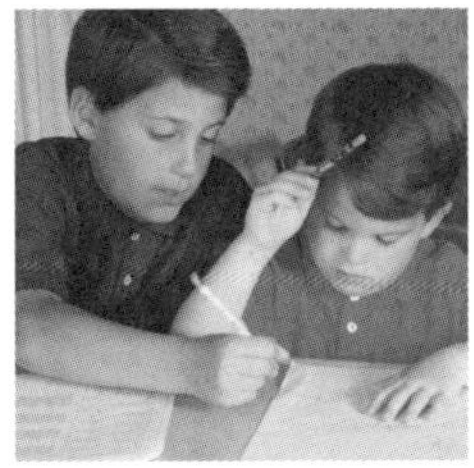

Existe una larga tradición en todas las áreas del trabajo creativo relacionada con el aprendizaje a través de la imitación. Bueno, en realidad, es una forma educada de decirlo.

Colocarse sobre hombros de gigantes es una expresión que se usa a menudo para describir la forma en que un artista aprovecha ideas de gente con talento que ya no está en el mundo de los vivos. Y es cierto que si te colocas sobre los hombros de otra persona, tu visión del mundo realmente mejora.

A menudo, los escritores jóvenes realizan un ejercicio que consiste en escribir con el estilo de un famoso poeta o escritor. Esto les permite ponerse en la piel del autor y dilucidar el mecanismo que subyace a su obra, aprendiendo a utilizar ciertas estructuras y efectos.

En las escuelas de arte, se suele indicar a los estudiantes que intenten pintar siguiendo el estilo de un gran maestro. Una vez más, esto les ayuda a conocer los entresijos de una determinada técnica (selección de pinceles, trabajo con óleo en lugar de acrílico, selección de colores, composición, etcétera).

Una buena idea...

Copiándose unos a otros (o colaborando, para utilizar una palabra más moderna), varios artistas pueden ayudarse entre sí a desarrollar sus propios elementos que los convierten en artistas únicos, en el marco de un conjunto de reglas estilísticas o técnicas adoptadas a priori. Así que si encuentras un grupo de gente creativa que parece trabajar de la misma manera, únete al grupo y utiliza la imitación que hacen de otros para expandir tu propia paleta. Es cierto que, tras un tiempo, los grupos tienden a hacerse demasiado exclusivistas, pero ser como todo el mundo en un estadio temprano de tu desarrollo creativo no está del todo mal.

Los viejos maestros tenían estudios con un cierto número de aprendices, cuyo trabajo consistía en pintar como el propio maestro (y, por cierto, todos eran hombres). Ciertamente, pinturas atribuidas a un solo pintor como Tiziano o Rafael suelen ser el resultado del trabajo de varias personas bajo la dirección del gran artista.

Esta práctica aún continúa realizándose. Muchas de las pinturas instantáneas de Damien Hirst no fueron pintadas por él sino por sus asistentes en su estudio. Si bien aún no sabemos si alguna de estas personas se convertirá en un gran artista por sí mismo, muchos de los que trabajaron como aprendices con los maestros italianos llegaron a ser artistas acreditados y, a su vez, llegaron incluso a abrir sus propios estudios. La imitación, en este caso, resultaba un elemento fundamental no sólo para el desarrollo de los individuos creativos, sino para la evolución de las escuelas de pintura y los movimientos artísticos.

Pertenecer a una escuela de pensamiento creativo o a un grupo particular de artistas puede resultar increíblemente excitante y productivo. Unirse a un grupo o escuela implica compartir un determinado número de valores o reglas, y por tanto, te aportarán inmediatamente una especie de marco de trabajo o elemento de soporte para tu trabajo.

No hay nada malo en copiar a tus héroes. De hecho, puede que no entiendas exactamente por qué una determinada persona te atrae hasta que intentas imitarla. Como afirma Bruce Mau en su *Manifiesto incompleto para el crecimiento*: «Imita. No te dé vergüenza. Intenta acercarte tanto como puedas. Nunca llegarás del todo y la diferenciación que exista entre el original y tu obra puede constituir un elemento realmente interesante». Mediante la imitación del trabajo de otra persona, no sólo le estás rindiendo homenaje, sino que logras entrar en la estructura interna que ha permitido crear un trabajo que tú mismo reconoces instintivamente como una obra maestra. Como afirma Mau, existirá una diferencia entre el resultado que obtengas y el original. Y dicha diferencia puede convertirse en la primera chispa de una obra original completamente tuya.

Otra idea más...

Imaginar que eres otra persona es otra forma de imitación que puede ayudarte a considerar los conceptos y los problemas desde una perspectiva diferente. Consulta la IDEA 23, *Interpreta un papel*.

Citar las grandes obras o recrearlas en un marco contemporáneo constituye otra manera muy interesante de cambiar la percepción de tu público sobre un determinado objeto. Muchas de las grandes obras de Andy Warhol son «copias» de las fotografías de otras personas, pero son reconocidas como obras de arte originales. Sus famosas latas de sopa de hecho ni siquiera estaban hechas por él mismo, sino que constituían el trabajo creativo del diseñador gráfico que creó la etiqueta de la lata. No obstante, mediante la representación de las latas y el cambio del contexto en el que las contemplábamos (una galería en lugar de un supermercado), Warhol modificó nuestra percepción de las latas de sopa para siempre y, en este proceso, estableció definitivamente las bases de su propio estilo creativo.

La frase

«El secreto de la creatividad consiste en ocultar tus propias fuentes de inspiración».
ALBERT EINSTEIN

¿Cuál es tu duda?

P **Imitar las obras de arte de los grandes maestros me hace sentir poco original e inútil. ¿Cómo puede esto ayudarme a consolidar mi estilo y a aumentar la confianza en mí mismo?**

R *Este ejercicio no tiene nada que ver con la originalidad. Realmente, no tienes por qué preocuparte de ello. No esperamos que, de repente, seas capaz de dibujar como Picasso, escribir como Hemingway o dar un discurso como Churchill (después de todo, tardaron años en desarrollar su maestría). Simplemente inténtalo. La cuestión, en este caso, es dar con los entresijos de la técnica de otra persona y, mediante este proceso, obtendrás un mejor conocimiento de tu propio talento y de las características de tu estilo. Si ellos hubieran tenido la posibilidad de copiarte a ti, quién sabe hasta dónde podrían haber llegado.*

P **¿Cuál es la diferencia entre la mera imitación y la creación de una derivación?**

R *Cuando se trata de imitar, no deberías intentar poner mucho de ti mismo en la obra. Simplemente, estás tratando de actuar como lo haría otro. Una obra derivada consiste en intentar expresarse con un lenguaje propio (sólo para darse cuenta de que aún no has desarrollado un lenguaje propio...). Repetir los trucos de otro puede ser positivo. Pero si no añades un poco de tu propia magia, tu trabajo creativo siempre vivirá a la sombra del trabajo de otro.*

45

Regálalo todo

Hacer todo el trabajo sucio y luego ¿regalarlo todo a cambio de nada? Parece la forma de actuar de un loco, ¿no te parece? Pues no estés tan seguro.

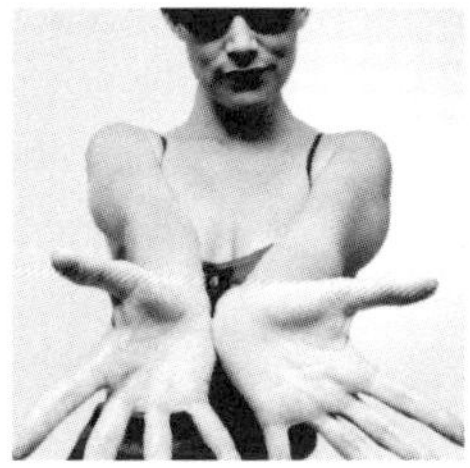

¿Desconfías ante la posibilidad de regalar tus ideas a cambio de nada? Es comprensible. Ciertamente, a menos que estés trabajando en una cámara herméticamente sellada, probablemente has intentado por todos los medios evitar que otros se apropien de tus ideas.

Pero si no estás preparado para compartir tus conocimientos y tus experiencias con otros, tal vez tardarás el doble en acabar el trabajo. Asimismo, estarás promoviendo una cultura de la codicia y la avaricia, que resulta totalmente contraria al espíritu de la expresión creativa.

Cuando se trata de dar, la gente es muy generosa. ¿Sabías, por ejemplo, que los habitantes de Gran Bretaña gastan aproximadamente el 4 por ciento de sus ingresos anuales en regalos de Navidad? Al menos, esto es lo que afirma Roger Highfield en su libro *La ciencia de la Navidad.* Asimismo, sostiene que un 8 por ciento del total de la economía nacional está dedicada a producir artículos que se enviarán como regalo. La verdad es que se trata de un montón de energía creativa dedicada a producir regalos...

Una buena idea...

El propio arte de regalar supone todo un ritual. Envolvemos y decoramos nuestros regalos, les colocamos tarjetas y etiquetas, creamos elaboradas ceremonias y buscamos sitios específicos para dejarlos, ya sea bajo un árbol de Navidad o sobre una almohada. Detente a considerar estos elementos periféricos de tu trabajo: el envoltorio, las etiquetas, los sistemas de distribución y entrega. ¿Acaso la forma en la que envuelves tu idea puede modificar la forma en que es recibida?

Los hechos de compartir y regalar constituyen en sí mismos formas muy interesantes de distribuir tus ideas creativas de forma práctica. En primer lugar te proporcionan valor en términos de estima y de uso y, más adelante, a veces... puedes convertir dicho valor en dinero contante y sonante.

En los tiempos primitivos, el hombre comprendió el valor práctico de compartir. Así, un cazador mataba un antílope y compartía la carne con toda la tribu. Tal vez no se trataba de partes exactamente iguales (seguramente los niños estaban en primer lugar, antes que el agorero cojo de la esquina), pero para el cazador tenía todo el sentido que el resto del grupo supiera de su generosidad, al tiempo que reconocían su habilidad para realizar una tarea difícil y altamente especializada, como era la captura de un antílope. Esto hacía que ocupara una posición social importante. Además, comerse un antílope entero era una tarea muy pesada y sobrepasaba las apetencias del más hambriento de los cazadores. Así que, en resumidas cuentas, compartir tampoco le suponía un coste real en términos alimenticios.

En otras culturas, surgieron con el tiempo actos más sofisticados que implicaban intercambios y regalos. En Papúa Nueva Guinea existe el *Kula*, en donde cada persona lleva un brazalete y un collar de conchas. La idea consiste en que, cuando viajas, recorriendo los pueblos e islas, intercambias estas piezas de joyería con otras personas (un brazalete por un collar o un collar por un brazalete). Sin este intercambio, no se produce ninguna otra clase de

La frase

«Da para recibir».
Sir GERALD INDOMYNTE, Presidente y Director General de XPT plc.

comercio. De esta manera, queda garantizado un círculo de relaciones comerciales mediante la circulación de joyas, que, al mismo tiempo, actúan como un signo visible que permite saber a quién conoces y dónde has estado.

Otra idea más...

Si sientes que tienes algo que dar, podemos ayudarte a encontrar más gente con este mismo propósito. Consulta la IDEA 34, *Red cercana, red lejana*.

Otro famoso ejemplo es el *potlatch*. Se trata de un ritual de los indios norteamericanos que implica la generosa distribución recíproca de regalos y el desarrollo de un lado competitivo: ¿Puedes entregar más y mejores elementos de los que recibes? Una vez que el dinero de los europeos entró en el juego, el *potlatch* perdió su sentido original y la gente ya no entregaba grandes cantidades de riqueza, sino que destruía públicamente una serie de posesiones simplemente para mostrar que podía prescindir fácilmente de ellas. En algunas partes del país, el ritual está prohibido.

Todos estos modelos deberían ser tomados en consideración cuando te muestres dispuesto a compartir tu creatividad. Y antes de que puedas pensar que esta clase de cosas constituyen parte de un antiguo ceremonial sin sentido, ten en cuenta que muchos de los grandes científicos del mundo operan en el marco de economías de trueque. Los científicos con el estatus más importante no son aquellos que poseen la mayor parte del conocimiento, sino los que han contribuido en mayor medida en su campo de estudio (publicando muchos trabajos).

También en Internet una gran parte del intercambio se realiza sin que el dinero o la política participen en el proceso. Con gran frecuencia, la gente intercambia un conocimiento por otro: «Tú elaboras el código de mi página Web y yo te doy una animación estupenda para que la coloques en tu sitio», etcétera. O bien, la gente simplemente coloca el fruto de su trabajo como programador para que otras personas lo descarguen en formato *shareware*.

La frase

«Hacer un regalo a alguien constituye la donación de una parte de ti mismo».
MARCEL MAUSS, etnógrafo.

¿Cuál es tu duda?

P **Me gusta compartir, pero también deseo proteger mis derechos de autor. ¿Cómo puedo hacer ambas cosas?**

R *A veces, la protección de los derechos de autor puede ser contemplada como el enemigo de estas modernas economías de intercambio, pero no tiene por qué ser el caso. Una organización relativamente nueva, llamada Creative Commons, propone nuevas formas de derecho de autor razonables y flexibles ante reglas cada vez más restrictivas. Este proceso implica un acceso sencillo a sistemas de protección de los derechos a través de Internet, en donde el autor puede determinar claramente de qué forma desea compartir su material. Para obtener más información, conéctate a http://creativecommons.org.*

P **Si nadie adquiere lo que produzco, ¿cómo puedo saber si es bueno?**

R *Formula la pregunta de otra manera: si pones un precio a tu producción y, de todas formas, no logras vender nada, ¿qué quiere decir esto realmente? ¿que estás cobrando demasiado? ¿que tu producto ha sido mal comercializado o distribuido? ¿que es el peor momento del día o del año para intentar cobrar por ello? ¿o que realmente el producto no vale gran cosa? La respuesta puede estar relacionada con todas y ninguna de estas cuestiones. En realidad, necesitas muchos más criterios para evaluar tu trabajo que el precio de venta. Así que las respuestas que recibas por tus regalos pueden ser realmente muy importantes.*

46

Herramientas del comercio y la tecnología

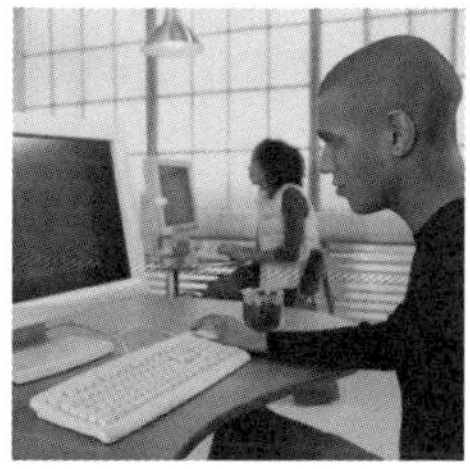

Cuándo utilizar la alta tecnología y cuándo no. Conviértete en un *surfero* y no en un siervo.

Bueno, vale, tenemos que admitirlo, pasamos mucho tiempo tonteando con la tecnología de tal manera que llegamos a «amar» estos artilugios.

Por otro lado, sabemos que hay un tiempo y un lugar para usar estos aparatos y, si la tecnología te aparta excesivamente de la vida real (o como Kurt Vonnegut suele decir, «te hace perder el tiempo»), entonces puede que esté impidiendo desarrollarte creativamente y lo mejor es que digas «no».

En vez de «no» podríamos decir «tal vez», ya que la buena tecnología en realidad mejora tu vida cotidiana. De hecho, incluso puede modificarla (pronto volveremos sobre el particular). En realidad, la única clase de tecnología que debes contemplar con una mirada escéptica es la «mala tecnología». Desgraciadamente, la mala tecnología abunda. Por ejemplo, la experiencia que suele tener la mayor parte de la gente en relación con los ordenadores personales le lleva a pensar que se trata de sistemas muy complejos, poco fiables, que nunca imprimen adecuadamente y que se «cuelgan» cuando realmente los necesitas. Sólo cuando se interesa en cómo y por qué funcionan mal, la gente logra utilizar los ordenadores de forma creativa y productiva.

Una buena idea...

Cuando tengas intención de utilizar una nueva tecnología, sométela al test de Marshall McLuhan: 1) ¿Extiende el alcance de algún elemento? En el caso de la bicicleta, la tecnología extiende el alcance del pie, mientras que el teléfono extiende el alcance de la voz. 2) ¿Qué convierte en material obsoleto? 3) ¿Qué se recupera? 4) ¿En qué podría llegar a convertirse si se extiende sobremanera?

Conviene mantener una posición escéptica. He aquí una serie de preguntas que conviene que te hagas cuando se trata de utilizar un nuevo sistema:

- ¿Qué cosas me permite hacer que no esté haciendo ya?
- ¿Qué cosas que me producen frustración me permite dejar atrás?
- ¿Qué nuevas síntesis puedo lograr mediante su uso?
- ¿Qué podría perder adoptando este nuevo enfoque?

La frase

«La tecnología no es más que otra palabra para denominar una herramienta. Hubo un tiempo en que los clavos eran alta tecnología».
TOM CLANCY

Si las respuestas a todas estas preguntas tienen una carácter positivo, entonces adopta la nueva tecnología sin reparos. En caso contrario, mantente a la espera (no tardará en aparecer algo de «nueva generación»).

El gurú favorito del mundo de las redes, Marshall McLuhan, tiene una forma muy clara de describir un nuevo medio (en este contexto, se trata de «nueva tecnología») como «extensiones del hombre», sólo que en este caso (pensamos) se refiere tanto a los sentidos como a las facultades. «Conformamos nuestras herramientas y después, ellas nos dan forma», afirma. En un pasaje más pretencioso, describe cómo nuestra sociedad en su totalidad puede estar determinada por la tecnología:

«Las personas reunidas en torno al fuego o a un candil para obtener calor o luz tienen una inclinación menor a tener pensamientos o tareas independientes en relación con las personas que disponen de luz eléctrica. De la misma manera, los patrones sociales y educativos latentes en la automatización son los del autoempleo y la autonomía artística».

Otra idea más...

Si aún necesitas que te convenzan de que la tecnología puede ayudarte a ser más creativo, consulta los párrafos relacionados con los sistemas móviles en la IDEA 26, *Los juguetes de los niños y los artilujios de las niñas.*

Para gente creativa como tú, la idea de que la tecnología se puede utilizar como una especie de varita mágica para descubrir cómo cambia el mundo y la sociedad debería bastar para seguir su evolución de cerca.

Añade a esta idea la consideración de que los artistas tienen en realidad cierto tipo de influencia sobre la forma en que las cosas cambian conociendo el uso de la tecnología y, en el caso que nos ocupa, no vemos razón alguna para que no te desplaces desde tu «torre de marfil» hasta la «torre de control».

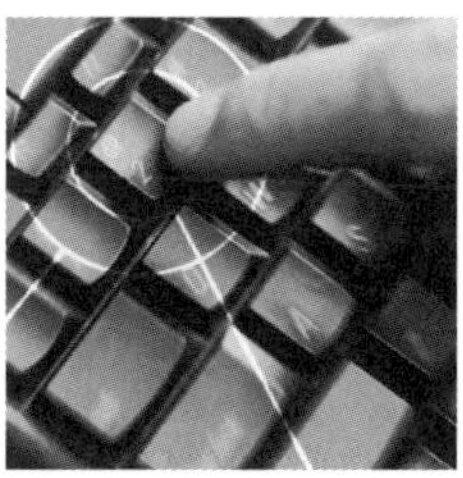

La frase

«¿Te has dado cuenta de que, si no fuera por Edison, estaríamos viendo la televisión a la luz de las velas?»

AL BOLSKA, artista de la radio en los años sesenta.

¿Cuál es tu duda?

P **Odio los ordenadores. No hacen nada que considere útil o interesante. ¿Por qué debería utilizarlos?**

R *Mucha gente padece «tecnofobia». Y los medios de comunicación nos bombardean con imágenes negativas sobre los ordenadores. ¿Cuándo fue la última vez que viste ordenadores utilizados con un buen propósito en una película? Habitualmente, las personas que utilizan ordenadores son personajes muy excéntricos o mentes malvadas que desean dominar el mundo. Realmente, tienes que evitar esta clase de prejuicios y tener una visión más abierta acerca de lo que los ordenadores pueden hacer por ti. Por cierto, si deseas consultar un divertido listado de «mala tecnología», conéctate a www.wirewd.com/cybrpunk/cpbtech.html.*

P **Creo que para poder utilizar ordenadores necesitaría un adiestramiento formal. ¿Qué me sugerís?**

R *Es una buena idea. La mayor parte de la gente ni siquiera se molesta en leer los manuales que acompañan al ordenador y se ponen a usarlo sin más. Pero llega un momento en que tu productividad podría mejorar espectacularmente si aprendieses cómo funciona realmente un ordenador y asistieras a un curso centrado en el manejo de un determinado programa. Existen muchos organismos y academias en donde encontrarás cursos a muy buenos precios.*

P **No me gusta depender de la tecnología en ningún caso. ¿Qué puedo hacer?**

R *Mira a tu alrededor. La tecnología está por todas partes. Realmente dependes de ella. Y las cosas irán a peor (o a mejor, según se mire). Por ejemplo, ¿serías capaz de abordar seriamente una tarea sin contar con la energía eléctrica?*

47

Usa Google

Utilizar Google es como «luchar en el barro» para la mente. Puedes *meterte hasta el cuello* y salir hecho un cuadro utilizando motores de búsqueda y otros servicios. Es mucho más divertido de lo que parece en un principio.

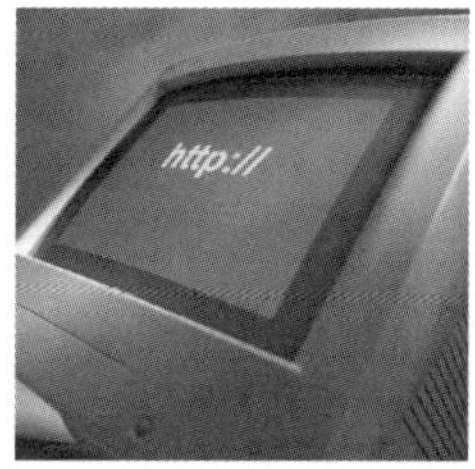

Si no dispones de acceso a Internet en tu domicilio, te recomendamos que lo contrates en breve.

Sabemos que invertir en un ordenador provisto del software apropiado y pagar una cuota mensual supone un esfuerzo. Pero te garantizamos que en Internet encontrarás un estímulo creativo de tal magnitud que el esfuerzo bien vale la pena.

Tu primera parada en la web -una vez que abandones el portal de tu proveedor de acceso, que invariablemente está lleno de cosas y resulta inútil- casi con toda seguridad será un motor de búsqueda que te ayude a encontrar lo que necesitas entre los millones y millones de páginas que existen. Y, sin duda, el motor de búsqueda más popular del momento es Google.

En relación con lo que nos interesa, Google es una herramienta fantástica para generar tormentas de ideas. Escribe cualquier término y en cuestión de milisegundos aparecerá un listado con un montón de sitios que puedes consultar. Muchos no te servirán de

Una buena idea...

Si deseas «conocer» a Tim Wright, puedes utilizar Googlism (www.googlism.com). Si escribes su nombre en esta dirección, he aquí un pequeño extracto de lo que obtendrás: «Actualmente, Tim Wright navega desde Gibraltar hacia el Caribe»; «Tim Wright es realmente excepcional»; «Tim Wright está aquí mismo»; «Tim Wright es un gran activo para nuestra empresa» y «Tim Wright es un personaje reconocido gracias a las marinas que pinta». Lo curioso es que ninguno de estos «Tim Wright» coincide con un servidor. Escribe tu nombre y mira lo que sale. Tal vez haya cosas que te inspiren o te lleven a explorar una nueva actividad creativa. A Tim, por ejemplo, le gustaría ser como el Tim Wright que actúa como el «mago Skildini» y mientras hablamos, se entrena para conseguirlo.

nada, pero seguro que encuentras algo inesperado que espolea tu imaginación. Sin Google, por ejemplo, Tim nunca habría llegado a saber tanto sobre la minería de la bauxita, que ha llegado a convertirse en el telón de fondo de uno de sus proyectos. De la misma manera, Rob no dispondría de su gran colección de imágenes relacionadas con el queso.

Google no es sólo un motor que busca páginas web. Busca en la categoría *imágenes* y tendrás ante ti una extraordinaria colección de fotos e imágenes digitales con las que podrás jugar. A la hora de buscar imágenes deberás perseverar en el empeño, buscando en diversas páginas hasta que encuentres algo realmente bueno -pero ten en cuenta que no existe ningún sistema de conversión de texto a imagen mejor que éste.

Para añadir un poco de suspense a tu búsqueda creativa, en lugar de pulsar el botón Buscar cuando hayas escrito el término, siempre puedes pulsar el botón «Voy a tener suerte» e irás automáticamente al primer sitio del listado. Este sistema de búsqueda puede aportarte nuevos estímulos (por ejemplo, escribe «french military victories» [victorias militares francesas], pulsa el botón «Voy a tener suerte» y fíjate en lo que sale).

Algunas personas han ideado extraños usos de Google que resultan muy divertidos. El más popular es *googlewhacking* (www.googlewhack.com/), en donde se buscan combinaciones de palabras comunes que sólo aparecen juntas una vez dentro de una página en toda la red (indexadas por Google).

Las alertas de Google (www.googlealert.com) constituyen una estupenda forma de buscar en segundo plano mientras realizas otra actividad. Este servicio incluso te envía alertas mediante correo electrónico cuando surgen nuevos resultados.

Otro servicio (tonto) de Google es googlefight (www.googlefight.com). Se trata de un sitio en el que puedes escribir las palabras clave enfrentándolas para ver cuál es la que obtiene más resultados. Por ejemplo, el resultado de este combate en Google en relación con los autores del presente libro constituye una clara victoria para Tim: Tim Wright, 1.260.000 resultados, mientras Rob Bevan obtiene 79.500.

Otra idea más...

Si te gusta desarrollar tu creatividad con las herramientas web, deberías experimentar también con el correo electrónico. **Consulta la IDEA 34, *Red cercana, red lejana.***

La frase

«eBay se está convirtiendo en el sistema más importante para intercambiar bienes entre las personas. Intercambiar bienes, información y elementos culturales son las tres actividades más importantes que realizan los seres humanos, exceptuando el intercambio de fluidos».

CORY DOCTOROW, autora y coordinadora de la Fundación para las Fronteras Electrónicas.

¿Cuál es tu duda?

P **La búsqueda que he hecho ha arrojado tantos resultados que no se por dónde empezar. Si visitara todos y cada uno de los sitios en lugar de apagar el ordenador e irme al bar, todavía estaría navegando por Internet. ¿Siempre funciona así?**

R *Siempre puedes estrechar el campo de búsqueda añadiendo más palabras al criterio de búsqueda o buscando un término específico. Para ello, tienes que colocar los términos que deseas buscar entre comillas. Google no siempre hace todo el trabajo. Es posible que tengas que visitar varias páginas antes de encontrar cosas interesantes. Aún así, resulta más rápido y más fácil de utilizar que el resto de los sistemas de búsquedas creativas.*

P **Tengo la impresión de que las búsquedas están amañadas, ya que siempre aparecen los mismos sitios ocupando los primeros puestos. ¿Os habéis dado cuenta de ello?**

R *¡Bingo! Google es un negocio y cobra a aquellas personas o empresas que desean que sus sitios web estén estrechamente asociados con ciertos criterios de búsqueda. Asimismo, es cierto que Google almacena y analiza las búsquedas que realiza la gente, así que si tienes cierta inclinación a la paranoia, probablemente no deberías utilizar Google para localizar material comprometedor o ilegal. Si deseas conocer con más detalle cuestiones relacionadas con la ética empresarial de Google, conéctate a www.google-watch.org.*

48

Conviértete en un fan de la tecnología

¿Por qué no intentas aprender a programar y utilizas tu creatividad con los ordenadores? Aunque el resultado sea un «Jackson Pollock» de la programación...

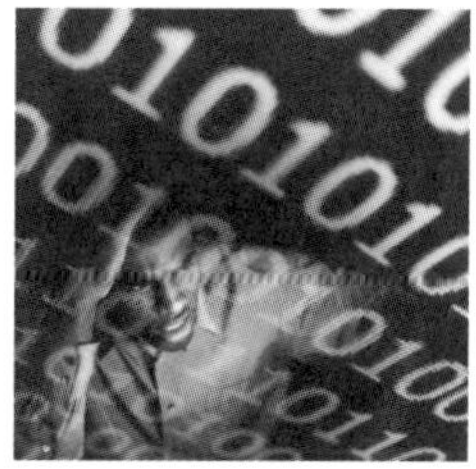

Cuando nos referimos a un «fan de la tecnología» no sólo hacemos referencia a las personas que forman los equipos de mantenimiento y apoyo técnico de las oficinas, sino que nos referimos de forma más amplia a todo aquel que hace cosas interesantes utilizando sistemas informáticos.

Tim O'Reilly es un avezado observador del comportamiento de los «fans de la tecnología». De hecho, se gana la vida dando conferencias y escribiendo libros sobre el tema. He aquí lo que afirma O'Reilly en relación con una particular forma de esta manera de entender la vida, la que simboliza el *hacker*:

«Existe un principio fundamental que subyace en gran parte de lo que hacemos y es que los hackers —y pienso en los hacker no como personas que revientan sistemas, sino como gente como vosotros, que se sienten muy a gusto con la tecnología— que

Una buena idea...

Si la programación definitivamente no es lo tuyo, inténtalo con la cocina. Muchos programadores son buenos cocineros y no es casual que se haga referencia a los programas como si fueran «recetas», se hable de los manuales de software como «libros de cocina» y que los talleres de elaboración de código se consideren «cocinas». La cocina es otra actividad muy técnica que tiene más de arte que de ciencia que puede ayudarte a contemplar los procesos creativos desde nuevas perspectivas.

tienen ante sí un nuevo juguete, un nuevo fragmento de código y entran en contacto con un nuevo servicio, dicen: «Vaya, no lo están haciendo bien. Sé perfectamente lo que puedo hacer y, sin duda, puedo hacerlo mejor. Realmente puedo utilizar esto de una manera que nadie se imagina».

He aquí el principio: siéntete cómodo con la tecnología y haz que haga lo TÚ deseas que haga. Es como aprender a cocinar: cuanto más sabes por ti mismo, menos tienes que «aguantar» lo que otros ponen sobre el plato y llegas a apreciar la capacidad creativa de otros cocineros.

Si te familiarizas con la forma en que funcionan los programas, entenderás con mayor profundidad cómo funciona la tecnología que te rodea. Y, puesto que la tecnología tiene cada vez mayor presencia, resulta conveniente controlarla de alguna manera y así, controlarás mejor tu entorno.

Fíjate en lo extraño y fuera de onda que suenan expresiones como «no sé programar un grabador de vídeo». ¿No te parece un poco patético? De la misma manera, en pocos años la gente que no conozca el funcionamiento básico de un ordenador estará totalmente fuera de juego.

Realmente, la programación puede constituir una tabla de salvación para la gente creativa a la que no se le da bien trabajar de forma lineal (como es el caso de Rob). Lo que queremos decir es que si no puedes realizar tareas tales como escribir una obra en prosa siguiendo el orden convencional de «principio, nudo central y desenlace», puede que la programación esté hecha para ti. Aprendiendo a programar puedes llegar a crear grandes estructuras no lineales en donde todo el mundo comienza en distintos puntos, se producen encuentros de gente distinta en la parte central... y no existe un final propiamente dicho.

Otra idea más...

Si no hemos logrado convencerte de que te dediques a programar, no te preocupes. Existen otras formas de paliar la carencia de una habilidad especial. **Consulta la IDEA 35, *Descubre tus limitaciones*.**

En cualquier caso, la programación no tiene por qué resultar complicada o tener un carácter intimidatorio. Por ejemplo, puede que hayas oído hablar de la programación orientada a objetos (OOP), el «mejor y último» método de programación actualmente en boga. Suena muy «tecnológico», ¿no es cierto? Pero en realidad, un objeto es sólo un conjunto de variables relacionadas y codificadas (ingredientes) y métodos (o procesos: cocinar, revolver, hervir, hornear, etcétera). Se utilizan objetos en software para modelar objetos del mundo real que encontramos en la vida cotidiana, de la misma manera que se combinan los ingredientes (y sus respectivos sabores y olores) utilizando distintas técnicas de cocina para crear los platos que combinen en una cena de primera.

Ahora ya no parece tan difícil, ¿verdad?

La frase

«El hombre está destinado a crear. Sé que me encanta crear cosas y, si bien no soy muy bueno pintando, dibujando o haciendo música, escribir software se me da bien».
YUKIHIRO MATSUMOTO, creador de Ruby

¿Cuál es tu duda?

P Siempre relaciono la programación con los «locos de los ordenadores». Se trata de una actividad solitaria que implica el uso de un gran aparato matemático, ¿no es cierto?

R *En absoluto. Se parece más a la poesía, ya que utiliza reglas sintácticas muy precisas y una gran variedad de vocablos para expresar las ideas del programador. Puede ser una actividad solitaria pero los nuevos y «ágiles» métodos de programación, como es el caso de la Programación Extrema (XP), www.extremeprogramming.org, priman fundamentalmente la colaboración. El cliente, es decir, el usuario final, y el programador de XP trabajan en el mismo ordenador desarrollando un programa de forma conjunta (esto puede sonar raro pero, aparentemente, se obtienen mejores resultados cuando se trabaja así en relación con los que cabe obtener cuando se trabaja por separado). Este primer «cliente» se encarga de comprobar que el sistema ha sido diseñado realmente para hacer el trabajo que se supone que debe hacer en lugar de realizar una tarea que algunos programadores consideran interesante. Así que la programación puede tener un carácter «sensible» y, al mismo tiempo, un marcado componente social.*

P Lo he intentado, pero hay demasiados lenguajes de programación: C, C++, Java, Pearl, Python, SmallTalk, etcétera. ¿Cuál debería escoger?

R *Prueba a utilizar Ruby. En Japón ha sido un éxito total y su uso se extiende por occidente. Fue creado en 1995 por Yukihiro Matsumoto. Es simple y muy potente, al tiempo que tiene una pequeña pero creciente comunidad de usuarios. ¿Por qué Ruby? Bueno, la curva de aprendizaje es lenta pero una vez superados los primeros obstáculos empiezas a «adivinar» como funcionan las cosas... y tus suposiciones suelen dar en el blanco. En la red puedes encontrar* Programming Ruby, *libro gratuito de David Thomas y Andrew Hunt (www.rubycentral.com/book/index.html). Asimismo, puedes leer un estupendo manual online destinado a los futuros programadores (http://pine.fm/LearnToProgram).*

49

Vuelve por la mañana

Aprende a cocinar a fuego lento, en vez de dejar que las cosas se enfríen o se endurezcan.

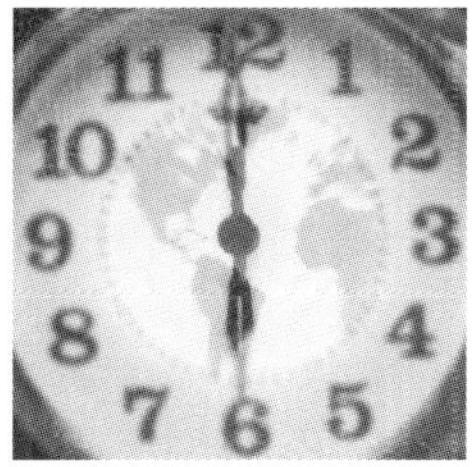

Puede que seas un ave nocturna —un búho, más que una alondra—, pero el hecho es que todo el mundo funciona mejor tras dormir correctamente por la noche.

Cuando se hace tarde y estás dando una vuelta, resulta razonable seguir en pie y disfrutar de esa sensación. También es lícito que te quedes despierto si tienes que cumplir una fecha límite y simplemente debes *terminar* algo para el día siguiente. En algún momento, debes pensar estratégicamente cómo evitar las consecuencias que puede suponer entregar las cosas un poco más tarde. Pero, bajo ninguna circunstancia intentes resolver un problema complicado a altas horas de la madrugada, cuando sabes perfectamente en tu fuero interno que apenas puedes resolver nada. Esto es una pérdida de tiempo. Y a nadie le importará excesivamente tu expresión demacrada al día siguiente, a menos que el trabajo haya valido realmente la pena.

Una buena idea...

Si se acerca una fecha de entrega inminente, llévate el trabajo a medio terminar a la reunión, asume que has tenido problemas y pide ayuda para resolverlos. A veces, esta actitud hace que todo el mundo se sienta creativo y valorado adecuadamente (ten cuidado y no pongas en práctica esta idea demasiado a menudo). Si la fecha de entrega no es tan urgente, abandona el trabajo durante unos días (¡o meses!).

La mayor parte de las veces, admitir la derrota y volver al trabajo por la mañana realmente puede ayudar no sólo a finalizar toda la obra de forma correcta, sino que también hace que te encuentres en plenitud de facultades para hacer frente a los momentos más críticos.

Según Woody Allen, «El ochenta por ciento del éxito radica en la presentación». Si has gastado toda tu energía trabajando de forma poco fructífera durante la noche, no es muy probable que por la mañana estés en condiciones de hacer una buena presentación: te caerás literalmente de sueño o tu cerebro estará en un estado verdaderamente lamentable.

Ciertamente, las cosas se ven diferentes por la mañana, especialmente si has descansado y estás alerta. La luz en general influye mucho sobre la calidad del trabajo. Si no nos crees, prueba distintos tipos de iluminación, tanto artificial como natural. Por ejemplo, experimenta con distintas bombillas. A diferentes horas del día, desplázate a otras habitaciones que tengan más o menos ventanas o que estén construidas apuntando a una determinada dirección. Levántate muy temprano y prueba con la luz del amanecer (pero no te quedes levantado esperando esa hora). De la misma manera, prueba a trabajar al anochecer (la mayor parte de los accidentes de trabajo se producen en esta franja horaria. Te hemos advertido, así que luego no nos pidas cuentas...).

La frase

«¿Por qué las mejores ideas se me ocurren por la mañana mientras me afeito?»
ALBERT EINSTEIN

Por otra parte, el hecho de dormir aporta toda clase de sueños y pensamientos que por la mañana pueden suponer una ayuda. Asimismo, resulta sorprendente de qué forma el hecho de dejar pasar el tiempo hace que los problemas tiendan a desaparecer (es una pena que esto no se aplique a lavarse los dientes). Para la mayor parte de la gente creativa, resulta tentador pensar que las cosas sólo ocurren cuando uno está presente y trabajando. Pero, en realidad, las cosas ocurren sin tu presencia. Las plantas continúan creciendo, el mundo continúa girando y, a menudo, lo que ayer parecía horrible hoy ya no lo es tanto. Verás que, si has olvidado algo en el camino, puede que aparezca otra persona con todo lo necesario para hacer que las cosas funcionen.

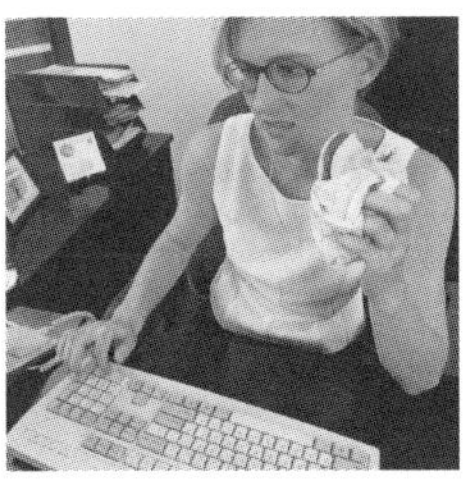

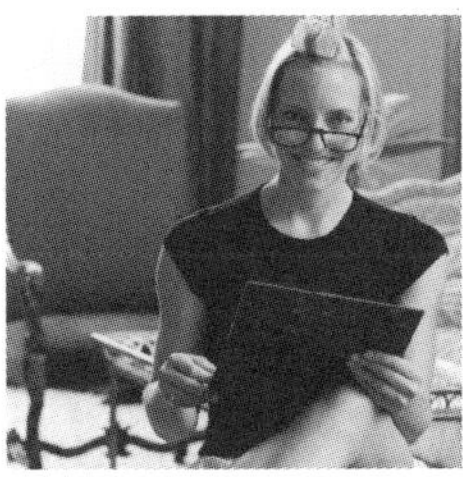

Otra idea más...

Si esta idea te parece interesante, intenta maximizar el capital creativo mediante las siestas y los sueños; consulta la idea 50, *Quédate dormido sobre el montón de papeles.*

La frase

«Hay que aceptar que uno también tiene momentos escasamente creativos. Cuanto más sincero sea el reconocimiento de dichos momentos, más rápido tienden a pasar. Hay que tener el coraje de parar, sentirse vacío y desalentado».

ETTY HILLESUM

¿Cuál es tu duda?

P **Odio darme por vencido, incluso cuando me toca trabajar de madrugada. ¿Acaso no sería mejor terminarlo todo de una vez?**

R *Abandonar una tarea que en un momento dado resulta poco fructífera puede resultar difícil desde un punto de vista emocional y no hay otra cosa que te impulse a seguir adelante. Puede que sientas que has fracasado, que no eres nada «creativo» o que todo ha sido un despropósito desde el principio. Pero no es así. Despegarse de un tema en concreto permite que lo contemples desde otro punto de vista. Tal vez, su forma actual es lo que realmente falla. Hoy puede ser una pintura, pero el próximo año puede volver como una performance. Almacénalo todo –nunca lo arrojes a la basura– y, más adelante, vuelve a revisarlo. De hecho, recupéralo cuando estés atascado con otra cosa y experimentes una crisis similar. Si repites este proceso, teniendo suficientes ideas y proyectos, siempre tendrás un «sitio a dónde ir» y, de esta manera, nunca te darás por vencido.*

P **Me resulta difícil parar. Siempre falta algo por hacer. ¿Dónde debo colocar la línea que me indica que ha llegado el momento de parar?**

R *En cierto sentido, los proyectos nunca se acaban, sino que se abandonan. Si perteneces a esa clase de personas que, en comparación con otros, tardan más de la cuenta a la hora de realizar un proyecto, puede que tengas que autoimponerte ciertas restricciones. Oblígate a regresar pronto a casa, queda con amigos a horas que normalmente ocuparías trabajando o, simplemente, vete de vacaciones. Ten en cuenta las palabras de W. Somerset Maugham: «La perfección tiene un grave defecto: tiende a ser aburrida».*

50

Quédate dormido sobre el montón de papeles

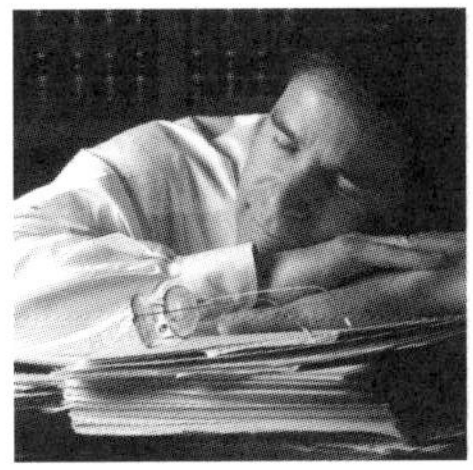

Ser creativo implica algo más que crear cosas simplemente. Aprende a descubrir cómo los sueños y el inconsciente pueden ayudarte en esta tarea.

Mucha gente famosa con aptitudes creativas suele dejar papel y lápiz cerca de la cama para capturar rápidamente cualquier pensamiento excepcional que surja durante el sueño.

Ciertamente, el subconsciente es una herramienta poderosa. El cerebro sigue trabajando, incluso cuando dormimos.

Algunos expertos consideran el sueño como una oportunidad que utiliza el cerebro para poner en marcha una especie de máquina metafórica que se ocupa de enlazar y categorizar (es decir, dar sentido) al vasto piélago de información sensorial con la que ha sido bombardeado durante las horas de vigilia. Un ejemplo obvio de cómo funciona este proceso es la forma en que los actores y otras personas que actúan en público, que tienen la pesada tarea de memorizar grandes cantidades de texto, encuentran útil trabajar justo antes de acostarse. Si te vas a la cama habiendo realizado una memorización básica de texto, comprobarás que, por la mañana, el cerebro ha completado el trabajo durante la noche.

Una buena idea...

Si no crees lo que acabamos de decir sobre la memorización, pruébalo con un poema corto. Léelo varias veces mientras estás en la cama, intenta recitarlo sin mirar el papel un par de veces, comprueba dónde te equivocaste y luego duérmete. Por la mañana, léelo rápidamente e intenta recitar todo el poema mientras desayunas los cereales. Es muy probable que lo hagas a la perfección. En pocas semanas, podrías convertirte en un verdadero surtidor andante de poesía (puede que de esta forma empieces a desayunar solo).

Analizar los sueños también constituye un pasatiempo creativo muy popular, si bien las opiniones están muy divididas acerca de lo que los sueños nos dicen sobre nosotros mismos. Puesto que se trata de una buena disciplina para documentar tu vida interior y no dejar que se te escapen las cosas (como suele suceder con los sueños), te recomendamos que escribas lo que recuerdes de tus sueños. No intentes extraer mucha información útil a partir de los sueños. Tim, por ejemplo, suele soñar que está en un autobús, intentando cantar la canción «*Mack the knife*» (Macky Navaja) –aunque no se la sabe–, realizando un esfuerzo por llamar la atención de Rob. Una interpretación podría ser que esto pone a las claras cuán cerca se encuentran Tim y Rob en lo que respecta a la creatividad. Otra interpretación podría ser que Tim simplemente está pensando en cortar a Rob en cachitos...

Einstein, uno de los pensadores más creativos de todos los tiempos, tenía en gran estima el poder de los sueños como elemento de ayuda en los procesos de pensamiento. A menudo, creía que sus mejores ideas se le ocurrían no necesariamente cuando estaba totalmente dormido, sino cuando estaba despierto. Denominaba estos periodos «momentos de pensamiento profundo» y, durante uno de dichos periodos (posiblemente después de comer), se imaginó a sí mismo abordando un tren que viajaba por el espacio en un rayo de luz y, a partir de esta experiencia, desarrolló la Teoría de la Relatividad.

Existen otros ejemplos de pensamiento durante el sueño, utilizado a menudo para resolver problemas científicos muy difíciles, incluyendo el famoso sueño que tuvo Kekulé acerca de un círculo de serpientes cuyas colas estaban en sus bocas, que le ilustró sobre la estructura del anillo de benceno, la base de la química orgánica. También cabe tener en cuenta la pesadilla que tuvo Elías Howe, en la que unos caníbales le atacaban con lanzas cuyos filos tenían agujeros. Esta experiencia le condujo a la invención de la máquina de coser.

Otra idea más...

Si te gusta la idea de realizar tareas sin que intervenga demasiado el pensamiento consciente, deberías probar los procedimientos mencionados en la IDEA 28, *Ve a la deriva*.

En muchas ocasiones, los sueños nos ofrecen una forma de visualizar conceptos y ansiedades que, de otro modo, serían difíciles de articular. Se suele hablar mucho del carácter simbólico de los sueños –el gran caballo blanco, la puerta cerrada, volar y caer, volver al colegio, quedarse desnudo en público– y se han escrito muchos libros sobre el tema (si estás interesado, te recomendamos que empieces por Jung y continúes con otros ensayos).

Pero una de las cosas más interesantes en relación con los sueños es que, en realidad, no tienen sentido y uno no comprende por qué el subconsciente se activa con determinadas imágenes y secuencias. Resolver los rompecabezas que ofrece el subconsciente ha sido durante siglos un gran punto de partida para los artistas y constituye una línea de pensamiento muy interesante que puedes utilizar. Por ejemplo, dirígete a un museo de arte y comprueba cuántas pinturas representan a la gente durmiendo, o están basadas de alguna forma en un sueño. Es probable que encuentres muchas. De igual forma, consulta una antología de poemas y comprueba cuántos tratan sobre el sueño y el simple hecho de estar dormido. Encontrarás decenas.

La frase

«Sueña con cosas nobles y los sueños se harán realidad. Tu visión es la promesa de lo que finalmente alcanzará a ser revelado».
JOHN RUSKIN

En resumidas cuentas, lo bueno es que dormir no solamente es estupendo, sino que resulta muy positivo. Asegúrate de que tienes el cuaderno de notas a mano para cuando despiertes (y, en la medida de lo posible, evita soñar que estás tomando notas...).

¿Cuál es tu duda?

P Tomar apuntes no se me da nada bien. En su lugar, ¿podría intentar recordar simplemente los sueños?

R Tanto si tienes en cuenta esta idea como si no, registrar el contenido de tus sueños puede constituir un ejercicio muy útil. En lugar de apuntarlos en un papel, ¿por qué no intentas dibujarlos, como si se tratara de una secuencia de imágenes? De esta manera, considerando tus sueños como una película en lugar de como si fueran un libro, puede que encuentres conexiones y relaciones muy interesantes con el trabajo creativo que estés realizando. Es posible que, de esta manera, observes cosas que habrían pasado desapercibidas –si tomaras apuntes del contenido de tus sueños– o que, subconscientemente, habrías organizado en una estructura de carácter «narrativo».

P He intentado alimentar mi cerebro con ideas antes de irme a la cama, pero he pasado un montón de horas dando vueltas, y luego, me he despertado totalmente estresado, pensando en el trabajo que está sin terminar. ¿Estáis seguros de que es una buena idea?

R Puede que te estés centrando en tus problemas, en lugar de considerar las posibles soluciones. Intenta no pensar en lo que tienes que hacer. En su lugar, trata de centrarte en una idea tonta o «básica» y analiza si puedes concentrarte en esa idea en lugar de pensar en el trabajo terminado.

51

Bucles de distracción

A veces, si te preocupas indefinidamente por un problema, te lías. Pero no te preocupes. Hay una serie de estrategias que puedes poner en práctica para apartar los problemas de tu mente sin que esto suponga abandonarlos por completo.

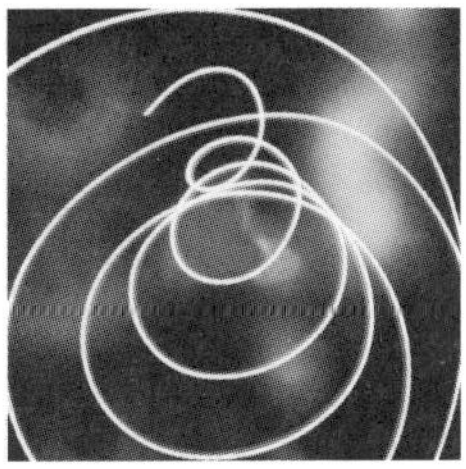

Mantener tu atención centrada durante grandes periodos de tiempo en un trabajo de carácter creativo puede resultar difícil. A menudo, se producen interrupciones... lo cual no siempre resulta negativo.

Con frecuencia, antes de lograr centrarte realmente en algo, debes afilar tus lápices y lograr que tu cabeza alcance cierta «presión». A veces, cuando estás en medio del desarrollo de un trabajo creativo, cambiar de tarea puede resultar muy beneficioso. Cabría pensar que ésta es la razón por la que se inventó la «pausa para el café»: se trata de una forma de escapar momentáneamente de la «caldera», ocuparse de hacer y consumir algo de carácter simple durante un breve periodo de tiempo, a menudo, en un entorno social relajado, con el añadido positivo que supone un toque de cafeína (lógicamente, si tomas el café con cafeína...).

Una buena idea...

Los ejercicios de respiración constituyen, en sí mismos, una suerte de «bucles de distracción». Respira por la nariz mientras cuentas lentamente hasta cuatro. Mantén el aire dentro durante dos segundos, y luego, exhálalo lentamente por la boca mientras cuentas hasta seis. Repite este proceso al menos unas veinte veces y lograrás regular tu respiración, ralentizarás la marcha de los latidos de tu corazón y estarás físicamente relajado.

Nos gusta denominar a estas pequeñas pausas «bucles de distracción», ya que, a menudo, constituyen rituales repetitivos en los que se suelen hacer las mismas cosas. Preparar una taza de café constituye un ejemplo clásico: no sólo preparamos el café de la misma forma en cada ocasión, sino que también solemos hacerlo en los mismos momentos del día. También se trata de un ejercicio circular, o en «bucle», ya que terminas casi donde empezaste (la taza queda vacía y vuelves al trabajo).

La creación de bucles es un término utilizado por los músicos, que implica la elección de una secuencia musical ejecutada por un instrumento y repetida una y otra vez para producir una pista rítmica de base, que luego podemos embellecer, orquestar y utilizar como punto de partida para construir composiciones de carácter original.

Si deseas experimentar la sensación física que produce trabajar con bucles, piensa en cuando eras niño y en lo mucho que te gustaba balancear cosas con una cuerda (como es el caso de un yo-yo) o girar objetos en círculos (como puede ser un hula-hoop o una cuerda). Cuando jugábamos a esta clase de juegos, lo hacíamos cada vez más rápido, hasta que la gravedad y el propio impulso se ocupaban de realizar la mayor parte del trabajo, y lo único que teníamos que hacer era un mínimo esfuerzo, flexionando los músculos o moviendo los brazos y las manos de forma rítmica. Este proceso representa un bucle en su más alta expresión. A menudo, mientras mantenemos el ritmo, la

La frase

«Cada salida constituye la entrada a otro sitio».
TOM STOPPARD

mente se libera y deja de pensar en cosas más ambiciosas (y así, podemos intentar realizar bucles de carácter físico más avanzados o probar secuencias en bucle más sofisticadas).

De hecho, incluso cuando éramos niños y jugábamos con un yo-yo o con un hula-hoop, lo que estábamos haciendo equivalía a lo que hace un músico avezado con los bucles musicales.

Las tareas simples y repetitivas también constituyen un sistema que permite calmar la mente y relajar el cuerpo. A veces, las tareas creativas pueden resultar muy estresantes. Estás elaborando una idea y te encuentras atascado. El reloj corre. La fecha de entrega está muy próxima. Sientes como si estuvieras golpeándote la cabeza contra un muro. Ni siquiera piensas en tomarte un pequeño descanso porque tienes muchas cosas que hacer, pero, en realidad, no consigues nada porque estás atascado. No sólo necesitas cortar, sino que convendría que entraras en un bucle de distracción, ya que esto te serviría para calmarte y retomar el trabajo en mejores condiciones.

Intenta crear un bucle físico en un día normal de trabajo. Cortar el césped –en caso de que dispongas de jardín– constituye un bucle de distracción muy interesante, precisamente porque implica realizar movimientos hacia delante y hacia atrás sobre el suelo, manteniendo un ritmo lento, pero firme. Nadar hacia delante y hacia atrás en una piscina permite relajarse y conseguir algo de tiempo libre para pensar. Ambas actividades tienen un carácter público y deliberadamente te apartan de la «caldera». Pero no te preocupes: realizándolas, puedes descubrir un nuevo filón de esfuerzos creativos.

Otra idea más...

A veces, por medio de la repetición, los propios bucles de distracción pueden llegar a convertirse en proyectos creativos propiamente dichos. Investiga esta cuestión leyendo la IDEA 40, *Escúpelo*.

... Y otra

¿Cuál es tu duda?

P **Todo esto suena como una excusa para huir cuando las cosas se ponen complicadas. ¿Estáis seguros de que ésta es la forma de alcanzar buenos resultados?**

R *En ocasiones, un bucle de distracción es lo que cabría denominar una «retirada táctica». Y no hay nada malo en ello. A veces, la mejor respuesta ante una situación difícil o peligrosa consiste en retroceder, evitando dicha situación y dejando que el tiempo pase. Incluso puede que se trate de ir a buscar refuerzos: puedes utilizar la pausa del café para pedir ayuda a otra persona. Esto no implica cobardía alguna, simplemente se trata de utilizar la inteligencia.*

P **¿Cómo puedo distinguir la diferencia que existe entre una distracción y una tarea totalmente inútil?**

R *No hay ninguna tarea que sea totalmente inútil. Si eres una persona realmente creativa, encontrarás puntos de interés en todas las tareas que hagas. No se trata de un cliché. ¡Es un reto!*

P **El bucle de distracción que he elegido me ha ocupado durante tanto tiempo que el trabajo principal se está resintiendo. De hecho, ¡me está distrayendo del todo! ¿Cómo puedo detener este proceso?**

R *La respuesta corta es que no puedes... aún. A menudo, ésta es la manera en que nuevos proyectos creativos logran adquirir forma. Empiezan como una pequeña distracción y luego se convierten en el centro de atención. Sigue la corriente y comprueba a dónde te conduce. Al mismo tiempo, puede que el trabajo que antes considerabas principal mejore, dejando de ocupar el primer plano durante un periodo de tiempo.*

52

No hagas nada

Aprende simplemente a estar.

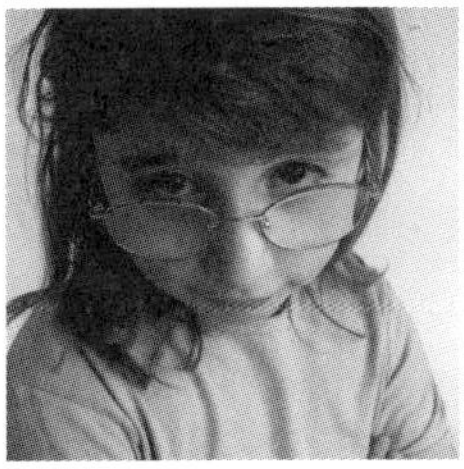

Después de toda esta creatividad, probablemente necesitas un descanso.

Realmente, aunque pueda parecer fácil, no hacer absolutamente nada puede ser muy «duro». Para empezar, tienes una mente inquisitiva y creativa, que encuentra puntos de interés en todo lo que te rodea. Si no es así, la ambición principal de este libro ha fracasado. Incluso cuando intentas descansar sentándote en el jardín, o estás simplemente haciendo el vago en el sofá, tu cerebro sigue trabajando, recibiendo nuevos estímulos y sintetizando ideas. Nunca descansas, incluso cuando el resto de la gente piensa que lo estás haciendo.

Desafortunadamente, una persona creativa puede causar la impresión de ser un verdadero vago. Debido a esto, al resto de la gente le cuesta entender que estés intentando dejar todo atrás. Tan pronto como parezca que no estás haciendo nada, aparecerán frente a ti e intentarán mantenerte «ocupado».

En estos tiempos modernos, mucha gente trabaja desde casa u ocupa extraños territorios híbridos entre el trabajo y el juego... y esto no implica nada malo. El problema es que en esta clase de esquema, tan pronto como termines «oficialmente» de trabajar, aparecen rápidamente las responsabilidad de carácter doméstico («Hay que cortar el césped», «Hay que recoger una pila de ropa que está en el baño» o «Te toca cuidar a los niños»).

Una buena idea...

Cierra los ojos, pero intenta no dormirte. Aleja todas las preocupaciones de tu cabeza y relaja totalmente los músculos. Concéntrate en los sonidos y huele el aroma de lo que te rodea. Respira suavemente, pero de forma regular. Sí, de lo que estamos hablando es de una forma de meditación, y cualquier clase de estado similar constituye algo muy positivo.

Al mismo tiempo, resulta difícil en esta época sincronizar el tiempo de descanso con el resto de las cosas que te rodean. Puede que simplemente desees acostarte y echar un sueñecito o leer un buen libro. Tal vez otras personas prefieran ver la televisión en el mismo espacio o jugar a un ruidoso juego de ordenador. No sigas por ese camino. Resulta vitalmente importante encontrar un espacio en el que literalmente no hagas nada y puedas relajarte totalmente; si eso implica mandar todo a paseo, hazlo.

Las tareas creativas suelen ser agotadoras y también tienen un cierto carácter «zen» (como hemos mencionado anteriormente). Así que es importante que entres y salgas de este mundo en un estado de relativa calma y paz. Si no nos crees, piensa en las sesiones de «tormenta de ideas» en las que hayas participado. Seguramente, las más eficaces se hayan producido cuando la gente estaba fresca y relajada y no tenía otras preocupaciones en mente. Probablemente, estas sesiones duraron menos de dos horas. Si las cosas se prolongan durante más tiempo, todo empieza a hacerse más difícil. Te cansas. Tal vez tu cabeza empiece a dar vueltas y necesitas realmente un descanso. En esta situación, necesitarías encontrar un espacio en el que literalmente pudieras no hacer nada y...

La gente que puede trabajar de forma creativa durante un periodo superior a cuatro horas seguidas es realmente especial. Pero para la mayor parte de nosotros, una jornada de cuatro horas de trabajo creativo real constituye una buena jornada. El resto del día puede dedicarse a trabajos de carácter administrativo, relaciones sociales, trabajo de investigación... y a descansar (es decir, a no hacer nada).

La gente de cierta edad probablemente considerará esto como un periodo de «aislamiento» pero, ciertamente, resulta útil crear cierto espacio a tu alrededor. En realidad, no queremos que te aísles, sino que, por el contrario, te recomendamos que te tumbes al sol y disfrutes de las cosas que te rodean.

Otra idea más...

Si poner esta idea en práctica te resulta totalmente imposible, consulta directamente la IDEA 49, *Vuelve por la mañana,* y recuerda cómo hacer que las cosas «descansen», tomándote el tiempo para ti.

Si sólo dispones de veinte minutos para relajarte en el baño turco de tu gimnasio, tómate el tiempo necesario para sentarte en silencio y trata de no pensar en nada. Curiosamente, éste es un gran sistema para generar nuevas ideas, ya que suelen venirte toda clase de cosas a la cabeza. No intentes llevar esas ideas a cabo sin más. Recuerda: estás ocupado no haciendo nada. Mañana será otro día.

La frase

«Intenta disponer de una habitación y utiliza una franja horaria del día para relajarte: un lugar en el que simplemente puedas sentir quién eres y quién podrías ser... En un principio, puede que no suceda gran cosa».
JOSEPH CAMPBELL

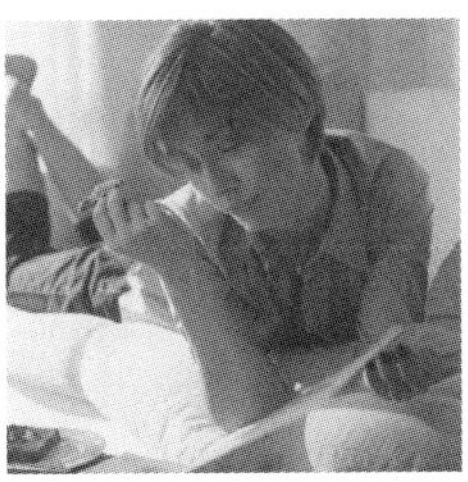

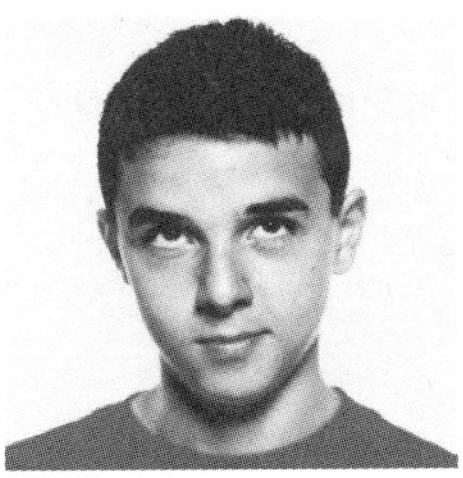

¿Cuál es tu duda?

P **Simplemente no dispongo de tiempo para no hacer nada. ¿Esperáis que mande todo a paseo e ignore las fechas de entrega de mis trabajos?**

R *Si sientes que tus días no dan de sí (y esto es perfectamente posible), es muy probable que no estés organizando tu tiempo de forma eficaz. Asimismo, mucho nos tememos que corras el peligro de «quemarte» o de caer víctima de cualquiera de las enfermedades relacionadas con el estrés. Hay una forma de comprobar hasta qué punto estás ocupado. Haz una visita al médico aunque no te sientas enfermo. Un chequeo general de tu estado de salud siempre resulta positivo y tu médico no pensará que estás desperdiciando su tiempo. El test consiste en comprobar si realmente eres capaz de concertar la cita y acudir a ella. No se trata de algo urgente ni esencial. Pero ¿puedes hacerte un hueco para ir? Si logras hacerlo, no sólo nos darás la razón en lo que respecta a tu compromiso por mantenerte sano, sino que te demostrarás a ti mismo que, si realmente te lo propones, puedes hacer un hueco para otras cosas.*

P **Nadie me pagará un céntimo por sentarme y no hacer nada. ¿Vosotros lo haríais?**

R *Es cierto que los jefes y los clientes suelen pagar en relación con la productividad. Pero, tal vez, tienes que ser un poco más estricto a la hora de cobrar por tu tiempo. Deja muy claro que tu tiempo está dividido en tiempo para pensar, tiempo para desarrollar, tiempo para generar propuestas y documentación, tiempo de producción y tiempo para reunirte con otras personas. Si les explicas con claridad dónde radica el valor de tu trabajo, te sorprenderá hasta qué punto pueden resultar comprensivos.*

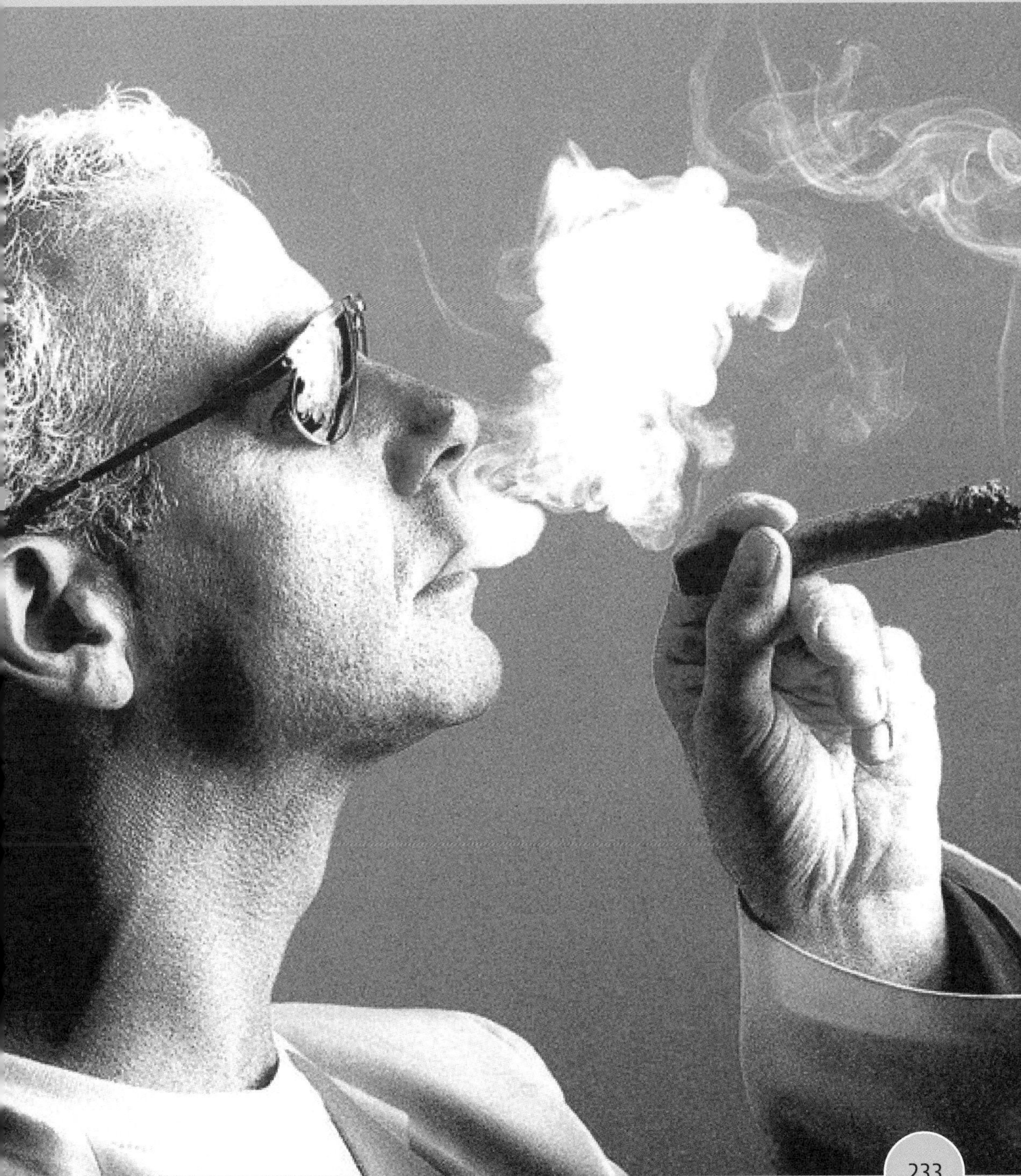

El final

¿O a lo mejor es el principio?

Esperamos que las ideas de este libro te hayan servido de inspiración para probar cosas nuevas. Ya debes haber iniciado el camino hacia tu mayor realización, creatividad e inspiración, rebosante de ideas y ambición. Lo estás intentando, estás motivado y no te importa quién lo sepa.

Así que, ¿qué te parece si nos lo cuentas? Dinos cómo te ha ido. ¿Qué te sirvió, qué te ayudó a vencer el demonio que te impedía cambiar? Quizá tengas algunas recomendaciones de tu propia cosecha que deseas compartir. Y si te ha gustado este libro puede ser que encuentres que tenemos más ideas inteligentes que pueden transformar otras áreas de tu vida a mejor.

Encontrarás al equipo de *Ideas brillantes* esperándote en www.52ideasbrillantes.com. O si lo prefieres, envía un correo electrónico a 52ideasbrillantes@nowtilus.com.

Buena suerte. Y usa la cabeza.

OFERTA Nº1: SÁCALE PARTIDO A TUS IDEAS

Esperamos que hayas disfrutado de este libro. Esperamos que te haya inspirado, divertido, educado y entretenido. Pero no asumimos que eres un novato o que éste sea el primer libro que has comprado sobre el tema. Tienes ideas propias. A lo mejor nuestra autora ha obviado alguna idea que tú has utilizado con éxito. Si es así, por qué no nos la envías a 52ideasbrillantes@nowtilus.com y, si nos gusta, la pondremos en nuestro tablón de anuncios. Mejor aún, quizás incluso obtengas alguna recompensa...

OFERTA Nº2: NO TE PUEDES RESISTIR

Escríbenos si tu empresa (u organización) quiere adquirir alguno de los títulos para uso interno, incluso personalizado o «editado a la medida». Estos libros son eficacísimas herramientas de formación y motivación. Podréis disfrutar de interesantes descuentos en compras al por mayor y magníficos precios para «ediciones personalizadas a la medida».

Envíanos un email a: editorial@nowtilus.com explicándonos tus necesidades.

¿Dónde está?

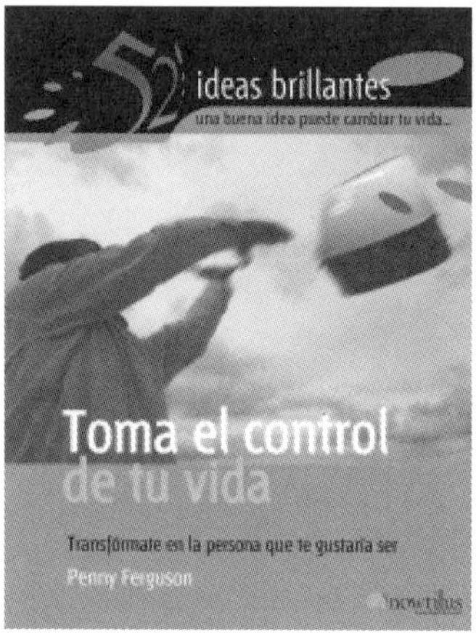

Toma el control de tu vida

Penny Ferguson

«Un día, cuando tenía 49 años, comencé a analizar lo que había sido mi vida hasta ese momento mientras daba un paseo por el bosque. Lo que encontré no fue muy agradable. Mi madre me abandonó cuando tenía cuatro meses y en el colegio los niños se reían de mí y me molestaban. Ya de adulta, me sentía física y mentalmente destrozada a causa no de uno, ni de dos, si no de tres matrimonios desastrosos. Y para colmo de males, no tenía un céntimo. Con la autoestima por los suelos, me sentía una inútil en todos los sentidos».

«Justo en ese momento tomé la decisión de no seguir malgastando el resto de mi vida. Sabía que tenía que cambiar mi vida y para eso tenía que cambiar yo misma. Y lo he conseguido: ahora tengo 61 años, he triunfado, soy feliz y he ayudado a miles de personas a conseguir lo mismo. Toma el control de tu vida te muestra cómo lograrlo. ¡Disfruta de la vida y conviértete en la persona que realmente quieres ser!».

Penny Ferguson

Disponibles en librerías, centros comerciales y en www.nowtilus.com

---

Pilates total

Steve Shipside

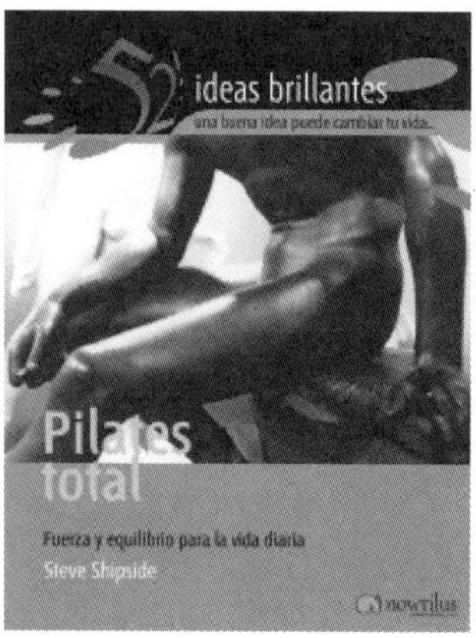

«¿Pilates? Siempre pensé que era lo que hacen las señoras que quedan para comer antes de quedar para comer».

«Lo que sí tenía claro era que el yoga edulcorado no tenía lugar en mi programa riguroso y autodisciplinado de consecución de la forma física perfecta. Pero entonces me aficioné a Pilates cuando mi fisioterapeuta me lo dio a conocer después de lesionarme la espalda. Es el entrenamiento perfecto para la mente y el cuerpo y ahora me encuentro más en forma, más flexible y relajado de lo que nunca imaginé. Simplemente se me ocurrió que podía hacer que funcionara para mí y después desarrollar la idea. Y lo hice. Ahora he diseñado un programa único para ayudar a los demás a sacar mayor partido de sus sesiones de Pilates».

Steve Shipside